本书系国家社科基金青年项目"乡村振兴战略背景下乡村治理中的精英流失及其应对机制构建研究"（项目批准号：19CSH007）阶段性成果

华中村治研究丛书

村庄治理现代化的
实现路径

Realization Path of Village Governance Modernization

杜　姣○著

中国社会科学出版社

图书在版编目(CIP)数据

村庄治理现代化的实现路径/杜姣著.—北京：中国社会科学出版社，
2021.7

（华中村治研究丛书）

ISBN 978 - 7 - 5203 - 8584 - 8

Ⅰ.①村…　Ⅱ.①杜…　Ⅲ.①农村—群众自治—研究—中国
Ⅳ.①D638

中国版本图书馆 CIP 数据核字（2021）第 110060 号

出 版 人	赵剑英	
责任编辑	马　明	
责任校对	王佳萌	
责任印制	王　超	

出　　版	中国社会科学出版社	
社　　址	北京鼓楼西大街甲 158 号	
邮　　编	100720	
网　　址	http://www.csspw.cn	
发 行 部	010 - 84083685	
门 市 部	010 - 84029450	
经　　销	新华书店及其他书店	

印　　刷	北京明恒达印务有限公司	
装　　订	廊坊市广阳区广增装订厂	
版　　次	2021 年 7 月第 1 版	
印　　次	2021 年 7 月第 1 次印刷	

开　　本	710 × 1000　1/16	
印　　张	17.5	
字　　数	277 千字	
定　　价	79.00 元	

凡购买中国社会科学出版社图书，如有质量问题请与本社营销中心联系调换
电话:010 - 84083683

《华中村治研究丛书》
总　序

贺雪峰[*]

在 2002 年发表的《村治研究的共识与策略》一文中，我们达成了村治研究的三大共识，即"田野的灵感、野性的思维、直白的文风"，这三大共识是华中村治学者多年研究所形成的基本共识，一直指导着华中村治学者的研究实践。

"田野的灵感"强调华中村治研究中的经验优先原则。当前中国正处在史无前例的巨大变革时期，经验现象十分丰富，从经验中来，到经验中去，以理解中国经验与实践作为出发点和归属，在理解经验与实践中形成对经验与实践的解释，是华中村治研究的显著特征。

"野性的思维"强调华中村治研究中理论与方法的多元性。只要有利于增加对经验与实践的理解，任何理论与方法都是好理论和好方法。正是在用各种理论与方法来理解和解释经验与实践的过程中会形成各种提炼与概括，会形成基于中国经验与实践的具有主体性的中国社会科学。"野性的思维"的另外一层含义是"不拘一格，大胆假设，不怕出错，敢于探索"。

"直白的文风"强调华中村治研究要能容纳多学科、经验性与原创研究的特点。经验研究看起来没有进入门槛，真正深入进去却需要长期积累和学术功力。"直白的文风"反对雕刻文字，闭门造车，注重想事说事，注重研究向大众开放，注重多学科研究对话。开门搞研究而不是关门自我循环，是华中村治学者的一个基本准则。

---

* 贺雪峰，武汉大学中国乡村治理研究中心主任，教授。

1

中国是一个大国，有 5000 年文明，14 亿人口，陆地国土面积就有 960 万平方千米。按购买力平价计算，中国 GDP 已是世界第一。中国正处在史无前例的伟大变革时期，农村人口迅速城镇化。中国正由一个传统国家变成一个现代甚至后现代的国家。如何理解巨变中的中国经济、政治、社会、文化和历史，在这个理解与解释的过程中形成有主体性的中国社会科学，并转而指导实践和改造实践，就成为当前中国社会科学的伟大使命。

立足中国经验和实践的中国社会科学一定是伟大的，是具有中国主体性的，是饱含中国民族性和地域特色的。社会科学研究的目的是扩大我们观察和理解实践的视野，而不是屏蔽我们的视野。脱离中国实践的语境，套用没有经过中国实践注解和浸泡的西方理论，往往不仅不能改善我们的视野，反而可能屏蔽我们的视野。只有真正进入经验与实践，我们的理论才有还原经验与实践的能力，才能改善我们观察和理解经验与实践的视野，真正理解实践和改造实践。

中国社会科学是在理解和解释伟大的中国经验与实践中产生的，是服务于中国实践并以中国实践来检验的。这样一种"从经验中来—形成理论提炼与概括—又回到经验中去"的社会科学研究循环，就是中国社会科学研究中的大循环。只有在这样的大循环中，中国社会科学才能选择正确的研究方向，研究也才能获得丰富的中国经验与实践的滋养，也正是在这样一个大循环过程中产生的有主体性的中国社会科学才具有生命力。有了从经验到理论再到经验的大循环，逐步形成了具有中国主体性的社会科学，就必然会有从理论出发—到经验中去—再回到理论的以学术对话为特点的小循环，这样一种小循环是服务于和服从于中国社会科学大循环的。

要在从经验到理论再到经验与实践的大循环中建立起有主体性的中国社会科学，就必须要有真正做中国经验研究的学者。这些学者要有充分的经验训练，要在长期经验调查中形成对经验的总体把握能力，要有"经验质感"，不仅要能从经验中提炼出理论命题，而且要有将理论还原到经验中的能力。

获得经验质感的不二法门是进行饱和经验训练，不断地到经验中浸泡，这样才能具有透过现象看本质的能力，具有将经验碎片整合起来的能力，从而真正形成想事的能力。饱和经验训练尤其要防止对经验的"一触即跳"，即仅在经验中产生了微弱问题意识就脱离经验去做精致"研究"。只有通过饱和经验训练，才能利用各种理论和方法来分析经验，才能将经验研究中提出的问题进行理论化的概括，才能为建立有主体性的中国社会科学添砖加瓦。

十数年来，华中村治研究所追求的就是在饱和经验训练基础上建立有主体性的中国社会科学事业。这个事业从理解和解释经验与实践开始，又回归经验与实践，中间留下的理论提炼与概括正是建设有主体性的中国社会科学所需要的砖瓦。

最近十数年来，我所组织的研究团队按人次算，每年驻村调研时间都超过 4000 个工作日，平均下来，我们研究团队每天都有超过 10 人在全国各地农村调研。在某种意义上，我们团队同仁都经历了饱和的经验训练。

从时间上看，我们在取消农业税前的 20 世纪末期就开始进行农村调研，到现在国家推进乡村振兴战略，国家与农民的关系发生了巨大变化。2000 年，我国城市化率只有 36%，现在已超过 60%，几乎所有农村青壮年劳动力都进城了；从地域上看，我们不仅在中国南方、中国北方和长江流域调查，而且近年也密集地到东部沿海发达地区和西部贫困地区调查，发现了中国南北、中国东西和中国腹地的巨大区域差异；从研究主题上看，我们从基层政治研究开始，由此进入对乡村治理社会基础的研究，再延展到对几乎所有乡村主题的研究，比如家庭制度、农业发展、宗教信仰、土地制度、乡村教育、医疗保障等；近年来我们的研究也跟着农民工进城，开始了城市社区、街头治理、信访制度、县市治理、教育治理等方面的研究。

我们希望在调查和研究中能真正做到"从经验中来，到经验中去"，从经验中得灵感，依靠经验形成"想事"的能力，并在此过程中形成若干理论提炼与概括。

十数年来，我们研究团队在饱和调研基础上形成了大量理论概括，这些理论又作为视角融入政策问题的讨论中，并在一定程度上对政策产生了影响，比如对农业、土地、信访、乡村治理、城镇化等方面的政策产生了或大或小的影响。我们相信，只要我们团队坚持下去，再坚持十年、数十年，就一定可以形成理解中国经验的具有中国主体性的社会学科一家之言。我们希望中国社会科学有百十家这样的一家之言，我们呼吁各种一家之言良性竞争，相互启发，相互补充，共同发展，最终成长出与中华民族伟大复兴相适应的高水平的中国社会科学。

我们计划在未来持续将团队的最新研究纳入《华中村治研究丛书》出版。希望丛书能增加读者对华中村治研究的了解，引发社会各界对转型中国问题的关注与讨论。

是为序。

作于 2018 年 4 月 10 日晚

修于 2021 年 4 月 12 日晚

治村与村治
代　序

吕德文[*]

今天，如何治村已经成为一件极其严肃的事情。

这些年来，对基层社会进行现代化改造俨然成为国家治理中的一件大事，国家机器在高速运转，村庄也被卷入其中。其中的重要表现是，全国各地的村庄几乎都有行政化的趋势，村级组织承担了越来越多的治理任务。村干部不仅要处理纠纷调解、移风易俗等各种村务，还要完成脱贫攻坚、人居环境整治、乡村振兴等各项政务，专职化、坐班制成了常态。

那么，如何理解这一现象？

改革开放以来，我国的基层治理体制基本上维持了"乡政村治"的架构，乡镇是最低行政层级，村一级则实行群众自治。应该说，这一制度设计有强大的合理性。毕竟，千百年来，村庄是大多数国人的栖息之地，人们根据血缘和地缘关系相互联结，并在交往过程中生产出情感和价值，大多数公共事务也因人们之间的交往而产生。村民自治制度，既让村庄纳入了国家治理体系，使得村庄具有"行政"的色彩，又让群众当家作主，简约高效地完成治理目标。

但是，众所周知的是，村民自治的实施并不是没有问题。自1998年全面推行村民自治后，"扩大民主"一直是村级治理的主要目标。因此，全国绝大多数地区通过"海选"等技术设计，在村庄实现了强势民主。以选举为中心的村民自治，一直受困于贿选、派系竞争、村霸等问题，尤其是对党的领导产生了极大冲击。因此，党的十八大以来，

---

[*] 吕德文，武汉大学社会学院特聘研究员，兼任武汉大学中国乡村治理研究中心研究员。

"治理有效"逐渐取代了"扩大民主",成为村级治理的主要目标。

为此，各地通过完善村民自治制度，提高了村民民主自治的质量，强化了群众性自治的制度效能。比如，四议两公开进入了相关法律法规，有效回应了群众参与的需求，并解决了"两委关系"的制度困境。更重要的是，各地均不约而同地采取了切实有效的措施，规范了选举，有效规制了贿选等问题。通过扫黑除恶专项斗争，一大批挟持基层政权的村霸被清除出村干部队伍。

与此同时，党和国家在推进国家治理体系和治理能力现代化过程中，构建了党领导下的自治、法治和德治相结合的乡村治理体系。在这个体系中，"村治"仅仅是治村的一种方式，且它本身也构不成自治逻辑。只有在党的领导之下，将村民自治和法治、德治结合起来，才能真正发挥"村治"功效。

客观上看，今天的村级治理效能的确大大提高了，过去习以为常的基层失序现象甚是少见。但是，以形式主义为主要表征的"治村"困境，却逐渐显现出来。简单而言，国家在基层的资源投放、注意力分配等越来越多，但中间耗损也急剧加大，治理绩效和资源投入不成比例。

尤为麻烦的是，今天的村级治理之所以呈现出这种状态，无不是伴随着治理现代化、治理创新等实践出现的。那么，造成这一意外的制度后果的原因是什么呢？

学界习以为常的解释是，国家和社会之间天生就有隔阂，官僚机器进入社会领域，很容易因为基层的不规则性而陷入困境。也是在这个意义上，如"上有政策、下有对策"、变通等现象，其实是官僚制度的必然产物。然而，今日之"官僚病"影响的深度和广度，远超过去，连"治村"这个似与"官僚病"无关的领域，也深受形式主义之害。君不见，村干部自称"管天管地管空气"，"村里的打印机都累死了"。反过来，村干部群体也越来越要求有更好的待遇，似乎每个地方的政府部门都把提高村干部待遇当作一个政绩，全然不顾村干部本来就是兼职人员，他们本来的身份就是农民。

2019年，中国城镇化率已经超过了60%，绝大多数村庄都主动或被动地卷入城镇化进程中。无论从哪方面看，村庄确实在朝现代化的方向变化。有些村庄已经完全融进了城市或城市带，村庄只是一种名义上的、管理体制上的存在，其内核早就城镇化了，哪怕是人们的生活方式，也高度城镇化。有些村庄，虽保留了村庄的生产生活形态，但因为特殊的地理位置，使得其具有鲜明的服务城市运转的功能地位，比如，村庄的土地已经实现工商化或主要种植经济作物，村民也主要在城市从事服务业，城乡之间紧密联系。而广大的中西部农村，几乎都走向了空心化的道路，农业生产形态完整，但村庄生活样态却残缺不全。

很显然，很多地方对"治村"存在一种错误的现代化想象。在可以预见的相当一段时期内，中西部地区的空心村还将广泛而持续地存在。他们显然不会是城镇化意义上的现代农村，把已经完全融入城市的村治的治理形态嫁接到空心村，以此来实现乡村治理现代化，无异于缘木求鱼。毕竟，处于不同的城乡关系中的村庄的公共事务性质、治理目标，都具有质的差别。在制度设计上，当然也要因地制宜。

本书探讨了不同城乡关系背景下的村庄治理现代化的实现路径，可谓切中要害。在我看来，这本书的最大贡献在于重新定义了治理现代化。什么样的治理才是现代化的治理？简约有效的治理，就是现代化的治理。在治理事务足够复杂，也可以标准化的地方，治理现代化可能要建立在功能齐全的办事大厅、一本正经的坐班人员、前沿炫酷的治理技术等基础之上。但对于广大中西部农村地区来说，这些现代治理的基础设施，与其说是助力，还不如说是干扰。有多少形式主义，是为了满足技术和制度的要求而做无用功，反而耽误了实实在在为民办事？在这些地方，通过走群众路线有效动员留守村庄的村民，自己组织起来办好自己的事情，就是最为现代的治理。

本书的类型学方法，潜在地预示着，村庄治理现代化也不存在一个线性的发展规律。不同城乡关系中的村庄治理模式，其实是一个并行关系，它们将长时期共存。因此，已经融入了城市的村庄的治理模式，不会是空心村治理模式的未来。

在这个意义上，本书重新找到了村治的意义，也回答了如何治村的问题。

是为序。

2021 年 4 月 3 日于珞珈山

目 录

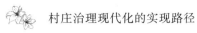

第一章 导论

第一节 引言

近年来，农村基层治理中两方面的变化值得关注：一是国家对农村实施的政策的变化；二是农村社会本身的变化。前者体现在，自2006年农业税费全面取消以来，特别是十七届三中全会的召开，昭示着我国总体进入以工促农、以城带乡的新时代，大量惠农资源向农村涌入。国家以更为积极的姿态全面介入农村社会的建设和发展中，打破了以往农村社会自主建设和服务自主供给的状态，一种新型的国家与农村关系逐步确立。后者体现在，随着市场经济的发展、打工经济的兴起以及城市化进程的加快，我国农村相对封闭的状态被打破，农村的经济社会基础、人口结构等都发生了巨大变化，村庄社会资本大量流失。随之而来的是农村中更多新的治理问题和治理需求的出现。这两重变化共同形塑着我国乡村社会新的治理形势和治理环境，也对村庄治理体制建设提出了新的要求。

2013年11月党的十八届三中全会提出的创新社会治理机制、实现国家治理体系和治理能力现代化的改革目标，以及党在2017年10月的十九大报告提到的乡村振兴战略中，"加强农村基层基础工作，健全自治、法治、德治相结合的乡村治理体系"可视为国家在宏观层面对上述农村基层治理面临处境的回应。改革开放以来，由于以上海、珠三角和苏南地区为代表的东部发达地区一直处于中国经济发展的前沿，致使包括村庄治理体制在内的一些经济社会发展方面的制度在全国都具有极强的示范性。在创新农村基层治理体制、推动基层治理体系和治理能力现代化被作为国家指导农村发展战略的背景下，东部发达地区村庄治理体制成为广大中西部地区农村学习的对象，比如将以村干部职业化为表现形式的村级组织正规化，使之成为职责分工清晰、权责明晰的行政科层组织体系。此外，很多发端于城市地区的各种现代技术治理手段也逐步被引入村庄治理当中，构成村庄治理体制的重要组成部分，比较常见的如网格化管理以及12345市民服务热线等。

这一系列落实到农村的改革举措本质都是国家行政力量向村庄社会的全面渗透，国家试图实现与农民个体直接对接。这实则是对我国自20世纪80年代以来所确立的乡村基层"乡政村治"格局①的根本性变革，村级组织的自治属性被剥离，完全成为乡镇政府向村庄延伸的下属层级，村级治理高度行政化。与之相伴的是，国家对村级组织治理要求提高，对之进行目标与过程双重管理，要求村干部做到办事留痕，严格依法行政，按规章、制度办事，由此形成对原有乡土治理手段的排斥。在这个过程中，村民仅仅是作为村庄公共服务的被动受体，他们在村级治理中的能动作用被忽视。

当然，学界已有很多研究为当前我国推动的村庄治理体制的上述改革提供学理支撑，其中蕴含着这样一种假设：即自20世纪80年代村民自治制度被确立为我国农村基本治理制度以来，由此形成的以兼业化村干部和村民小组长为主要治理主体、以村组两级组织为主要治理架构和以动员村庄社会资源为主要治理手段的半正式且极度简约的治理体制已经不具有适用性，失去了存在基础，是亟须改革的落后之物。具体来说，学界对原有村庄治理体制适用性的怀疑主要基于以下理由。

一是随着市场理性观念的渗透，村干部原来看重的面子等村庄社会激励要素已经失效，村庄半正式治理体制内含的误工补贴式的激励体系难以起到激发村干部治理动力的作用，村庄普遍面临无人愿意当村干部或村干部工作积极性不足的问题②；二是村庄传统治理资源日

---

① 张厚安：《乡政村治——中国特色的农村政治模式》，《政策》1996年第8期。

② 王扩建：《城镇化背景下的村干部职业化：生成逻辑、困境与对策》，《中共天津市委党校学报》2017年第1期；徐珂：《论推行农村村干部专职化》，《广东行政学院学报》2009年第2期。

趋萎缩，需要国家正式治理资源（比如行政资源、法律资源和制度资源）的输入和填充①；三是随着城市化进程的推进，村庄利益的增多，地方性规范的瓦解，半正式治理体制为村干部权力滥用提供了机会和空间②，进而带来村庄秩序的灰色化③及村庄治理的内卷化等问题④，国家需要对村干部的权力进行控制和规范⑤；四是村庄行政事务复杂性的增加和专门化程度的提高，使村庄需要有一支专业化、职业化的治理队伍⑥。

这些理由都试图说明一个问题，即主要依托村庄社会资源（包括村庄面子、荣誉等社会激励资源、乡土治理资源）而较少依赖国家正式资源实现自主运转和自主治理的以村民自治制度为基础的自治型村庄治理体制已经难以维系，需要强化国家正式资源在村级治理中的作用。通过将村干部职业化和村级组织正规化，将之纳入国家行政管理体制以及辅以各种新型的现代治理技术，达到国家正式资源和国家行政力量向村庄的全面渗透，便是上述认识逻辑必然衍生出来的结果。

但是，结合笔者近几年在多地农村调查的经验来看，这一系列村级治理行政化改革举措在中西部地区遭遇了严重不适应，未取得预期的改革成效。村级治理成本大幅增加的同时，村级治理能力未升反降。这些举措不仅降低了国家政策向村庄社会的渗透效力，造成村民需求难以在村庄范围内得到有效回应，而且导致村级组织普遍缺乏制约钉子户的能力。村级组织悬浮于村庄社会之上，与村庄社会和农民脱节，干群关系疏离。

之所以改革实践与学界研究的预想之间出现如此巨大张力，其原

---

① 陶振：《村干部公职化管理的多重维度》，《重庆社会科学》2016 年第 7 期。

② 马良灿：《"内卷化"基层政权组织与乡村治理》，《贵州大学学报》（社会科学版）2010 年第 2 期。

③ 吕德文：《找回群众：基层治理的探索与重塑》，《领导科学》2016 年第 10 期。

④ 谢小芹：《半正式治理及其后果——基于纠纷调解及拆迁公司参与的半正式行政分析》，《西北农林科技大学学报》（社会科学版）2014 年第 5 期。

⑤ 杜园园：《村干部职业化的内在逻辑及其后果》，《中共宁波市委党校学报》2015 年第 2 期。

⑥ 王金豹：《关于"村干部职业化"的思考——以广东省东莞市为例》，《南方农村》2010 年第 6 期。

因在于学界很多研究往往存在以下局限：第一，对当前我国农村社会性质或状况的把握较为碎片化和浅层化，尤其是对其中的很多关键信息缺乏深度认知，以至于出现对很多村庄事实的误判；第二，普遍缺乏区域比较视野，容易造成将不同区域农村的经验相互牵引和移植的现象，进而带来认知的混乱。这些局限意味着他们无法指导村庄治理体制改革实践，也无法为我国村庄治理现代化提供有效方案。

由于当前村庄治理体制的诸多改革使中西部地区农村陷入更为深层的治理困境，而中西部地区农村又是我国农村的绝对主导构成，因此本文将以中西部地区的村庄治理为基本问题关怀，并以东部发达地区的村庄治理以及很多现代治理机制的发源地——城市地区的治理作为经验参照，尝试对占中国农村绝大多数的中西部地区农村以村庄治理体制建设为核心内容的村庄治理现代化路径问题作出解答。

第二节 "国家与社会"二元分析框架下的中国乡村治理研究

我国乡村治理领域积累了丰富的研究成果。但理论基础、切入视角的差异，致使研究者对我国村庄治理体制改革走向的判断完全不同。通过对相关文献的仔细梳理发现，大致存在以下三种主导认识理论：民主发展理论、国家政权建设理论和多元治理理论。这三种主导理论都以"国家与社会"二元分析框架为基础。

一 民主发展理论与村民自治去行政化

民主发展理论视野下的中国乡村治理研究以 20 世纪 80 年代村民自治制度的推行为载体和契机，从民主—权利视角切入，给与村民自治制度在推进农民民主权利增长方面以极高期待，高度肯定农民（农村）在推进我国政治民主化进程中的作用。农村民主化进程的启动以农村社会的发育为前提，村民自治即是一种国家向社会放权的一种制度化实践形式，体现了国家在培育社会力量中的主体责任①。从这个

---

① 张康之：《政府的责任在于培育成熟的社会》，《浙江学刊》2000 年第 2 期。

角度来说，民主发展理论视野下的中国乡村治理研究带有突出的社会偏向，而非国家偏向，蕴含着国家与社会对立的潜在预设。由此，学者们对村民自治制度的价值合理性进行了充分论证。

徐勇认为中国现代国家的构建表现为民族—国家与民主—国家这一双重建构过程的不均衡性，民主—国家建构落后于民族—国家建构①，因此当前中国需要通过政治发展来推进民主化，进行民主—国家的建构①。村民自治制度为中国从形式到实体的民主之路迈出了第一步②，是对中国宪政制度的重要创新③，而村民自治制度中"四民主"中的"民主选举"尤其是对村民民主意识训练的重要环节④。有学者进一步指出，可将村民自治作为中国民主政治建设的外围实验⑤。总而言之，乡村民主政治是全社会民主政治的有机组成部分，村民自治是我国民主政治的起点⑥。贺雪峰认为只要扎实做好村民自治工作，其内部的合理性会向外围拓展，并为国家层面的民主作出贡献⑦。

为了更好地完善村民自治制度，保证其"民主"特征，实现村民自治的主体性⑧和有针对性的提出改进对策，学者们对村民自治制度的实践状况以及其所处的各种制度和社会环境进行了全方位剖析，涌现了一大批民主选举⑨、农民参与⑩、村民自治发展走向⑪等具体研究。与此同时，他们对村民自治中广泛出现的行政化现象持强烈的批

①　徐勇：《现代国家建构中的非均衡性和自主性分析》，《华中师范大学学报》（人文社会科学版）2003 年第 5 期。

②　徐勇：《中国民主之路：从形式到实体——对村民自治价值的再发掘》，《开放时代》2000 年第 11 期。

③　徐勇：《村民自治：中国宪政制度的创新》，《中共党史研究》2003 年第 1 期。

④　徐勇：《乡村治理与中国政治》，中国社会科学出版社 2003 年版，第 49 页。

⑤　胡永佳：《村民自治、农村民主与中国政治发展》，《政治学研究》2000 年第 2 期。

⑥　党国印：《"村民自治"是民主政治的起点吗》，《战略与管理》1999 年第 1 期。

⑦　贺雪峰：《论村民自治对国家层面民主的贡献》，《理论与现代化》1999 年第 11 期。

⑧　程为敏：《关于村民自治主体性的若干思考》，《中国社会科学》2005 年第 3 期。

⑨　胡荣：《竞争性选举对村干部行为的影响》，《厦门大学学报》（哲学社会科学版）2002 年第 3 期；

⑩　吴毅：《村治中的政治人——一个村庄村民公共参与和公共意识的分析》，《战略与管理》1998 年第 1 期；郭正林：《当代中国农民政治参与的程度、动机及社会效应》，《社会学研究》2003 年第 3 期；胡荣：《社会资本与中国农村居民的地域性自主参与——影响村民在村级选举中参与的各因素分析》，《社会学研究》2006 年第 2 期。

⑪　卢福营：《村民自治的发展走向》，《政治学研究》2008 年第 1 期。

判态度。

　　村民自治的行政化具体表现在来自上级政府的过多政务对村委会村务处理空间的挤压①、乡镇政府的行政权力对村民自治权力的过度干涉、承接乡镇政府意志的村党支部对村委会自治权力的削弱，《中华人民共和国村民委员会组织法》规定的乡村之间的指导与被指导关系为行政化的乡村关系②替代。行政与自治双重权力和责任的交织，一方面使村干部处于行政管理系统与自治系统的边际位置③，让他们陷入到"国家代理人"与"村庄当家人"双重角色如何平衡的困扰中④；另一方面也为村干部自主角色和权宜性行为的产生提供了空间，出现"双重角色""经纪模式""守夜人""撞钟者"等多重角色和行为⑤。这两方面的影响都可能引致不良的治理后果。

　　总而言之，村民自治促进民主发展的这一内在精神受到了来自国家权力的巨大冲击。不论是政务与村务、乡镇行政权力与村民自治权力，还是村党支部与村委会，其实都是国家与社会关系的一个缩影⑥，行政与自治关系的实质亦为国家权力与社会权力的界分问题⑦。在他们看来，行政与自治之间，或者说乡村之间存在内在的张力和冲突⑧。鉴于此，为了保证村民自治的纯粹性，学者们提出了系列改革措施，核心要点是进行行政与自治的分权化改革，重新界定乡镇和村委会的权力关系。常见的改革建议是将村委会的行政职能剥离，由乡镇政府

①　徐勇：《村民自治、政府任务及税费改革——对村民自治外部行政环境的总体性思考》，《中国农村经济》2001 年第 11 期。

②　张厚安、谭同学：《村民自治背景下的乡村关系——湖北木兰乡个案分析》，《中国农村观察》2001 第 6 期；项继权：《乡村关系行政化的根源与调解对策》，《北京行政学院学报》2002 年第 4 期。

③　王思斌：《村干部的边际地位与行为分析》，《社会学研究》1991 年第 4 期。

④　潘宁：《21 世纪谁来当村"官"——村干部的困境与出路》，《调研世界》1998 年第 3 期。

⑤　吴毅：《"双重角色"、"经纪模式"与"守夜人"和"撞钟者"——来自田野的学术札记》，《开放时代》2001 年第 12 期。

⑥　陈家刚主编：《基层治理》，中央编译出版社 2015 年版，第 9 页。

⑦　陈晓枫、陈子远、高骁宇：《中国传统行政与自治关系辨析》，《武汉大学学报》（哲学社会科学版）2013 年第 4 期。

⑧　金太军、董磊明：《村民自治背景下乡村关系的冲突及其对策》，《中国行政管理》2000 年第 10 期。

另设派出机构承担，同时严格明确乡镇政府对村委会权力的干预限度，实现村民自治的去行政化，以向村民自治的本源精神回归。

潘宁①提出的两个方案是村民自治去行政化改革思路具体化的典型代表：一是改村委会为村公所，作为乡镇人民政府的派出机构，行使行政管理职能，将村民委员会设置在村民小组，按照《中华人民共和国村民委员会组织法》的要求专事自治工作；二是村委会设置规模不变，同时设置与村委会并行的村公所，将行政职能转移至村公所。与之类似，为了缓解村干部处于行政管理系统（官系统）和村民自治系统（民系统）这一边际位置困境，王思斌给出的方案是将村干部从边际地位中分离出来，使之向民系统回归，政府管理职能归还给政府②。李勇华③对舟山市的农村社区管委会模式给与了高度肯定，认为其通过将村民自治承担的"政务"交由社区管委会承担，解除了村民自治组织的行政事务负荷，有利于其真正履行自治职能。为了调和行政与自治之间的张力，有学者提出通过认识视角的转换，即将村民自治视为村民自治由群众自治向"类"地方自治的一种适度转型，以为国家行政力量的介入提供正当性④。但这已脱离了村民自治的"民主价值"的讨论范畴。

二　国家政权建设理论与村级治理行政化

作为一个后发外生型国家，中国从 19 世纪开始进入由农业文明向现代工业文明转型的现代化过程⑤。面对西方早发内生型国家的现代化挑战，中国所走的必然是一条由国家主导的现代化道路。也因此，中国的工业化、市场化等各方面都带有突出的国家主导特征。而且，自中华人民共和国成立以来，国家便承担了对农村进行现代化改

① 潘宁：《21 世纪谁来当村"官"——村干部的困境与出路》，《调研世界》1998 年第 3 期。

② 王思斌：《村干部的边际地位与行为分析》，《社会学研究》1991 年第 4 期。

③ 李勇华：《农村社区管委会：对村民自治的除弊补缺——公共服务下沉背景下农村社区管委会体制的实证研究》，《学习与探索》2009 年第 2 期。

④ 李勇华：《自治的转型：对村干部"公职化"的一种解读》，《东南学术》2011 年第 3 期。

⑤ 许纪霖、陈达凯主编：《中国现代化史（1800—1949）》，学林出版社 2006 年版。

造的重任。在这个过程中，国家被视为一种不可或缺的力量，推动着社会的发展进程。由此，源自西方社会的国家政权建设理论为西方汉学家引介到对中国经验的研究上来，并广泛为中国学者接受和运用，强调国家的主体性作用。国家政权建设理论始自蒂利[1]关于西欧社会民族—国家形成过程的研究，它蕴含着国家"试图支配、控制或破坏相对自治的地方社会结构，试图扩大它对地方资源的支配，并且在国家的支持下发展新的建制"[2]的含义，包括自下而上的权力集中和自上而下的权力渗透这一双重过程。

受蒂利的启发，杜赞奇率先将国家政权建设理论引入关于中国晚清民国时期的华北农村研究，他认为这一时期中国的国家政权建设与蒂利描述的欧洲国家政权建设具有诸多相似之处，表现为为了增加财政收入，政府试图将基层政权官僚化以加强对乡村社会的控制。面对乡村社会对政权侵入和财政榨取的反抗，国家便与乡村中新的精英群体联合以巩固其权力。[3]自此，国家政权建设理论成为理解中国乡村治理的重要理论范式，并且分化出两种不同的关于国家政权建设的理解面向，具体为国家权力的扩张面向和国家公共规则的确立面向。

（一）国家权力扩张与村级组织行政化

国家政权建设服务于现代民族国家建设，其基本目标是要建立一个合理化的政权体系，该体系能有效动员和监控全体社会，[4]它以国家政治权力的扩张和有效渗透为实践载体。从时间段来说，权力扩张面向下的国家政权建设研究主要以晚清民国至 2006 年国家农业税费的全面取消这一时期的乡村社会为底本，核心是围绕国家与乡村社会之间的资源汲取性关系展开。

---

① ［美］查尔斯·蒂利：《强制、资本和欧洲国家（公元990—1992 年）》，魏洪钟译，上海人民出版社 2007 年版。

② ［美］杜赞奇：《中国近代史上的国家与公民社会》，载汪熙、魏斐德主编《中国现代化问题——一个多方位的历史探索》，复旦大学出版社 1994 年版，第 348 页。

③ ［美］杜赞奇：《文化、权力与国家——1900—1942 年的华北农村》，王福明译，江苏人民出版社 1996 年版，第 1—2 页。

④ 于建嵘：《抗争性政治：中国政治社会学基本问题》，人民出版社 2010 年版。

晚清民国时期在内忧外患的压力下，为了获得足够的现代化政权建设所需的资源，国家有强烈的权力扩张需求以增加对乡村资源的汲取力度。然而，杜赞奇的研究发现，由于晚清民国政府在权力扩张的过程中，一方面无力将行政官僚权力完整地延伸至基层，只是实现了下层机构的半官僚化①，从而无法将地方经纪人完全吸纳至国家行政治理体制之中，接受国家对其行为的约束；另一方面在政府无法对基层政权进行官僚化改造而必须依赖乡村经纪人完成资源汲取任务的情况下，它又通过一系列举措破坏了传统保护型乡村治理体制依存的乡村文化网络，迫使保护型经纪人退出乡村治理领域，代之以赢利型经纪人。或者说，晚清民国政府在乡村社会无法以现代科层体制代替原有的传统保护型乡绅治理体制的情况下，又通过各种方式破坏了这种传统治理体制依存的乡村文化网络，这直接造成了不受国家和乡村社会约束和控制的赢利型经纪人的滋生，产生国家政权的内卷化困境。

从国家权力扩张面向来理解国家政权建设路径，很多研究对中华人民共和国成立后的人民公社时期的乡村治理进行了考察，并且基本认同这一时期中国的国家政权建设取得了相当程度的成功，克服了国家政权建设的内卷化难题。杜赞奇②将其归功于中国共产党成功地从基层开始建立了与国家政权相联结的各级组织，并通过合作化克服了地方精英的偷税漏税和贪污中饱问题。黄仁宇③也将中国共产党的成功归因于其在中国农村成功建立了现代国家的基层组织。强世功④认为中国共产党在打破旧的地方精英和传统的"权力的文化网络"的同时，通过"权力的组织网络"建设塑造了新的地方精英，使共产党政权在深入村庄时摆脱了"国家政权内卷化"的陷阱。这一时期

---

① ［美］杜赞奇：《文化、权力与国家——1900—1942 年的华北农村》，王福明译，江苏人民出版社 1996 年版，第 56 页。

② ［美］杜赞奇：《文化、权力与国家——1900—1942 年的华北农村》，王福明译，江苏人民出版社 1996 年版，第 240—241 页。

③ ［美］黄仁宇：《中国大历史》，九州出版社 2015 年版。

④ 强世功：《权力的组织网络与法律的治理化——马锡五审判方式与中国法律的新传统》，《北大法律评论》2000 年第 2 期。

的中国社会呈现为国家的"总体性支配"特征①。

从乡村社会来看，这一套直达民众的正式化、制度化的组织体系，不仅将国家与乡村社会的连接中介——国家代理人，而且将由分散小农所组成的乡村社会组织了起来，有力地将地方上的国家代理人和农民整合到国家的目标和意志之中，实现了国家权力的扩张和对乡村社会的控制。从这个角度来说，中国共产党开创了一条不同于欧洲国家完成国家政权建设的路径，即先依赖赢利型经纪制获得必要的资源积累，而后再由这些资源所建立的强大军队和官僚体系击毁阻碍国家政权进一步扩张的赢利型阶层②。

人民公社解体后，家庭联产承包责任制的实行，使农村社会由高度组织化的状态重新回归到以家庭为单位的原子化状态。加之村民自治制度的实行，国家与以村干部为代表的地方代理人出现体制断裂，即村干部成为完全由村民选举产生的自治性公共治理主体，而非由国家任命或授权的行政性公共治理主体，国家对村干部的约束力下降。但是，此时国家对农村的资源提取任务仍然存在。在国家缺乏对地方代理人进行直接体制控制的情况下，受压力型体制的驱动，地方政府（特别是乡镇政府）为了完成税费提取等国家任务，通常采取体制外利益的方式动员村干部③。随着税费任务的增加，这一资源汲取方式产生了类似晚清民国时期的政权内卷化困境，"好人"村干部退出，恶人、狠人村干部重新登上历史舞台，形成了"乡村利益共同体"④，干群关系高度紧张，以至于有学者将之概括为世纪之交的"三农危机"⑤。这种状况直到2006年税费的全面取消才完全终结。

迈克尔·曼将国家权力划分为专断权力和基础权力两种类型。国

---

① 渠敬东、周飞舟、应星：《从总体支配到技术治理——基于中国30年改革经验的社会学分析》，《中国社会科学》2009年第6期。

② ［美］伊曼纽尔·华勒斯蒂：《现代世界体系》，罗荣渠译，高等教育出版社1998年版。

③ 赵晓峰：《税改前后乡村治理性危机的演变逻辑——兼论乡村基层组织角色与行为的变异逻辑》，《天津行政学院学报》2009年第3期。

④ 贺雪峰：《试论20世纪中国乡村治理的逻辑》，《中国乡村研究》2007年第1期。

⑤ 温铁军：《八次危机》，东方出版社2013年版。

家的专断权力指国家精英可独立采取行动而无须与市民社会协商的权力，国家精英凌驾于市民社会之上。国家的基础权力是一种国家借助其基础结构对市民社会全面渗透以及协调市民社会活动的能力，也是一种国家在其统治的疆域中执行系列决定的能力。① 国家政权建设理论中国家权力扩张面向中的"国家权力"实则属于国家的基础权力，它体现的是国家的"社会控制能力"②。国家权力向乡村社会的渗透主要依托对地方代理人的控制，使其不偏离国家的社会控制目标，进而实现国家意志的贯彻③。因此，权力扩张面向下的国家政权建设面临的核心问题是对地方代理人的控制问题。

从上述文献的梳理中可发现，国家权力向农村社会扩张的有效手段是将乡村基层组织官僚化，将之纳入国家自上而下的行政控制体系之中。改革开放以后乡村基层形成的"乡政村治"格局则隐含着国家权力沿着行政控制路径向农村社会扩张体系的断裂，不完全受国家行政控制的村干部可能出现偏离国家意志的行为，不利于国家政权建设目标的实现。因此，持此认识的学者多主张将村级组织进行行政化改造，以确保村干部严格贯彻国家意志。

（二）国家公共规则确立与村级治理行政化

随着经济社会形势的变迁，特别是进入 21 世纪以来国家与农村关系从资源汲取型关系向资源输入型关系的转变，在西方国家政权建设理论的基础上，国家政权建设的内含在中国实践经验推进中以及学界的认识中都有新的拓展，核心内容是国家治理规则的统一性建设。它关心的核心问题是，现代公共关系如何在乡村基层社会确立以及国家公共规则如何实现对地方社会规则的改造和替代，这方面的内容在学界的相关研究中也有丰富呈现。

张静通过对欧洲国家政权建设历史的梳理，认为国家政权建设

① ［英］迈克尔·曼：《社会权力的来源》（第二卷·上），陈海宏等译，上海人民出版社 2007 年版。

② ［美］乔尔·S. 米格代尔：《强社会与弱国家——第三世界的国家社会关系及国家能力》，张长东、朱海玲等译，江苏人民出版社 2009 年版。

③ 黄冬娅：《比较政治学视野下的国家基础权力发展及其逻辑》，《中大政治学评论》2008 年第 3 辑。

更为实质性的内容应该是一个新的公共组织——现代政府角色发育形成，以其为中心的、不同以往附属性质的权威和公众关系的确立①。成功的现代国家政权建设以创设公共身份及公共关系为基础②，乡村社会也应当是以公共规则为导向的治理。也就是说，公民与国家之间是一种去除了中间社会结构的现代关系，它们都按照一般化的现代公共规则行为。以此为国家政权建设成功的标准，那么中国直到今日也远未完成。张静的调查研究得出的结论是，中国的乡村社会依然保有很强的传统性和地方性，乡民依然是按照特殊主义而非普遍主义的逻辑行事，他们有一套自在的行为逻辑而并非服膺于国家一般性的公共规则，他们依然从属于地方社会而非统一的国家政权③。

由此可见，中国乡村基层仍然存在一个顽固的地方社会，它构成地方代理人以及农民相对独立于国家的另一重归属单位或附属性社会结构。也因此，在持上述认知的学者看来，地方社会是阻碍国家政权现代化进程的力量，它潜在影响着国家政权和政治的统一性。他们将内生于地方社会结构之中的传统行为习惯、文化资源等都视为与现代公共规则或规范的对立之物，尤其是注意地方社会的特殊主义行为逻辑、依靠人情面子等个殊化的行为准则以及庇护主义关系结构对国家在乡村治理中的负面影响，认为它们可能成为软化和削弱国家权威的腐蚀性力量。更为重要的是，地方社会可能衍生出一种精英主义式的治理结构，它会脱离民众的控制，可能对民众的合理利益造成损害。基层系列制度、体制体系建设的不完善进一步助长了乡村社会非正式治理行为横行的诸多乱象④。

鉴于此，这些学者主张通过向基层社会输入制度、规则以及进行正规化制度建设的方式打破附着于地方社会的传统性利益和关系，将所有人、所有事务都纳入统一的国家框架中，实现去地方化、去特殊

---

① 张静：《国家政权建设与乡村自治单位——问题与回顾》，《开放时代》2001 年第 9 期。

② 张静：《私人与公共：两种关系的混合变形》，《华中师范大学学报》（人文社会科学版）2005 年第 3 期。

③ 张静：《现代公共规则与乡村社会》，上海书店出版社 2006 年版。

④ 张静：《基层政权：乡村制度诸问题》，浙江人民出版社 2000 年版。

化，达到现代公共治理规则的确立。比如吴毅通过实地考察发现，乡镇干部为了贯彻政令、推动工作，必须在具体的社会场景中，依靠各种面子与人情资源来处理与村干部的关系，行政命令只是作为底色存在。摆、媒等各种非正式的治理技术和策略性手段广泛存在于乡村社会的治理活动中。他用"国家治理转型"概念代替现代国家政权建设的提法，在他看来，对基层政权进行基层社区公共权威主体的塑造，以及让农民成为按照现代权利规则行为处事的公民，是让基层治理进入有序、规则化渠道的重要举措①。

按照韦伯的理解，科层化官僚制是现代国家政治的基本架构，它奉行的"理性主义"原则包括以下内容：职务运作的部门化；各部门的权限有正式的法律和文本规定；上下级间是一种制度化关系；政府职位的全职性；业务活动的专业化和规则化②。规则构成科层化官僚制组织的核心，它可促成"社会行动的规范化"，且具有突出的规律性和稳定性③。虽然实践中的官僚制因为其所处特定国家的历史、政治体制环境和任务情境以及难以避免现实复杂社会关系的影响等④，与韦伯提出的理想意义上的官僚制存在偏差，但是在很多学者看来，较之于其他类型的组织或治理方式，它依然可以说是现代公共行政原则和现代公共精神的有力承担者，它型构的是一种切事化的一般性关系。

科层化官僚制的这一内在特征高度契合了企图给乡村地方社会创设公共规则和建立国家与民众之间以公共规则为基础的现代化关系的诉求，进而成为落实他们诉求的现实选择。常见的主张是将村干部专职化和将村级组织正规化，辅以各种规章制度和技术化治理手段的输入，实现行政化治理。国家推进政策过程中的授权、决策、管理、监

① 吴毅：《小镇喧嚣——一个乡镇政治运作的演绎与阐释》，生活·读书·新知三联书店 2007 年版，第 610—611 页。

② ［德］马克斯·韦伯：《支配社会学》，康乐、简惠美译，广西师范大学出版社 2010 年版，第 22—30 页。

③ ［美］罗伯特·W. 杰克曼：《不需暴力的权力——民族国家的政治能力》，欧阳景根译，天津人民出版社 2005 年版，第 95 页。

④ 何艳玲、汪广龙：《不可退出的谈判：对中国科层组织"有效治理"现象的一种解释》，《管理世界》2012 年第 12 期；周雪光：《国家治理逻辑与中国官僚制：一个韦伯理论视角》，《开放时代》2013 年第 3 期。

督等各个权力环节的制度化、规范化和程序化等措施就成为达成上述目标的必然选择①。此外，目前很多学者提倡的网格化管理以及精准治理等理念从某种程度上也可视为这种科层治理思维的延伸和升级，其目的亦在于增强国家公共权力对基层社会的渗透力，以突破地方传统的权力、关系及文化网络，确立国家权威以及公共规则在乡村基层治理中的合法性。

三　国家与社会分权视角：多元治理理论与村级治理去自治化

以政治与行政二分思想②为前提的西方公共行政学自产生以来，经历了多次范式转换，以应对原先政治社会格局中的不可治理性③，并相继出现了传统公共行政理论、新公共管理理论、新公共服务理论和多元治理理论等诸多理论，推动着西方政府的改革浪潮，其影响快速扩展到包括中国在内的世界其他国家和地区。传统公共行政理论以韦伯的官僚制行政为基础，强调政府在公共服务供给中的唯一主体地位。官僚制行政因为其蕴含的"科学化、客观化、形式化"的工具理性原则和权力的层级化特征而为人们所推崇。但是，伴随社会事务复杂性的增加，官僚制行政呈现出大幅扩张的趋势，几乎覆盖至社会管理的所有领域，并在西方福利国家建设时期达到顶点。政府官僚机构的迅速扩张和日趋臃肿，以及行政效率的急剧下降使西方社会陷入以政府失灵为主要表现形式的管理危机、信任危机和财政危机，且引发了经济滞胀、失业率居高不下、通货膨胀以及经济萧条等经济危机。西方政府因此遭到公众的广泛批评，强调经济、效率和效能的新公共管理理论应势而生④。

新公共管理理论主张改变传统的政府行政模式，倡导在公共事务

---

① 陈家刚：《基层治理：转型发展的逻辑与路径》，《学习与探索》2015 年第 2 期。

② 政治与行政的二分较早体现在威尔逊《行政学之研究》一文中，而后在古德诺的著作中得到系统阐述和发挥。参见［美］弗兰克·J. 古德诺《政治与行政》，王元、杨百朋译，华夏出版社 1987 年版。

③ 王诗宗：《治理理论及其中国适用性：基于公共行政学的视角》，博士学位论文，浙江大学，2009 年。

④ 张世伟：《"新公共管理"及其对我国服务型政府构建的启示》，《湖北省行政管理学会 2006 年年会论文集》，2007 年。

的管理中引入企业家精神、市场机制和竞争机制，构建企业家政府①。虽然在这一理论指导下的政府改革极大提高了公共服务的供给效率，但是以此为基础的系列市场化、民营化政策却在极大程度上加剧了社会不平等，公共精神、公共服务以及民主价值被严重忽视。以新公共管理理论为基础的西方政府改革运动陷入了价值困境之中。基于对新公共管理理论的批判和反思，新公共服务理论登上了历史舞台。与新公共管理理论对绩效、效率以及经济价值的优先关注不同，新公共服务理论尤其突出以公民为本位的政府运作模式，强调公民在整个服务供给体系中的中心位置以及政府的服务角色。如登哈特夫妇所认为的，政府的角色既不是划桨，也不是掌舵，而是服务②。因此，新公共服务理论试图实现向公民精神和民主价值的回归。

通过对西方主要公共行政理论的梳理可发现，传统公共行政理论、新公共管理理论和新公共服务理论分别带有明显的国家中心论、市场中心论和社会中心论色彩，且都建立在国家与社会、国家与市场二分的前提预设之上，从中亦可看出国家统一调控、工具效率与价值理性这三重目标之间的内在冲突。20 世纪 80 年代末 90 年代初产生的多元治理理论则尝试弥合上述三重目标之间的张力，试图通过对国家、市场、社会三元主体的重新组合达到彼此间的协作，进而实现对国家中心论、市场中心论和社会中心论的超越，其中内含着国家、市场、社会的分权思路。因此，可以说治理理论是去中心化的，它主张治理主体的多元化，最终指向的是"善治"目标③。

上述公共行政理论在不同程度上推动着中国政府行政体制改革以及城市社区治理体制改革，而多元治理理论越来越成为指导改革实践的主导性理论。中国国家治理"由一元化管理向政府、公民、社会中介组织和市场主体共同治理的多元化治理模式转变"④，这在学界达

---

① ［美］戴维·奥斯本、特德·盖布勒：《改革政府：企业家精神如何改革着公共部门》，周敦仁等译，上海译文出版社 2013 年版。

② ［美］珍妮特·V. 登哈特、罗伯特·B. 登哈特：《新公共服务理论——服务，而不是掌舵》，丁煌译，中国人民大学出版社 2016 年版。

③ 俞可平：《治理与善治》，社会科学文献出版社 2000 年版。

④ 李琪、董幼鸿：《论公共服务型政府的建设与创新》，《中国行政管理》2004 年第 11 期。

成高度共识。随着农业税费的取消以及国家对农村资源输入力度和服务供给力度的加大，多元治理理论开始向农村社会渗透。在很多学者看来，农村公共问题的复杂性决定了需要打破以政府为核心的一元化治理格局，改变农村公共服务供给机制，引导市场和社会力量的参与，构建政府、市场与社会的新型合作伙伴关系，充分发挥各方主体的优势[1]。

公共服务供给机制由两部分组成，即公共服务的责任机制和公共服务的生产机制[2]。自农业税费取消以来，国家（政府）加大对农村公共服务的投入比例，成为农村公共服务供给的责任主体，承担着公共资源的投入责任。多元治理理论在农村公共服务供给领域的运用主要体现在对公共服务生产机制的多元化建构上，即引入市场生产机制和社会生产机制，政府主要是公共服务的责任机制，以此实现政府行政责任、服务供给效率以及社会参与价值三者之间的协调和均衡。湖北省 2006 年向全省推广的"以钱养事"改革、农村相应基础设施建设中招投标这一市场竞争机制的引入以及当前国家采取各项优惠政策支持参与农村治理的社会组织发展以及政府采取购买社会组织服务的方式让社会组织参与到乡村公共服务建设之中即是上述理论指导下的产物。其中，"以钱养事"改革指采取政府购买市场服务的方式为农村提供公共品，而非将政府资源直接用于乡镇事业单位工作人员的工资[3]。农村公共服务的资源投入都由政府承担。

村级组织以及村民由于其自身的非专业性被排除于农村公共服务的生产机制之外，村民自治在农村公共服务生产中的作用被消解以至架空。村两委组织只是作为农村公共服务供给过程中的配合者和协调

① 崔艳蕊、贾洪荣：《农村公共服务供给主体多元参与机制研究》，《商业时代》2012 年第 17 期；吴家庆、苏海新：《论我国乡村治理结构的现代化》，《湘潭大学学报》（哲学社会科学版）2015 年第 2 期；郎友兴：《走向总体性治理——村政的现状与乡村治理的走向》，《华中师范大学学报》（人文社会科学版）2015 年第 2 期；王春光：《迈向多元自主的乡村治理——社会结构转变带来的村治新问题及其化解》，《人民论坛》2015 年第 14 期。

② 张雪霖：《"找回"城市与"祛魅"的居民自治——中央、地方与民众三层关系视野下的城市社区治理研究》，博士学位论文，华中科技大学，2018 年。

③ 王甲云、陈诗波：《"以钱养事"农技推广体系改革成效分析——基于湖北江夏、襄阳和曾都三地的实地调研》，《农业经济问题》2013 年第 10 期。

者，村民亦只是公共服务的被动接受者，村级治理去自治化。基于实地调研，有学者对政府推行的农村公共服务生产的市场化和社会化改革在农村中的适用性提出质疑。理由大致有以下几点：一是乡镇不具备完全竞争的市场、有效的监管制度环境以及专业社会组织的发育环境；二是农村公共服务需求的琐碎性、微小性难以吸引以赢利为目标的市场主体参与；三是农村公共服务镶嵌在村庄政治场域中，交织着村民之间各种复杂的利益关系和社会关系①。外在于村庄的公共服务生产主体缺乏应对这些复杂关系的能力，从而可能带来公共服务供给效益的下降。也就是说，农村公共服务供给不仅是工程问题，更是治理问题②。

四 "国家与社会"二元分析框架的突破与延续：三层分析框架形成

由于"国家与社会"二元分析框架下的乡村治理研究带有明确的价值关怀和现实干预倾向，因此，它们往往能够与国家政策部门有效对接，以至于它们构成了中国农村基层治理改革的重要理论资源，影响着实际的改革实践。但是，该范式有两点在学理上为一些学者所诟病：一是"国家"与"社会"两个基本范畴的预设。即，在该范式下，"国家"与"社会"是两个内部具有高度统一性、整体性的实体，且具有外在的独立性和自主性。二是作为"国家"与"社会"实体化想象的逻辑结果，二者之间表现为潜在的冲突和对立关系。在国家政权建设理论中，其表现为国家试图去支配、控制和改造社会的关系形态。在民主发展理论中，则体现为社会对国家的反制以抑制国家权力扩张的关系形态。作为上述两种视角的综合，在长期的博弈中形成了国家与社会的分权关系，确立了多元主体共治的治理格局。

---

① 汪锦军：《农村公共服务提供：超越"碎片化"的协同供给之道——成都市公共服务的统筹改革及对农村公共服务供给模式的启示》，《经济体制改革》2011年第3期；贺雪峰：《"以钱养事"为何不宜推广》，《决策》2008年第6期。

② 桂华：《项目制与农村公共品供给体制分析——以农地整治为例》，《政治学研究》2014年第4期；王海娟：《项目制与农村公共品供给"最后一公里"难题》，《华中农业大学学报》（社会科学版）2015年第4期。

针对国家与社会二元范式下对"国家"与"社会"的实体化假设，有学者试图对"国家"与"社会"两个元素进行分解，由此形成多层主体分析范式，比较常见的是三层主体分析范式。米格代尔的研究曾指出，实践中的国家并非具有明确权力边界且内部高度统一，而通常呈现为缺乏协调性的碎片化状态，与社会各个元素相互交织，国家处于社会中①。比雷米克②认为国家内部结构具有分化性，比如在中国，除了中央政权外，还分布着各种层级大小不一的"地方性政权"。各地方性政权是具有独立利益的主体，其行为并不总是与中央政权的意志一致。不同层级、不同部门以及不同代理人之间都会有相对明显的利益边界，并且表现出权力的冲突和分割化倾向。中国很多学者关于中国乡镇政权以及其他地方政府行为的分析，都充分印证了这一点③。郁建兴、高翔就对地方政府偏离国家政策意志的自主行为产生的原因进行了分析④。

　　鉴于此，学界形成了三层主体分析范式。比如崔之元发展出"上层"（中央政府）、"中层"（地方政府和新兴资本大户）和"下层"（广大挣工资谋生的老百姓）的三层分析⑤。贺雪峰⑥将国家与农民关系分解为中央、地方与农民的关系，深刻剖析了上访制度在达成中央、地方与农民三者之间均衡关系方面的重要作用。受贺雪峰等人研究的启发，张雪霖⑦进一步提出中央、地方与民众三层关系视野，就三者关系的具体互动与变化对城市治理体制的影响展开详细深入的分

　　①　［美］乔尔·S. 米格代尔：《社会中的国家　国家与社会如何相互改变与相互构成》，李杨、郭一聪译，江苏人民出版社 2013 年版。

　　②　Elizabeth J. Remick，"Building Local States"，转引自肖瑛《从"国家与社会"到"制度与生活"：中国社会变迁研究的视角转换》，《中国社会科学》2014 年第 9 期。

　　③　周雪光：《一叶知秋：从一个乡镇的村庄选举看中国社会的制度变迁》，《社会》2009 年第 3 期；张静：《行政包干的组织基础》，《社会》2014 年第 6 期。

　　④　郁建兴、高翔：《地方发展型政府的行为逻辑及制度基础》，《中国社会科学》2012 年第 5 期。

　　⑤　崔之元：《"混合宪法"与对中国政治的三层分析》，《战略与管理》1998 年第 3 期。

　　⑥　贺雪峰：《国家与农民关系的三层分析——以农民上访为问题意识之来源》，《天津社会科学》2011 年第 4 期。

　　⑦　张雪霖：《"找回"城市与"祛魅"的居民自治——中央、地方与民众三层关系视野下的城市社区治理研究》，博士学位论文，华中科技大学，2018 年。

析。周雪光、艾云①提出国家、科层制和乡村三重逻辑的分析框架来
理解制度变迁的渊源。基于对乡村政治研究中国家与社会关系范式的
反思，景跃进②认为在中国党政不分的体制下，政党的角色不可忽视。
于是，其通过对中国乡村政治体制实践逻辑的分析，试图发现国家社
会关系与党政关系的内在联结机制，形成了理解中国政治的党、国家
与社会的三维关系视角。

但是，三层分析框架只是"国家与社会"二元分析框架的简单修
正，而没有超越"国家与社会"二元分析框架所蕴含的纵向权力关
系的分析路径。因此，从这个意义上说，三层分析框架依然是国家与
社会二元分析框架的延续。

五 文献评述

不论是民主发展理论、国家政权建设理论，还是多元治理理论，
它们本质上都是对"国家与社会"二元分析框架的运用，分别遵照
从社会、国家以及国家与社会（市场）分权视角切入的研究进路，
蕴含着国家与社会对立与分离的前提假设。包括学界发展出的三层分
析框架也只是对"国家与社会"二元分析框架的简单修正，依然是
"国家与社会"二元分析框架的延续。

改革开放后，中国再次迎来了"西学东渐"的浪潮，以美国为代
表的西方社会科学研究范式和理论全面涌入中国学界，并对中国的改
革实践产生重要影响。其中，国家与社会二元范式是应用到中国乡村
治理研究的经典范式，形成了分别从社会、国家以及国家与社会分权
视角切入的研究进路。之中充斥着规范研究与实证研究的交织和西方
化研究与本土化研究的争论，不同的研究进路下既有观点的融合，也
有观点的碰撞。然而，综合来看，不论是以民主发展为目标倒逼国家
权力后退的主张，还是以规则统一性构建、国家权力扩张为指向的国
家政权建设诉求强调对乡村社会进行现代化改造的论点，抑或是试图

---

① 周雪光、艾云：《多重逻辑下的制度变迁：一个分析框架》，《中国社会科学》2010
年第 4 期。
② 景跃进：《党、国家与社会：三者维度的关系——从基层实践看中国政治的特点》，
《华中师范大学学报》（人文社会科学版）2005 年第 2 期。

弥合上述仅强调国家和社会一极取向的国家与社会分权论说，其实都没有从根本上突破国家与社会分离和对立的假设。此外，从上文的文献梳理可发现，源自西方社会的民主发展理论、国家政权建设理论以及多元治理理论等构成了他们研究乡村治理的主导性理论支撑，存在明显的简单将理论移植倾向。

为主流学界引介的诸多理论资源中有两点被有意或无意忽视了：第一，它们针对的是西方发达国家社会；第二，它们研究的主体是城市社会（或都市社会）。邓正来就富有洞见地指出："'国家与（市民）社会'这一理论范式，在中国现阶段所表征的在很大程度上只是'国家与中产阶级'的关系，而根本无法把农村这个庞大的社会领域纳入到其解释模式当中来。"①

当将之应用到中国乡村治理中时，就极有可能出现理论适用性的中西错位和城乡错位问题。由此衍生的进一步后果是，当乡村社会中的某些特性或现象与理论的理想预设存在偏差时，就可能出现强行对现实进行矫正和改造的状况。理论本身获得了可以悬置时空条件的普适性价值，获得了本体性意义，且多是抽象地谈论基层治理的民主化、法治化和制度化②，现实经验的内在逻辑不被关注。正如邓正来指出的，此类研究呈现出突出的"学术消费主义"特征，"它在相当程度上反映的是由具有西方中心主义特征的发展主义和现代化理论对中国学人所构成的一种压力性示范而导致的结果"，③ 而缺乏相应的反思和批判。也因此，中国的乡村研究表现出明显的"西方化""都市化"倾向④和规范主义特征。

中国乡村研究的"西方化""都市化"倾向所得出的改革方案无法指导乡村治理现代化的发展实践。此外，不论是"国家与社会"

---

① 邓正来：《"生存性智慧模式"——对中国市民社会研究既有理论模式的检视》，《吉林大学社会科学学报》2011年第2期。

② 陈家刚：《基层治理：转型发展的逻辑与路径》，《学习与探索》2015年第2期。

③ 邓正来：《"生存性智慧模式"——对中国市民社会研究既有理论模式的检视》，《吉林大学社会科学学报》2011年第2期。

④ 详见邓正来在《中国法学向何处去》（商务印书馆2011年版，第123—128页）一书中以消费者权利的保护为例对当下中国法学和中国社会科学"都市化倾向"的分析。

二元分析框架还是由此发展而来的三层分析框架，乡村治理的应然和实然逻辑本质上都是纵向各个主体之间权力关系的反映，即涉及国家、乡镇政府、村级组织以及村民等各纵向主体的权力分配与分割问题。中国乡村治理实践逻辑的横向上的空间维度无法在上述框架中得到展现。也因此，中国乡村治理实践形态在空间上的复杂性和多样性在上述框架下无法获得有效理解。我们需要深入中国乡村经验以及回归中国本土的理论资源中，提出与中国本土经验相契合的分析框架。只有如此，我们才能找到与中国农村相符合的村庄治理体制的现代化改革路径。

第三节　中国乡村治理研究的框架转换：
"城乡关系"分析框架

基于对"国家与社会"二元分析框架，以及由此发展出来的三层分析框架局限的反思，立足于中国乡村治理实践经验，笔者提出"城乡关系"这一乡村治理研究框架，将乡村治理放置在"城乡关系"的空间维度中定位。此研究框架的提出受中国城乡关系研究启发。

在确定从"城乡关系"分析框架来认识村庄治理之前，有必要对有关中国城乡关系的研究作简要梳理。本部分无意对中国城乡关系研究作系统性的综述，主要借对城乡关系研究的梳理说明其对本研究框架提出的启发点。城乡关系是中国最基本的关系之一，城乡关系的核心问题是城乡二元结构问题。中国的城乡二元结构既是长期以来城市偏向发展实践积累的结果，也是政府一系列制度安排的产物。从学界已有研究来看，他们对中华人民共和国成立后的计划经济时期所形成的城乡二元结构的评价和判断具有较高一致性，认为它是当时中国面对内忧外患、百废待兴的国际国内形势下必然要走的一条带有"自我剥削"特征的农村支持城市发展道路的客观要求。

学界的分歧主要出现在对当前中国城乡二元结构的认知上。总体来说，大致存在两种截然相反的观点。一种观点认为，当前中国的城乡二元结构仍具有"剥削性"，农村的弱势地位没有得到根本转变。其中人口流动管理制度、城乡产品交换制度、财政资源分配制度构成了剥削性城乡二元结构的制度基础①，以至于有学者认为"三农"问题的病根是城乡二元结构②。因此主张进一步打破城乡壁垒，实现城乡在各项体制、制度方面的一体化，彻底消解城乡二元结构，建构城乡一体化的发展格局。一种观点认为，随着市场经济的发展、人口流动的加剧以及国家惠农政策的推行，当前中国城乡二元结构的"剥削性"已经弱化，对农村更多表现为"保护性"。这一结构不仅为农民提供了在市场经济中"进可攻退可守"的弹性空间，而且对形成具有中国特色的现代化道路具有重大的战略性价值，特别是城乡二元土地制度在其中发挥着重要作用③。

之所以出现对当前中国城乡二元结构认知上的分歧，很大一部分原因是与他们对城乡关系的认识视角有关。持"剥削论"者多是从权利的角度看待城乡关系，即抽象地去追求城乡权利的均等化，差异化的城乡制度设置在他们看来是造成城乡权利不均等的根源所在。比较典型的是，很多学者对中国土地制度的抨击，其中便包括对征地制度的批判。在他们看来，征地制度构成了城乡二元结构对农村的新型"剥削"形式。在"剥削论"者的视野下，城乡关系应该主要体现为一种权利对等关系，城市和乡村被视为两个相对独立的权利实体。从这个角度来说，城乡之间的有机互动关系和城乡之间的客观差异被忽略了。从抽象权利对等的角度看待城乡关系，最终的结果必然是走向去情境化的权利平等道路，体制的一体化构成"城乡一体化"的重要内含④。

持"保护论"者是从功能的角度看待城乡关系的。在他们看来，在中国现代化建设和发展的过程中，城市和乡村扮演着不同的功能角色，恰恰是城乡二元结构的存在为城乡各自功能的有效发挥以及二者

---

① 林辉煌、贺雪峰：《中国城乡二元结构：从"剥削型"到"保护型"》，《北京工业大学学报》（社会科学版）2016年第6期。

② 陆学艺：《破除城乡二元结构　实现城乡经济社会一体化》，《社会科学研究》2009年第4期。

③ 林辉煌、贺雪峰：《中国城乡二元结构：从"剥削型"到"保护型"》，《北京工业大学学报》（社会科学版）2016年第6期。

④ 陈雯：《"城乡一体化"内涵的讨论》，《现代经济探讨》2003年第5期。

之间有机互动关系的形成提供了制度基础。贺雪峰从国家宏观发展的战略高度对"城市是发展极，农村是稳定器"的城乡功能定位富有创建性和启发性①。如果说，在中华人民共和国成立之初的前30年，城乡二元结构还存在明显的"城市偏向"且表现出对农村某种层面的"剥削性"，那么，自20世纪90年代末以来，从贺雪峰的上述基本判断出发，再来看中国一系列的城乡制度安排以及国家相关政策，就能得出与"权利"视角下的城乡关系研究完全不同的结论。

当前中国城乡二元结构的重要价值主要体现在以下几个方面：一是从农民的角度来说，它保护了农民返乡的权利，使农民能够从容应对进城失败的风险；二是与第一点相应，从城市的角度说，它有效防止了城市贫民窟的形成，使中国未形成严重的城市内二元结构；三是从中国现代化发展的角度来说，城乡二元结构使农村有力发挥了其稳定器和蓄水池的功能，使中国现代化的发展秩序能够保持基本稳定。其中，土地集体所有、分户承包的农村基本经营制度在城乡二元结构保护性功能的发挥中占据基础性地位②。

贺雪峰等人将城乡二元结构放置于相应的城乡关系模式中考察，对本研究框架的启发点具体体现在以下方面：首先，城市和乡村并不是完全分立的互不相关的两个系统，它们在经济、社会、治理等各个层面都发生着有机关联，是一个有机整体；其次，城市和乡村由于其各自的客观条件、资源禀赋等差异，决定它们需要在中国宏观的发展战略中扮演不同的角色和承担不同的功能；最后，城乡相关制度设置，包括村庄治理体制的设置有必要放到特定的城乡关系中定位。

与之相承接，贺雪峰及相关学者进一步从城乡关系角度对当前我国乡村建设和治理目标进行了定位。他们认为，农村人口向城市流动的城市化是一个必然过程，农村衰败是必然结果。同时，由于中国正处于发展中国家阶段，绝大多数的农民难以一次性实现城市

---

① 贺雪峰：《城市化的中国道路》，东方出版社2014年版。
② 贺雪峰：《论中国式城市化与现代化道路》，《中国农村观察》2014年第1期。

化，因此城市化过程具有长期性。在相当长的一段时期内，农村依然是农民生产、生活的重要场所，承担着生产、生活、文化三位一体的功能。在以城市化为纽带的城乡关系中，农村衰落的必然性、农村存续的必要性以及中国正处于发展中国家阶段的基本国情共同决定了乡村建设的"强富美"这一高标准目标既无必要也不切实际。乡村建设的目标重在保底，即为持续凋敝的农村提供最基本的生产、生活秩序。

从本书的研究主题来说，城乡关系同样可构成理解中国乡村治理的重要窗口。这意味着，乡村治理的目标同样需要放置到城乡关系中把握。特定的城乡关系模式以及在这一模式中特定的城乡角色，对村庄治理现代化的方向具有重要的规定性意义。或者说，城乡关系构成我们理解中国乡村治理的有别于"国家与社会"二元分析框架的另一重要维度。

改革开放以来，随着国家总体性支配格局的解体，我国各地经济、社会活力都得到了充分释放。与此同时，由于地理区位以及国家政策倾斜程度的差异，城市经济的发展程度、农村社会的经济基础、城市化路径，以及相关的城乡制度都发生了巨大分化，中国的城乡关系实践状态呈现出以地域为基础的差异化形态。总体来看，如表1-1所示，我国大致形成了三种理想的城乡关系类型，即并立型城乡关系、吸附型城乡关系和融合型城乡关系。其中，并立型城乡关系表达的是城市和乡村是两个空间相对独立的生产、生活系统，二者的经济形态、居住形态以及人们的关系形态都存在质性差异，呈现出并立型特征。广大中西部地区都属于并立型城乡关系类型。吸附型城乡关系表达的是乡村是附属于城市的存在，城市经济的发展使地方政府存在将农村包括土地资源、农业资源以及空间资源进行整合以吸纳到城市体系的需求。上海地区是吸附型城乡关系的典型代表。融合型城乡关系指乡村已经成为城市带的一部分，并发挥着城市功能，城市的生产要素、生活元素以及相应的关系形态显见于乡村中，城乡之间的界限模糊化。珠三角、苏南地区是融合型城乡关系的代表（关于各类城乡关系的内容详见后文）。

表 1 - 1　　　　　　　　　城乡关系类型及其代表地区

城乡关系类型	代表地区
并立型城乡关系	中西部地区
吸附型城乡关系	上海地区
融合型城乡关系	珠三角、苏南地区

不同的城乡关系形态决定村庄治理目标、政府与村庄关系、村庄事务结构等方面的差异，并进一步决定处于不同城乡关系形态下的村庄治理体制建设走向的差异。

第四节　理论资源

村庄治理研究应该回到中国语境中，并从中国所处的发展阶段以及国内外环境中寻找问题意识，将村庄治理与中国国家治理的宏观关怀相勾连，而非简单移植源自西方社会的问题意识。具体而言，当前我国村庄治理目标有两重定位：一是有效贯彻和落实国家政策，使之顺利与农民对接；二是有效回应农民的日常治理需求，保障村庄常态治理秩序。这两重目标的实现离不开有力的村庄治理制度和治理体制建设。然而，并不存在抽象的、放之四海皆准的好的治理制度和治理体制。治理制度和治理体制的好坏取决于其与特定环境的契合程度，比如与城乡关系形态的契合程度。这意味着我们需要对村庄治理的内外环境进行综合性和整体性考察，只有如此，才能对以村庄治理体制建设为主要内容的村庄治理现代化方向作出精准把握。因此，本书将遵从实证主义的研究进路，对村庄治理的内外环境进行深层剖析，建构我国农村治理的基本模式，以形成理解我国农村治理的基本图示，进而为我国村庄治理现代化建设提供方向。以下三方面的研究构成本研究可供借鉴的重要学术资源。

一　治理视角下的村民自治研究

村民自治制度自被确立为我国农村治理的基本制度以来就受到国

内外政界和学界的广泛关注。从学界的研究来看，关于村民自治的研究主要形成了两种认识视角。一种是以民主发展理论为基础的民主价值视角。该视角对村民自治制度在推动中国民主化进程方面给予极高期待，其关注的焦点问题是村民自治制度自身设计状况，尤其是民主程序设计的完善性对其民主功能的影响，并极力排斥国家行政力量对村民自治的干预。民主价值视角构成 20 世纪 90 年代村民自治研究的主流。一种是从治理视角研究村民自治，秉承功能主义传统，强调村民自治制度的治理效能。贺雪峰是较早倡导从民主价值视角转向治理视角研究村民自治制度的学者之一，他认为判断村民自治合理性的依据是它能否通过相关制度的构建解决中国转型时期和农村特殊背景下出现的系列实际问题①。这成为治理视角下村民自治研究的基本价值关怀。村民自治制度作为一种民主化的村级治理制度，其关键在于"治理"而非"民主"②，民主只是通向治理的一种手段。

村民自治研究从民主价值视角向治理视角的转向实则是向村民自治制度产生的初始精神回归，它在广西地区的自发出现是为了弥补人民公社解体后国家权力从村庄的后撤所导致的村级治理真空③。同时，这也说明学界的研究重点从村民自治的外生价值转向内在机制④。自 20 世纪 90 年代后期开始，治理视角下的村民自治研究逐步涌现，且大体分化出以下两种分析维度。

一是村民自治的治理功能研究。黎炳盛着重考察了村民自治制度在中国农村公共品供给中的效用，认为其是应对农村非集体化经济改革后农村公共品供给出现无效困境的重要举措⑤。赵晓峰以税费改革为时间节点，根据村级治理面临任务的不同对村民自治的治理功能进行了区分，得出以村民自治制度为基础的村级民主政治在税费改革前

① 贺雪峰：《村民自治的功能及其合理性》，《社会主义研究》1999 年第 6 期。
② 贺雪峰：《论民主化村级治理的村庄基础》，《社会学研究》2002 年第 2 期。
③ 徐勇：《最早的村委会诞生追记——探访村民自治的发源地——广西宜州合寨村》，《炎黄春秋》2000 年第 9 期。
④ 应星：《评村民自治研究的新取向——以〈选举事件与村庄政治〉为例》，《社会学研究》2005 年第 1 期。
⑤ 黎炳盛：《村民自治下中国农村公共产品的供给问题》，《开放时代》2001 年第 3 期。

后经历了从汲取型民主向分配型民主的功能转型①。

二是村民自治运作的社会基础研究。村民自治制度作为一种外置物，不可避免地会遭遇由各种政治、经济和文化等因素构成的乡土社会原生态结构②。贺雪峰等人发掘了系列影响村民自治实践的村庄变量，包括村集体经济、村庄社会关联、村庄精英结构等因素，这些因素在不同村庄的不均衡分布带来村民自治实践状况的不均衡③。比如村庄社会关联度的高低对民主选举的实践状况具有直接影响④，村集体掌握经济资源的多少决定以村民自治制度为基础的村级治理究竟是表现为动员型还是分配型村级治理⑤。邓大才认为一定治理单元下的利益、文化、地域、规模和个人意愿等因素是能否有效发挥村民自治制度治理效能的决定性条件⑥。还有学者考察了华南地区宗族因素与村民自治之间的互动关系，以及二者的互动对村级治理绩效的影响⑦。桂华研究了农村土地制度与村民自治之间的关联，认为集体土地的公共利益属性是激活村民自治运转的经济基础⑧。转型背景下，农村工业化⑨、农村经济变迁⑩、人口流动⑪以及村庄经济分化⑫等因素都构

---

① 赵晓峰：《村级民主政治转型：从汲取型民主到分配型民主——村庄精英类型更替的视角》，《天津行政学院学报》2010 年第 5 期。

② 吴毅、吴淼：《村民自治在乡土社会的遭遇——以白村为个案》，华中师范大学出版社 2003 年版。

③ 贺雪峰、范瑜：《村民自治的村庄基础与政策后果——关于村民自治制度安排区域不平衡性的讨论》，《中共宁波市委党校学报》2002 年第 4 期。

④ 贺雪峰：《论民主化村级治理的村庄基础》，《社会学研究》2002 年第 2 期。

⑤ 贺雪峰、何包钢：《民主化村级治理的两种类型——村集体经济状况对村民自治的影响》，《中国农村观察》2002 年第 6 期。

⑥ 邓大才：《村民自治有效实现的条件研究——从村民自治的社会基础视角来考察》，《政治学研究》2014 年第 6 期。

⑦ 孙秀林：《华南的村治与宗族——一个功能主义的分析路径》，《社会学研究》2011 年第 1 期。

⑧ 桂华：《农村土地制度与村民自治的关联分析——兼论村级治理的经济基础》，《政治学研究》2017 年第 1 期。

⑨ 卢福营：《农村工业化：村民自治面临的挑战》，《社会科学》1999 年第 3 期。

⑩ 卢福营：《农村经济变迁对村民自治的挑战》，《中国农村观察》1999 年第 2 期。

⑪ 张丽琴、陈荣卓：《人口流动状态下村委会职能的实施困境》，《长安大学学报》（社会科学版）2009 年第 2 期。

⑫ 杜姣：《村庄竞争性选举动员机制及治理后果研究——基于浙北 D 村的个案考察》，《华中农业大学学报》（社会科学版）2016 年第 5 期。

成形塑村民自治制度实践的重要变量。

治理视角下的村民自治研究对本研究主要有以下两点启发：第一，该视角打破了西方社会民主价值关怀的桎梏，实现了向本土问题意识的回归；第二，该视角确立了村庄社会的主体地位，强调村庄社会状况对外来治理制度的主动回应性。因此，治理视角下的村民自治研究主要是给予本研究以思维和研究路径上的启发。

二　半正式治理研究

对改革开放以来村庄治理的研究，部分学者直接跳出"村民自治"的思维框架，试图发掘以村民自治制度为基础的"乡政村治"模式与中国传统治理体制的内在关联，认为这承接了中国历史上的"双轨政治"思想和乡绅治理模式①。它们之间的承接性表现在三个方面：一是国家治理总体上都由官治和社会自治两套体系构成；二是村干部与传统时期的乡绅类似，承担着国家代理人与村庄当家人的双重角色，起着沟通国家与社会的重要功能；三是村干部与乡绅都主要依靠地方性知识、传统权威和资源进行治理。

黄宗智通过对历史档案的研究，将中国地方行政实践中依赖由社区自身提名的准官员进行县级以下治理的方法概括为"半正式行政"②，半正式行政方法主要存在于国家与社会都参与其中的"第三领域"③。这种半正式行政做法实质是帝国时期"简约治理"模式的体现，弥补了过密化小农经济剩余有限这一背景下国家采取科层化治理能力的不足，降低了国家治理的成本。在黄宗智的研究基础上，李怀印提出"实体治理"的概念用以刻画国家对乡村治理的不干预、放任主义导向和地方行政中利用乡土资源进行治理的半正式做法④。

---

① 吴晗、费孝通等：《皇权与绅权》，天津人民出版社 1988 年版。

② ［美］黄宗智：《集权的简约治理——中国以准官员和纠纷解决为主的半正式基层行政》，《开放时代》2008 年第 2 期。

③ ［美］黄宗智：《中国的"公共领域"与"市民社会"——国家与社会间的第三领域》，载黄宗智主编《中国研究的范式问题讨论》，社会科学文献出版社 2003 年版，第 260—285 页。

④ ［美］李怀印：《华北村治——晚清和民国时期的国家与乡村》，王士皓译，中华书局 2008 年版，第 15 页。

在吸收黄宗智、李怀印等人研究成果的基础上，后续的很多研究将村民自治制度确立后依靠兼业化、只拿误工补贴的村干部和主要依托地方性知识和传统治理资源进行治理的模式称为"半正式治理"①，且认为这在当前中国的乡村治理中仍具有相当的适用性。此结论的得出与他们对中国乡村社会仍为"乡土社会"②的判断紧密相关。对"半正式治理"适用价值的论证往往需要深入治理权力的运作过程之中，从作为国家代表的乡镇政府、村级组织、村民三方主体间的具体互动过程中揭示。

　　赵晓峰用"私域"概念指代农民生活所在的"乡土社会"，以区别于国家宏观政治的实践场域——"公域"③。在"私域"里，村民形成以地方社会为基础的历史感和当地感，具有稳定的村落共同体意识，同时按照特殊主义逻辑行为，通行着人情、面子、关系等特殊主义地方规则④。这是乡土社会的特征。乡土社会还表现为不规则性。以兼业化村干部为主体的"准官员"正是借助"化公为私"及"公缺私补"等治理技术，发挥其沟通"国家与社会"，承接普遍主义逻辑运转的法律法规、制度、政策，并将之转化为按照特殊主义运转的地方性规范的作用⑤。贺雪峰等人通过实地研究也发现，村干部在实际治理过程中会运用乡土社会中的面子、人情等社会内生力量处理农村社会内部的问题和国家与农民的关系⑥。陈锋发现中国基层组织在非正式或半正式治理实践中运用到的利益连带、情感连带、责任连带等连带式制衡机制在国家治理转型期有着过渡性意义，并推进着国家

　　① 赵晓峰：《公域、私域与公私秩序：中国农村基层半正式治理实践的阐释性研究》，《中国研究》2013 年第 2 期。
　　② 费孝通：《乡土中国　生育制度》，北京大学出版社 1998 年版。
　　③ 赵晓峰：《公域、私域与公私秩序：中国农村基层半正式治理实践的阐释性研究》，《中国研究》2013 年第 2 期。
　　④ 赵晓峰：《公私定律：村庄视域中的国家政权建设》，社会科学文献出版社 2013 年版，第 15 页。
　　⑤ 赵晓峰：《中国农村基层的简约主义治理：发生机制与功能定位》，《西北农林科技大学学报》（社会科学版）2014 年第 6 期。
　　⑥ 贺雪峰、刘锐：《熟人社会的治理——以贵州湄潭县聚合村调查为例》，《中国农业大学学报》（社会科学版）2009 年第 2 期。

政权建设①。此外，孙立平、郭于华通过对一个镇定购粮征收过程的个案分析和对乡镇干部与农民之间的互动过程的细致展现，发现正式权力的行使通常并不是以正式规则为基础，而是主要基于民间社会中的本土性资源②。

持"半正式治理"仍具有适用性的学者竭力肯定乡土性资源（或地方传统资源）的现代治理价值③。这与法律本土化研究传统中主张中国的法治之路必须注重利用中国本土资源④的认识高度一致。也因此，他们对时下向农村渗透的科层化治理思维持批判态度。

欧阳静认为村庄权威与乡镇权威的双重衰变构成村级组织官僚化的内在逻辑，它既增强了乡镇自身的行政能力，也缓解了乡镇的行政压力⑤。但是，农村社会的不规范化和非程式化难以与现代官僚体系相适应，农村社会仍具有乡土性⑥。有学者通过对部分中西部地区农村村干部公职化现象的分析，发现虽然村干部公职化有利于乡镇政府对村级组织进行控制从而让其协助完成行政任务，但此种层级式的科层化治理方式在深入乡土社会的过程中却面临治理能力和治理活力不足的局限⑦，并极有可能带来基层治理灵活性丧失的问题⑧。农村基层治理变成了"形式化治理"⑨。

半正式治理研究的一个突出贡献在于它充分揭示了中国乡村治理的社会基础——乡村社会的独特性，以及高度肯定乡村本土资源的治

---

① 陈锋：《连带式制衡：基层组织权力的运作机制》，《社会》2012 年第 1 期。

② 孙立平、郭于华：《"软硬兼施"：正式权力非正式运作的过程分析——华北 B 镇订购粮收购的个案研究》，载《清华社会学评论》（第 1 辑），鹭江出版社 2000 年版，第 21—46 页。

③ 赵晓峰：《"被束缚的村庄"：单向度的国家基础权力发展困境》，《学习与实践》2011 年第 11 期。

④ 苏力：《法治及其本土资源》，北京大学出版社 2014 年版。

⑤ 欧阳静：《村级组织的官僚化及其逻辑》，《南京农业大学学报》（社会科学版）2010 年第 4 期。

⑥ 欧阳静：《从"驻村"到"坐班"：农村基层治理方式变迁》，《中国社会科学报》2011 年 8 月 16 日第 12 版。

⑦ 张雪霖：《村干部公职化建设的困境及其超越》，《西南大学学报》（社会科学版）2016 年第 2 期。

⑧ 贺雪峰：《治村》，北京大学出版社 2017 年版，第 58 页。

⑨ 魏小换、吴长春：《形式化治理：村级组织性质的再认识》，《广东社会科学》2013 年第 4 期。

理价值。这说明中国乡村社会是完全不同于西方社会以及中国城市社会的且相对独立的完整结构，形塑着中国乡村社会特有的治理逻辑，即半正式治理。半正式治理研究蕴藏着中国乡村治理研究的本土化努力。本研究也将从细致解剖当代中国乡村社会的角度提炼适合乡村社会的治理模式，并尝试对村庄治理体制的建设方向作出解答。此外，本研究也延续将改革开放以来中国农村形成的以村民自治制度为基础的自治型村庄治理体制视为半正式治理体制的一种实践形式的认识。

三　"为人民服务"理论

2004 年 2 月 21 日，温家宝在中共中央党校省部级主要领导干部"梳理和落实科学发展观"专题研究班结业式上提出"建设服务型政府"。此后，"服务型政府"成为政府内部的正式用语。服务型政府作为一个学术研究概念最早出现在张康之于 2004 年发表在《行政论坛》杂志的《限制政府规模的理念》一文中，服务型政府是相对于统治型政府、管理型政府的一种行政模式。通过对既有相关文献和政府用语的梳理可发现，"服务型政府"大体上在两个层面使用：一是作为行政概念；二是作为政治概念。它们分别暗含了中国服务型政府思想的两种理论来源。作为行政概念的"服务型政府"主要承继西方公共行政理论，公民是"服务型政府"展开的群众基础，其指向以官僚科层制为焦点的政府行政体制以及公共服务供给体制的改革。作为政治概念的"服务型政府"主要承继中国革命年代形成的"为人民服务"的政党建设理论传统，人民是这一层面"服务型政府"展开的群众基础。与"公民"不同，"人民"具有丰富的政治内含，它是社会正义主体和社会进步力量①。

要理解以"为人民服务"理论为基础的"服务型政府"的政治属性，首先要理解"人民"的内含。"人民"一词不同于"公民"，也不能等同于"群众"。"公民"是法律概念②。我国对"公民"含

---

① 张智、宋玉波：《〈毛泽东选集〉中"人民"含义演变及其法治意义探析》，《毛泽东思想研究》2010 年第 5 期。

② 孟然：《辨析公民、人民与群众》，《组织人事报》2013 年 1 月 10 日第 7 版。

义的最终明确是在 1982 年颁布的《宪法》中，第 33 条规定："凡具有中华人民共和国国籍的人都是中华人民共和国公民。"这说明，"国籍"是"公民"身份识别的唯一标准，其超越了附着在个体之上的如阶级、集团、民族、性别、职业、信仰、地位、经历等方面的标识①。所有"公民"享有同等的权利与义务。"群众"在日常用语中通常不是对特殊对象的指涉，是一个比较中性的词语，它指普通的平民百姓，也是聚合在一起的人的总称。"人民"则是一个具有明确指向性的政治概念，自中国革命年代开始发展至今，其本质的政治性发生了从"阶级性"到"先进性"的变迁，他们是带有善意目的的群众②。

"人民"的具体对象指涉表现出突出的历史性和阶段性，主要根据国内社会主要矛盾的变化来定义，就如毛泽东同志所指出的："'人民'这个概念在不同的国家和各个国家的不同历史时期，有着不同的内容。拿中国的情况来说，在抗日战争时期，一切抗日的阶级、阶层和社会集团都属于人民的范围，日本帝国主义、汉奸、亲日派都是人民的敌人……在建设社会主义的时期，一切赞成、拥护和参加社会主义建设事业的阶级、阶层和社会集团，都属于人民的范围；一切反抗社会主义革命和敌视、破坏社会主义建设的社会势力和社会集团，都是人民的敌人。"③

"人民"与"敌人"概念相对，反映了中国共产党富有特色的矛盾分析法和分类治理方法。这两种方法在中华人民共和国成立之后我国社会主要矛盾从敌我矛盾转化为人民内部矛盾之后的国家治理与建设中得到了进一步发挥和运用。人民公社时期乡村治理的一个重要手段就是阶级划分和阶级治理，其关键又在于将地主、富农等关键的少部分人给区分出来④。当时的乡村治理也主要是针对这部分人的治理，治理的具体手段是通过动员和发动群众。从晚清民国时期开始，农村

---

① 馨元：《公民概念在我国的发展》，《法学》2004 年第 6 期。
② 贺雪峰：《治村》，北京大学出版社 2017 年版，第 91 页。
③ 毛泽东：《关于正确处理人民内部矛盾的问题》，《毛泽东文集》（第 7 卷），人民出版社 1999 年版。
④ 张乐天：《告别理想：人民公社制度研究》，东方出版中心 1998 年版。

便经历了一个不断深度卷入国家政治的过程，到人民公社时期这种卷入程度达到顶点。国家通过严密的组织体系建设实现了对农村人、财、物等资源的全方位吸纳，几乎所有农民都投入到国家的现代化事业建设中。这一时期，借助阶级的划分方法，发动群众，重新定义"人民"成为进行乡村社会整合和凝聚人心、意志的重要工作手段。

从村级治理的层面来看，"为人民服务"理论主要有两点启示。一是群众的分化性。村庄中的村民并不是铁板一块，而是有"良民"与"刁民"之分。"刁民"类似于闫云翔提出的"无公德的个人"①，他们是过度功利的利己主义的集中体现。服务型政府构建中的"为人民服务"不是单纯指公共组织单向且均等化地为每个人提供具体的服务，更是指要充分采取动员群众的方式将有损公共利益和良善秩序达成的"刁民"边缘化甚至将之改造为"良民"（"人民"），以促进整体公共利益的提升。二是治理的政治性。即村级治理的目标不只是对具体问题的解决，而且是要实现公正、公平、正义的政治伦理。这两点决定了源自中国革命传统的"为人民服务"理论是以集体利益而非个体权利为导向，集体利益是个体权利得以实现的前提。这将构成本书对村级治理研究的基本指导原则，以村民自治制度为基础的自治型村庄治理体制是践行"为人民服务"理论的体制载体。

第五节　研究方法与田野工作

一　研究方法

（一）质性研究

定量研究与质性研究是社会科学的两大基本研究方法，这两种方法孰优孰劣在学界存在广泛论争。定量研究强调运用数学工具对事务进行数量分析，搜集有效数据是定量研究展开科学分析的前提。一般来说，定量研究事先就有理论假设，其研究的目的就在于检验这些假设的正确性。质性研究则强调研究主客体之间的互动，注重对经验的

---

① ［美］闫云翔：《私人生活的变革——一个村庄里的爱情、家庭与亲密关系（1949—1999）》，龚小夏译，上海书店出版社 2009 年版。

村庄治理现代化的实现路径

解释建构。由于研究者多是不带任何理论预设进入经验现场，因此质性研究可以帮助研究者无偏见地发现问题，包括问题的内容、性质及其发展形态①。质性研究的最终目标是形成对经验具有一般解释力的理论，其反映的是研究者充分发挥主观能动性深度去理解经验，并且不断从经验中提炼和抽象出解释概念的过程。

基于对中国乡村治理研究以及中国乡村社会的以下判断，本研究将主要采取质性的研究方法。一是中国乡村治理研究的历史有限，截至目前并没有形成完备且具有高度共识的理论体系。这意味着我们还需要经历一个长期的发掘经验和深垦经验，然后提炼出本土概念，最后再逐步抽象理论的阶段。而定量研究的目的更多是在于验证理论而非创造理论；二是当前中国乡村社会正处于急剧转型期，乡村经验和乡村实践充满复杂性和变动性。这意味着我们获取定量数据的成本较高，并且很难保证数据的准确性和有效性②。中国乡村治理研究和中国乡村社会的这两个特征为质性研究方法提供了广阔空间。质性研究方法可普遍应用于公共管理学、政治学、社会学等多个社会科学学科领域。

具体来说，质性研究过程的展开需要经过两个阶段：一是经验材料的搜集阶段；二是经验材料的分析阶段。经验材料的搜集需要研究者的主动参与，而且是与研究对象积极互动以获得足够的有效信息。经验材料搜集阶段所获得的材料通常是众多现象的直观呈现，包括各种故事、零碎的信息及其他现象片段。但是，只是单纯对搜集到的经验材料进行罗列和描述并无益于我们形成对事务的深刻认知，也不能称其为真正的质性研究。质性研究还需要有一个对经验材料进行分析的阶段。这个阶段我们可称其为机制研究阶段，它反映的是研究者进行"现象之间找关联""透过现象看本质"的思维过程。从技术手段层面而言，机制研究阶段大致要经过对各种经验现象进行分类、概括、提炼、分析、总结、归纳等步骤，进而实现对经验现象一般规律

———————

① 王印红、王刚：《对公共管理研究方法中定量推崇的批判》，《重庆大学学报》（社会科学版）2013 年第 1 期。

② 王海娟：《地尽其利：农地细碎化与集体所有制》，社会科学文献出版社 2018 年版，第 26 页。

34

的把握①。从思维的实质过程而言，机制研究其实就是寻找经验现象背后主要矛盾的主要方面之间的逻辑联系，这种逻辑联系是内在的、本质的、链式的联系②，具有稳定性和一定的可抽离时空性。只有经过机制研究阶段，我们才能形成有力的对经验现象的解释体系，从而获得对经验现象的深刻认知。

因此，经验材料搜集阶段是质性研究开展的前提，而经验材料分析阶段或者机制研究阶段则是质性研究的关键和核心。二者缺一不可。由此可见，研究者个人对经验现象的体悟和感知能力在质性研究中占据非常重要的地位。通常情况下，强调研究主客体互动的质性研究主要以个案为基础，而个案研究的代表性困境一直为很多学者所诟病。鉴于此，笔者将尝试从以下两个方面来对个案研究的局限性进行突破。

首先，大量开展以村庄为单位的多个案研究，撰写以个案村庄经验为基础的调研报告。村庄是一个结构相对完整且封闭的社会，在长期的历史发展过程中形成了稳定的血缘和地缘关系，孕育出了富有特色的经济、文化、宗教以及政治生态。它不仅构成农民的生产、生活单元，而且是一个相对独立的治理单元。村域范围内的各类现象彼此交织、融为一体，决定了村庄经验的全息性。即，村庄经验本身是内含各方面信息的，各类信息之间的边界是高度模糊的，是跨学科的③。这些整体构成了村民的生活逻辑、行为逻辑，形塑着村庄治理的逻辑。笔者所撰写的调研报告涉及村庄经济、社会、家庭、文化、治理等方面，并对其内在逻辑以及相互之间的关系进行刻画，以形成对村庄经验的整体性理解。对多个个案并且对分布于中国不同地域个案村庄的实地调研以及调研报告的撰写，有助于形成对经验的基本把握能力和感觉，也有利于对每个具体个案村庄经验的位置进行定位，从而找到个案村庄经验的特殊性和一般性。

其次，在多个个案村庄调查的基础上对村庄进行类型化提炼。著

①　桂华：《如何做中国农村的经验研究》，《社会学评论》2014 年第 1 期。
②　杨华：《华中乡土派的经验立场》，《社会学评论》2014 年第 1 期。
③　贺雪峰：《饱和经验法——华中村治学者对经验研究方法的认识》，《社会学评论》2014 年第 1 期。

名社会学家费孝通试图通过对不同类型村庄的调研和比较来达到逐步接近全局和认识整个中国的目的，克服个案代表性困境①。贺雪峰认为区域可作为个案村庄联结中国社会的中介，同一区域不同的村庄往往具有经济、社会和文化方面的相似性和同构性，由此构建了以社会结构为基础的南、中、北三大区域类型②。对中国村庄类型的区域划分使个案村庄具有了超越个体特殊性的宏观意义。值得提出的是，区域或村庄类型的划分主要服务于研究者所研究问题的需要。同时，它需要建立在大量个案村庄调研的基础之上，找出划分区域或村庄类型的内在变量。这实则是对韦伯提出的理想类型建构方法的创造性运用，理想类型（idea types）其实就是"经验调查基础的类识别与类追问"③。

（二）村庄类型的划分

中国是个巨型国家，不同地区的差异很大，学界积累的大量农村区域研究成果多集中在社会学、人类学等领域。总体来看，比较常见的区域划分方法有两种：一种是以村庄社会结构为基础的南、中、北的区域划分；一种是以经济发展程度为基础的东、中、西的区域划分。

就前者而言，学界出现了大量的以华南农村④、华北农村⑤和长江流域农村⑥为基础的研究，但是，此类研究比较零散，也不够深入，更没有形成一个整合性的理论分析体系。对我国南、中、北区域差异进行系统性研究和理论化概括的要数以贺雪峰为代表的华中村治学者。他们结合多年在全国多地农村的调查经验，敏锐地发现不同地区农村具有不同的性质和特征，同处一定地域的农村又表现出高度的相似性和同构性，由此清晰地建构出以村庄社会结构为基础的南、中、北三大区域村庄类型。在这一实地经验感知的基础上，贺雪峰从生态

---

① 费孝通：《乡土中国》，上海人民出版社 2006 年版，第 425 页。

② 贺雪峰：《论中国农村的区域差异——村庄社会结构的视角》，《开放时代》2012 年第 10 期。

③ 郭大水：《社会学的三种经典研究模式概论》，天津人民出版社 2007 年版，第 95 页。

④ 比如［英］莫里斯·弗里德曼《中国东南的宗族组织》，刘晓春译，上海人民出版社 2000 年版。

⑤ 比如［美］黄宗智《华北小农经济与社会变迁》，中华书局 2000 年版。

⑥ 比如［美］施坚雅《中国农村的市场和社会结构》，史建云、徐秀丽译，中国社会科学出版社 1998 年版。

环境和村庄历史角度揭示了不同区域村庄社会结构形成的内在逻辑①。其所在团队借助该理论框架，对包括我国农村基层治理在内的诸多农村现象的区域差异给予了精彩的分析和解释，打破了普遍存在的对我国农村铁板一块的想象②。

较之于从村庄社会结构角度认识中国的南、中、北差异，以经济发展水平为基础的东、中、西差异通常更为政界和学界所熟悉。但是，其中存在的一个问题是，政界和学界在认识这种东、中、西差异时，往往带有明显的价值预判色彩，特别是会对东、中、西三大区域的相关现象进行优先等级排序，以经济发展水平的高低来衡量一个地区相关现象以及相关制度的先进与否，从而出现强行按照东部经济发达地区的制度或理念对广大中西部地区进行改造的现象。乡村治理领域中众多东部发达地区创新的各种制度在近几年向中西部地区农村的移植即是例证。

近年来，随着调查地点向珠三角、长三角等东部发达地区的拓展，以贺雪峰为代表的华中村治学者又开始逐步形成对中国农村东、中、西区域差异的新认识。村庄内部的利益状态成为他们理解乡村治理区域差异的重要切入点。广大中西部地区农村总体上呈现为人、财、物大量流出的空心化和空壳化状态，属于资源稀缺型地区。以长三角和珠三角为代表的东部地区农村，包括占比不多的城郊地区农村，由于其特殊的地理和区位条件而属于利益密集型农村。中西部地区与东部发达地区农村利益状态的不同，导致它们乡村治理的逻辑存在差异。此外，贺雪峰根据利益生成基础的不同，进一步将利益密集型农村区分为外生性利益密集型农村、内生性利益密集型农村和依靠政府自上而下转移支付的利益密集型农村，并在相关论文③中对不同

---

① 详见贺雪峰《论中国农村的区域差异——村庄社会结构的视角》，《开放时代》2012 年第 10 期。

② 具体的研究成果请见贺雪峰等著《南北中国：中国农村区域差异研究》，社会科学文献出版社 2017 年版。

③ 贺雪峰：《论利益密集型农村地区的治理——以河南周口市郊农村调研为讨论基础》，《政治学研究》2011 年第 6 期；贺雪峰、谭林丽：《内生性利益密集型农村地区的治理——以东南 H 镇调查为例》，《政治学研究》2015 年第 3 期；贺雪峰：《上海的乡村治理：在西部与东部之外的村庄类型》，载贺雪峰《治村》，北京大学出版社 2017 年版，第 218—230 页。

利益密集型农村的治理逻辑作了深刻解析。

将中国村庄按照一定的标准进行类型划分实现了研究视域的空间拓展，揭示了中国经验的复杂性。改革开放以来，随着国家总体性支配格局的解体，中国各地经济、社会活力都得到了充分释放。与此同时，由于地理区位以及国家政策倾斜程度的差异，城市经济的发展程度、农村社会的经济基础都发生了巨大分化。因此，受划分村庄类型研究传统的启发，本研究在多个个案村庄调查的基础上同样运用了村庄类型的划分方法。根据村庄所处地区城乡关系形态的差异，笔者将村庄治理划分为并立型城乡关系下的村庄治理、吸附型城乡关系下的村庄治理和融合型城乡关系下的村庄治理。不同的城乡关系形态下村庄治理的目标、政府与村庄的关系、村庄公共事务结构都会有所差异。与之相应，其村庄治理体制的建设走向也会有所差异。

二　田野工作

与农村研究结缘是笔者本科时期（2011 年）去河南省周口市农村的一次暑期调查实践。自此到博士入学前的每年暑假，笔者都会去一个村庄开展 20—25 天的实地调研。到博士阶段，宽松自由的学习环境使笔者的农村研究兴趣得以继续，绝大部分的经验积累都是在这一期间完成。从 2011 年到开始本研究调查，笔者已经有 10 个省份 20 个村庄超过 300 天的驻村调查实践，调研地点广泛分布于中国的各个区域。绝大部分调查是事先不带任何预设的涵盖村庄经济、文化、社会、政治等各方面的全方位调查，村庄治理几乎是每次调查都会关注的重点内容。多地区、多地点的个案村庄调查有利于笔者对当下的中国农村社会形成总体性的把握和理解，同时使笔者能比较准确地对特定地区的特定村庄在全国农村中的位置进行定位。前期的这些调查构成了本研究重要的经验基础。

本研究的专题调查始于 2016 年 10 月，先后有十余个村庄 150 多天的驻村调查实践，涉及浙江、湖北、江苏、广东、河南五个省份，每个村庄调研的时间长则 20 多天，短则一个星期。本研究专题调查地点的选择综合考虑了村庄经济形态、村庄治理体制及其改革的代表性等方面的因素。调研主要运用集体调研方式，材料搜集采取半结构式访谈方法，每天调查的安排是上午、下午各访谈一位对象，对某些对象会进行两到三次的访谈，每次访谈时间为 2—3 个小时，晚上再同调查组成员进行讨论。访谈对象基本辐射到乡村社会中的各类群体，包括乡村组干部、普通村民、乡村精英以及其他各种类型的边缘群体。

为了方便本书论述，笔者将根据相关章节内容的侧重点来选择相应区域的典型个案村庄以及典型个案村庄有代表性的治理体制创新作为表述对象，其他同类型的村庄经验则作为辅助性论证。本研究涉及的案例主要有江苏溧水区农村（第二章）、湖北秭归县农村（第三、五章）和巴东县农村（第三章）、四川成都市农村（第五章）、广东清远市农村（第五章）、上海农村（第六章）、浙江枫桥镇农村（第五章）、珠三角地区农村（第六章）、苏南地区农村（第六章）。本研究运用的这些地区的材料及数据主要来自以下调查。

（1）江苏溧水区的经验来自笔者与所在调研组于 2017 年 4 月在该区 1 个乡镇的调查，并对区相关部门进行了重点访谈。此次调查时间前后共有 25 天。另外，调研组于 2018 年 7 月为期 20 天的在该区 3 个乡镇的调查所形成的报告构成了本研究的重要材料补充。

（2）湖北秭归县的经验来自笔者与所在调研组于 2016 年 11 月为期 15 天、2017 年 10 月为期 18 天在该县共 5 个乡镇的调查，并对县相关部门进行了重点访谈；湖北巴东县的经验主要来自调研组于 2017 年 7 月在该县 1 个乡镇为期 15 天的调查。

（3）四川成都市的经验来自笔者与调研组于 2012 年 7 月在都江堰市 1 个乡镇为期 25 天的调查、2015 年 9 月在崇州市 2 个乡镇为期 20 天的调查。

（4）广东清远市的经验来自笔者与所在调研组于 2016 年 3 月在阳山县 4 个乡镇的调查，时间为 20 天。

（5）上海地区的经验来自笔者与调研组于 2015 年 11 月在上海市金山区、奉贤区、松江区和嘉定区为期 15 天的调查。另外，调研组于 2016 年 6 月在上海市金山区 1 个乡镇为期 10 天的调查所形成的报告构成了本研究运用到的上海地区经验的重要来源。

（6）浙江枫桥镇的经验来自笔者与所在调研组于 2018 年 6 月在

枫桥镇的调查，时间为 8 天。

（7）珠三角地区的经验来自笔者与所在调研组于 2017 年 3 月在东莞市 2 个乡镇为期 20 天的调查。另外，调研组于 2017 年 12 月在中山市 1 个乡镇为期 20 天的调查所形成的报告构成了本研究涉及的该地区经验材料的重要来源。

（8）苏南地区的经验来自笔者与所在调研组于 2017 年 7 月在无锡市 1 个街道为期 20 天的调查，该街道所辖社区大部分都是村改社区。另外，调研组分别于 2016 年 7 月、2017 年 4 月各在苏州市一个乡镇（街道）的调查所形成的报告构成了本研究涉及的该地区经验材料的重要来源。这两次调研时间都为 20 天。

因此，本研究使用的经验材料主要来自本人亲自收集。调研组其他成员的调查以及调查报告构成本研究材料的重要补充，它们拓展了笔者的经验视域，也较为有效地克服了笔者个人时间和能力的限制。

需要特别说明的是，本研究涉及的典型案例中，虽然溧水区农村、清远市农村以及枫桥镇农村都地处我国东部发达地区省份，但由于其村庄产业形态、城市化类型以及所处的城乡关系类型都与中西部地区农村不存在本质性差异，以至于这些农村的治理逻辑与中西部地区农村具有高度一致性。因此，为了表述方便，本研究将这些地区的农村纳入中西部地区农村的理解范畴。所以，从这个角度来说，本研究的"中西部地区农村"不完全是地理空间意义上的概念，而更是治理逻辑意义上的概念。也就是说，只要具备村庄产业形态是农业、村民遵循的是迁移型城市化以及其所处城乡关系类型为并立型城乡关系这三个特征的农村，都可被纳入"中西部地区农村"的理解范畴。表 1-2 详细展现了本研究重点涉及案例的基本情况。

表 1-2　　　　　　　　　研究重点涉及案例基本情况

典型案例	村庄产业形态	所处城乡关系类型	城市化类型
江苏溧水区农村	农业型村庄	并立型城乡关系	迁移型城市化
湖北秭归县农村	农业型村庄	并立型城乡关系	迁移型城市化
湖北巴东县农村	农业型村庄	并立型城乡关系	迁移型城市化

续表

典型案例	村庄产业形态	所处城乡关系类型	城市化类型
四川成都市农村	农业型村庄	并立型城乡关系	迁移型城市化
广东清远市农村	农业型村庄	并立型城乡关系	迁移型城市化
浙江枫桥镇农村	农业型村庄	并立型城乡关系	迁移型城市化
上海农村	农业型村庄	吸附型城乡关系	迁移型城市化
珠三角地区农村	工业型村庄	融合型城乡关系	在地城市化
苏南地区农村	工业型村庄	融合型城乡关系	在地城市化

第六节　核心概念与章节安排

一　核心概念

（一）治理与村庄治理

公共管理研究中的"治理"概念源自西方学界，该概念的提出起因于20世纪七八十年代出现的以英国和美国社会为代表的欧美国家管理危机。1995年，全球治理委员会在发布的《我们的全球伙伴关系》中对"治理"概念作出了比较权威性的界定，认为治理是各种公共的、个人的及其私人的团队和机构管理其共同事务的诸多方式的总和，它使相互冲突的、不同的利益得以调和并同时采取共同行动的连续的过程①。与一元化的政府统治不同，"治理"强调治理主体的多元化、公共权力的分散化以及治理过程的协商合作化，其目标是实现国家与社会的有效合作，达到善治状态②。

伴随改革开放之初农村经济与政治体制的巨大变革，乡村研究兴起，"乡村治理"成为中国乡村研究的关键词语和重点领域。张厚安用"乡政村治"一词概括这一时期乡村治理的基本制度格局，突出乡镇一级治理的行政性与村庄一级治理的自治性这一乡村两级的双层治理特征③。"治理"概念在由此延伸出来的乡村治理研究学者那里

---

① 参见俞可平《治理与善治》引言，社会科学文献出版社2000年版。
② 参见俞可平《治理与善治》引言，社会科学文献出版社2000年版。
③ 张厚安：《乡政村治——中国特色的农村政治模式》，《政策》1996年第8期。

得到了贴合实际情境的创造性使用，用来指涉运用公共权力的配置和运作来对公共事务进行组织和管理，以实现乡村秩序。其中公共权力体系既包括国家权力，也包括社会自治权①。受此启发，本研究的治理主要指村庄治理，它表达的是村庄一级运用公共权力与通过各类公共资源的配置对村庄公共事务实施组织和管理，以达成村庄公共秩序的构建和推动村庄发展的系列活动和过程。

（二）村庄治理体制、自治型村庄治理体制与行政化村庄治理体制

治理体制是规定治理活动如何开展的一系列体系、制度、方法、形式等的总称，它包括治理活动开展所依托的组织机构、办事规程、行动准则以及具体的治理方法和治理技术，它是治理机构和治理规范的结合体。不同的治理体制是不同治理机构和治理规范的结合。本研究中的村庄治理体制主要是围绕村干部村庄治理活动所形成的组织、规则和规范体系，它规定了村干部与政府、村民之间的权力配置和隶属关系，以及村干部可供利用的治理资源、行事规则和治理手段。

本研究重点涉及两种村庄治理体制类型，即自治型村庄治理体制和行政化村庄治理体制。政府与村庄之间的权能关系是区别这两种村庄治理体制的关键点。自治型村庄治理体制的权威基础是社会权威，且主要依托村庄社会资源自主展开治理活动，较少受政府干预，政府权力渗透有限。村庄中符合这一标准的治理技术、治理机制都可视为自治型村庄治理体制的组成部分。行政化村庄治理体制的权威基础是政府权威，主要依托正式行政资源开展治理活动，受到政府直接控制，政府权力全方位渗透进村庄。村庄中符合这一标准的治理技术、治理机制都可被视为行政化村庄治理体制的组成部分。

二　章节安排

本研究从导论到结语共七章组成，研究思路如图 1-1 所示。第二至四章着重考察中西部地区村庄的治理逻辑，分别剖析行政化村庄治理体制和自治型村庄治理体制在中西部地区村庄的适用性，得出自

---

① 徐勇：《GOVERNANCE：治理的阐释》，《政治学研究》1997 年第 1 期。

治型村庄治理体制高度契合了中西部地区村庄治理的动员性特征，它是中西部地区村庄治理体制改革和建设的基本方向。第五章是对前面几章研究内容的进一步验证，通过我国部分地区掀起的重回自治、回归动员性治理的系列制度创新来印证中西部地区村庄治理的主导面向为动员性治理。第六章是在前面几章讨论的基础上，引入作为我国村级治理行政化改革先行区的东部发达地区农村，揭示它们村级治理行政化生成的内在逻辑，比较其与中西部地区村庄治理逻辑的差异以及对村庄治理体制建设需求的差异。每章具体内容如下。

第一章为"导论"。基于我国农村村庄治理体制改革的实践困境与学界主流认识的悖论提出本研究的问题意识。详细梳理了"国家与社会"二元分析框架以及以此为基础发展出来的三层分析框架下的中国乡村治理研究，揭示了它们在理解中国乡村治理实践中存在的限度。在此基础上提出了"城乡关系"的分析框架来展开中国乡村（村庄）治理研究。此外，还介绍了本研究借用的理论资源、研究方法、田野工作、核心概念和章节安排。

第二章为"中西部地区行政化村庄治理体制建设实践"。本章界定了村级治理行政化的内含，重点结合江苏溧水区农村治理的案例剖析了以行政化村庄治理体制建设为核心内容的村级治理行政化的型构机制和强化机制，其中村级组织的官僚科层化改造是村级治理行政化的主要型构机制，以网格化管理、政府服务热线为代表的技术治理手段构成了村级治理行政化的强化机制。基于对以官僚科层化村级组织为基础的行政化村级治理属于资源密集型治理的判断，结合湖北巴东县、秭归县村级治理行政化改革实践，得出由于受到地方政府财政的限制，中西部地区以行政化村庄治理体制建设为核心的村级治理行政化改革往往只能实现村级治理的半行政化，这带来了村级治理能力下降的治理后果。

第三章为"村庄事务结构与村庄治理的动员性"。本章运用"城乡关系"的分析框架对我国中西部地区村庄治理的目标进行了定性，厘清了政府与村庄之间的关系。认为处于并立型城乡关系下的中西部地区城市与农村有不同的功能定位，城市发挥的是带动地方经济发展和推动城市化进程的功能，农村主要发挥降低和消化城市化风险的稳定器功能。农村治理的基本目标是为在村农民群体提供最基本的生产、生活服务，政府对村庄应该保持一种底线介入关系。在此基础上，剖析了中西部地区村庄公共事务的数量结构和质性结构特征，并将村庄公共事务划分为关系脱嵌型事务和关系嵌入型事务两种类型，揭示了行政化村庄治理体制的适应困境，得出中西部地区村庄治理的基本原理为动员性治理。

第四章为"自治型村庄治理体制的动员性与适应性"。本章通过对自治型村庄治理体制的构成制度和其内含的治理机制的梳理论证了自治型村庄治理体制的动员性和自治型村庄治理体制与中西部地区村庄治理的契合性。接着对自治型村庄治理体制赖以存在的乡村经济社会基础进行了剖析，进一步回答了自治型村庄治理体制在中西部地区村庄的适应性问题。

第五章为"找回'自治'：村庄治理动员性激活的地方探索"。本章结合湖北省秭归县的"幸福村落创建"、四川省成都市村级公共服务与管理资金制度创新和广东省清远市的涉农资金整合实践，以及浙江省枫桥镇的"枫桥经验"等四地的制度创新探讨了各地在村级治理行政化的总体背景下为农村基层社会治理需求所推动的重回自治、回归动员性治理的运动及其具体的运作机制，从经验层面进一步印证了我国中西部地区村庄治理的主导面向依然为动员性治理。中西部地区村庄需要动员性治理体制与之相匹配。

第六章为"延伸讨论：东部发达地区村级治理行政化实践"。鉴于东部发达地区农村是我国村级治理行政化改革的先行区，而中西部地区村级治理行政化改革又多是以东部发达地区农村为蓝本。本章运用"城乡关系"的分析框架揭示以上海、珠三角和苏南地区为代表的东部发达地区村级治理行政化生成的内在逻辑，还原东部发达地区村级治理行政化改革的经验场景，比较其与中西部地区村庄治理逻辑和对村庄治理体制建设需求的差异。

第七章为"结语"。本章总结了本研究的结论和创新点，揭示了"城乡关系"分析框架较之于"国家与社会"二元分析框架对中国乡村治理实践的解释力，强调了自治型村庄治理体制在中西部地区村庄的适用性，得出"找回'自治'，回归动员性治理"才是中西部地区村庄治理现代化的实现路径。

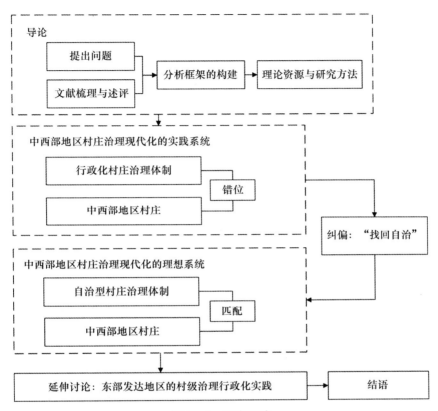

图 1-1　研究思路

第二章　中西部地区行政化村庄
治理体制建设实践

　　人民公社解体后，村民自治制度成为我国农村的基本治理制度，确立了"乡政村治"的治理格局，即乡镇一级实行行政治理，村一级实行自治。但是，"乡政村治"治理格局近年来却不断受到来自政府系列改革举措的冲击，总体朝村级治理行政化方向发展，乡村关系被重构。由于中西部地区普遍受到地方政府财政限制，致使其在以行政化村庄治理体制建设为核心内容的村级治理行政化改革的过程中陷入了村级治理半行政化的困境，带来了诸多不良治理后果。本章首先揭示村级治理行政化的内含，然后结合地方政府财力雄厚的地区村级治理行政化改革实践勾画村级治理行政化格局的完整面向，最后结合具体案例刻画普遍受到地方政府财政限制地区村级治理行政化改革的困境及其造成的不良治理后果。

　　如前一章所指出的，本部分运用到的溧水区农村案例虽然地处江苏这一东部发达地区省份，但由于该区的绝大部分农村是比较偏远的远郊农村，它们从产业形态上来看仍然属于传统农业型村庄，农民家庭收入多由青壮年外出务工和年老父母在家务农两部分组成，村庄人口大量外流，且遵循人口迁移型城市化路径。这些特征决定溧水区农村与中西部地区农村（特别是在村级治理层面的诸多表现）没有实质性差异，呈现出高度一致性。因此，本部分将溧水区农村纳入中西部地区农村的理解范畴。

第一节　村级治理行政化的内含

自村民自治制度被确立为农村基本治理制度以来，村级治理行政化作为与村民自治相伴生的问题就得到学界广泛关注。学界发展出的村委会行政化[1]、村民自治行政化[2]和村庄自治行政化[3]等概念都是村级治理行政化的意涵表达，反映的是国家行政权力对村民自治的干预。在实践中，国家行政权力对村民自治的干预主要表现为地方政府对村民选举的过度介入[4]（比如控制村干部提名、操纵选举过程以及决定当选村干部的职位分配）和村委会因过多回应上级政府的需求而村庄自治活动面向被极大削弱[5]。上述关于村级治理行政化的理解多将国家行政权力与村民自治权力置于完全对立的状态。在他们看来，村民自治应该是完全不受国家行政力量干涉的自主性治理。在村域范围内实施的村庄事务应该根据事务的生产主体来划分相应的责任主体，即村庄内生的村务由村委会来处理，国家下派的政务则由地方政府输出相应组织机构或力量来承担。

客观来说，乡镇政权是国家体制中的最末一级政权，村庄中没有与乡镇政府对应的下属层级和对接结构。但是，在现代国家建设背景下，国家仍有大量需要与每个农民发生关系的行政事务。为了克服与分散农民直接打交道成本过高的难题，乡镇政府有对村级组织进行控制以及将之吸纳到乡镇行政意志中的需求，使之成为乡镇行政权力在村庄中的延伸。然而，从实然层面来看，不论是税费时期还是税费取消后的相当长一段时期，乡镇政府从来没有完全实现对村级组织的控

---

① 徐学通、高汉荣、张文娴：《村民自治中的困境：村委会的行政化倾向》，《行政与法》2003 年第 10 期。

② 彭大鹏：《村民自治的行政化与国家政权建设》，《北京行政学院学报》2009 年第 2 期。

③ 王春光：《中国乡村治理结构的未来发展方向》，《人民论坛·学术前沿》2015 年第 3 期。

④ 朱新山：《村民自治发展的制度困境》，《开放时代》2000 年第 1 期。

⑤ 徐学通、高汉荣、张文娴：《村民自治中的困境：村委会的行政化倾向》，《行政与法》2003 年第 10 期；彭大鹏：《村民自治的行政化与国家政权建设》，《北京行政学院学报》2009 年第 2 期。

制，村级组织存在强大的反控制动力和巨大的反控制空间。

一方面，为了保证村干部有力贯彻行政任务，乡镇往往会发展出一系列动员和吸纳村干部的策略。比如税费时期，为了激励村干部完成税费收取任务，乡镇政府通常会默许村干部享有一定的剩余索取权以对之进行利益吸纳。乡镇工作人员还会积极建立与村干部之间的私人关系，通过构建双方情感认同的方式获得村干部对他们工作的支持①。此外，乡镇还会通过输出驻村干部、包村制度等乡镇体制力量的做法确保对村干部行为的监督。另一方面，与之相应，村干部同样可根据自身利益最大化的原则采取系列策略主义的行为实现对乡镇的反制，比如消极应对乡镇下派的各项任务，将自己置于"双重边缘化"②的处境。或者是，在"村庄当家人"、"国家代理人"以及"自利者"等多重角色之间来回穿梭。由此可见，村干部并没有从真正意义上成为乡镇的一条腿，而是存在极大的自主行为空间。这一时期的村级治理仍然是具有高度自主性的自治型治理，"乡政村治"格局没有从根本上被打破。

村级治理行政化是对以村民自治制度为基础的村级治理模式的系统性变革，它的本质是乡镇政府对村级组织制度化控制关系的形成以及乡村行政化关系的确立，村级组织成为乡镇行政层级的村庄延伸，村干部的归属系统发生从村庄社会系统向政府行政系统的转变。与以村民自治制度为基础的自治型村级治理相类比，村级治理行政化包括以下三个层面的内含。这三层内含共同说明了村级组织从之前的群众性自治组织转变成了政府行政组织的一部分，具体如表 2-1 所示。

一是村级组织的治理取向层面，行政化村级治理以地方政府意志为导向。以村民自治制度为基础的自治型村级治理中，村干部主要对村民负责，兼顾上级政府的行政意志，并在村民意志与政府行政意志之间进行平衡。行政化村级治理则将村干部完全从与村庄社会的嵌入关系中剥离，使之成为政府行政体系中的一员，并以政府意志为导向

---

① 陈柏峰：《从利益运作到感情运作：新农村建设时代的乡村关系》，《开发研究》2007 年第 4 期。

② 吴毅：《双重边缘化：村干部角色与行为的类型学分析》，《管理世界》2002 年第 11 期。

开展村庄治理。

　　二是村级组织的治理原则层面，行政化村级治理主要实行以行政规范为基础的规则之治，村干部的整个治理过程必须以行政理性原则为准绳。自治型村级治理是强调治理目标和治理任务达成的实质治理。在不影响基层社会稳定等底线要求的前提下，治理的方法并没有硬性规定，村干部可根据具体情境灵活选择合适的治理方法，包括"软硬兼施"、人情、面子等乡土社会资源，以及国家法律、制度、规章等都只是服务于村级治理目标实现的工具性手段。

　　三是村级组织的运作模式层面，行政化村级治理中，村级组织遵循常规化运作模式。即，村级组织与乡镇政府行政组织一样需要保持常规化运转，不因治理事务的多少和有无而改变，集中体现在村干部有明确的坐班要求。自治型村级治理中，村级组织实行事件化运作。即村级组织只是在治理事务出现时才启动运转，其他时间则处于停歇状态。村干部没有坐班要求，可兼顾家庭生产经营活动。

表2－1　　　　行政化村级治理与自治型村级治理内含的比较

	治理取向	治理原则	村级组织的运作模式	村级组织的性质
行政化村级治理	向上级政府负责	规则治理	常规化运作	地方政府行政组织的村庄延伸
自治型村级治理	向村民负责，兼顾政府行政意志	实质治理	事件化运作	群众自治性组织

第二节　行政化村庄治理体制建设与村级治理行政化的强化[①]

一　行政化村庄治理体制建设的地方实践：村级组织官僚科层化改造

　　历史地看，农村从来都不具有完全独立于国家的治理地位，国家

―――――――――

① 本部分所用村名皆为化名。

一直都存在对农村进行权力渗透的需求。特别是晚清民国时期以来现代民族—国家观念的兴起，更是加剧了国家权力对农村的渗透。因各个时期国家能力的不同，国家权力对农村的渗透程度、渗透方式有所差异。21 世纪以来，广泛见之于农村地区的村级治理行政化改革则是通过将群众性自治组织改造为官僚科层制组织，形成乡村之间制度化控制关系，以实现国家权力对农村全方位渗透。

对科层官僚制进行较为系统研究且比较经典的要数韦伯。在韦伯看来，官僚科层组织是现代行政的主要表现形式。官僚科层组织中明晰的职能分工和以法律、制度为原则的理性行为逻辑是其较之于其他组织形式的优势所在。层级化的权力分配体系可有效保证权力顶层对行政人员的动员，使之严格按照其所代表的行政意志行事①。行政人员是全职化的，包括职位的流动和晋升在内的个人利益都是在科层体制内实现的。当前农村地区以行政化村庄治理体制建设为核心内容的村级治理行政化改革即是沿着村级组织官僚科层化改造的路径展开。本节将结合江苏溧水区的村级治理行政化实践来勾勒村级治理行政化格局的完整面向。

（一）溧水区及调研村庄概况

溧水区地处南京市中南部，属农业生产大县。1983 年由镇江专区划归南京市管辖，2013 年 2 月经国务院、省政府批复同意由县改区，行政区域不变。溧水区属于宁镇扬丘陵山区，地势东南高西北低，低山丘陵面积占 72.5%，最高海拔 368.5 米。2017 年 4 月笔者及调研组所在的中村和乌村是溧水区下辖镇的两个毗邻行政村。该镇地处溧水区的南端，区域面积 97 万平方公里，辖 2 个社区和 11 个行政村。全镇有耕地面积 4.87 万亩，年产粮食 3.6 万吨。溧水区于2000 年开始撤乡并镇，并开展合村运动。

中村和乌村是由原来的两个行政村合并而成，中村辖区面积为 9平方公里，共有 12 个自然村 32 个村民小组，1230 户 3828 人，耕地面积 4023 亩。乌村辖区面积为 9.7 平方公里，有 24 个自然村 45 个

---

① ［德］马克斯·韦伯：《支配社会学》，康乐、简惠美译，广西师范大学出版社2010 年版，第 22—30 页。

村民小组，1400 多户 2850 人，耕地面积为 4964 亩。由于中村与乌村毗邻，它们在村庄政治、经济、文化、社会、风俗等各方面的表现具有高度相似性，因此笔者将着重以中村为例来对当地村庄其他情况做一简要介绍。

在农业形态上，中村和乌村都正在经历农业生产经营模式和种植结构的重大转型。随着农村青壮年人口的大量流出，村庄释放出了较大的利益空间。伴随地方政府对农业现代化发展的需求引致的外来公司及企业的进入，村庄形成了以公司企业、家庭农场、中农、老人农业以及传统小农为代表的多元化农业经营主体。中村和乌村的土地流转率分别达到 80% 和 65%。本村村民中，老人是农业生产经营的主体，青壮年村民多是去南京市、溧水区等地务工，由此形成了以代际分工为基础的半工半耕为主导的农户家计模式。多元经营主体的进入以及土地流转规模扩大造成的一个直接后果是农业种植结构的变化，即从以水稻、油菜、小麦为主的传统农作物种植模式转变为效益更高但市场风险也更大的经济作物种植模式，比如花卉、苗木、蔬菜以及水产养殖等。当然，农业依然是村庄的基本经济形态。因此，虽然溧水区在地理位置上位于长三角经济带，但是当地的农村仍然属于传统农业型村庄，与中西部地区农村没有实质性差异。

只是，由于受到雄厚的南京市政府财政的滋养，当地农村获得了丰富的政府财政支持，以致当地农村的社会福利和村庄治理资源的投入远高于中西部地区农村。比如当地农村老人的养老金每月为 600 多元，是中西部地区农村养老金的近 9 倍。再者，当地的农村治理也得到了政府资源的大力支持。为了发展村集体经济，当地普遍采取由政府部门以及事业单位帮扶的方式增加村集体资产。

以中村为例，区商贸局、区纪委以及区委党校作为该村的帮扶单位出资为该村建造两幢标准化厂房，共 2400 平方米，位于镇工业园区内，由镇政府统一出租。不论是否能够成功出租，镇政府每年都要给中村 20 万元的保底资金。此外，中村位于公路沿线，其所处公路地段有两块广告牌可出租。广告牌也是以镇政府的名义由镇市容办统一出租，每年广告牌出租的收入大约有 6 万元。中村这 26 万元的村集体收入其实都是地方政府支持和兜底的结果，且具有稳定性，进而成为村集体的常规性收入。当地政府每年还会给欠发达村另外的财政拨款，像中村和乌村等远郊农村都属于欠发达村，每年能获得近20万元的资金补助。每年政府还会固定给每个村庄投入30万—50万元的为民服务资金，用于村庄公益事业。此外，中村还有部分鱼塘出租和村集体土地出租收入，这两部分加起来也有20多万元。这使当地农村带有突出的资源密集型特征。

近年来当地比较突出的一个变化是，溧水区依托石臼湖和凤栖山打造沿线旅游项目，而中村和乌村所在镇又紧靠这两个景点。伴随旅游产业的打造，当地掀起了轰轰烈烈的村庄整治、村庄环境优化、道路拓宽硬化、房屋拆迁收储等农村建设和改造运动。也因此，这几年成为村干部最为忙碌的时期。随着政府改造和规划农村任务的增加，当地地方政府有强烈地将村级治理行政化，以将村级组织吸纳至政府行政治理框架之中，增加其对村级组织行政动员能力的需求。依托雄厚的南京市政府财政，当地政府也有将村级治理行政化的能力。目前，当地农村已经形成相对完备的行政化村级治理格局。

（二）工薪制、坐班制与村干部职业化

自20世纪80年代以来，村干部都是实行误工补贴制，而非工薪制。经验中比较常见的有定额补贴、论工计酬和定额补贴加分级奖金等实践形式，有的村庄可能采取村主职干部为定额补贴、其他一般村干部为论工计酬的方式，有的村庄可能采取所有村干部都是定额补贴加分级奖金的方式。虽然误工补贴的具体实践形式不一，但其实质都是一种按劳分配模式。在误工补贴制度下，村干部收入有限，因此村干部是不脱产的，他们可在从事村庄工作的同时兼顾家庭的生产经营活动。溧水区农村同我国其他地区的农村一样，都经历了村干部收入实行误工补贴制的时期。

而今，溧水区农村村干部实行工薪制，工资由基础工资和考核工资两部分组成。以村书记工资为例，村书记的基础工资为3500元/月，一年的考核工资平均有4万元左右，加上工龄补贴，村书记一年工资收入能有10万元左右。其他一般村干部的年收入水平也在7万—8万元。据调查了解，当地普通农民在南京市及溧水区的务工收入在2500—3500元/月。由此可见，村干部收入远高于村中普通农民的务工收入，而处于村庄的中上层。而且，地方政府还为村干部购买了五险一金，以解决村干部离职之后的后顾之忧。村干部工资待遇提高的同时，地方政府对村干部的工作要求也相应提高。一个最基本的要求是村干部需要全日制坐班。村干部的高工资收入为其实现脱产且全身心地投入村庄工作提供了可能，这也预示着兼业村干部工作模式的终结。

为了应对村干部坐班要求以及更好地为村民提供全日性服务，2016 年溧水区开始进行村级组织改革，倡导"小办公、大服务"的村级组织工作机制。最直接的举措是，由政府投资，将村庄社区用房改造为为民服务大厅，设置服务窗口。所有村干部必须在服务大厅的服务窗口坐班，周末实行值班值。村干部上班要做好打卡记录，若有下村等其他行程安排需要向乡镇上报备案。村民有事也多是在为民服务大厅找专门的村干部处理。由此，当地政府实现了对村干部的全日制管理，村干部本身也高度职业化了。

工薪制、坐班制与村干部职业化是彼此关联的整体。而且，这些机制的构建其实是对村干部管理体系的重构，村级组织的运作模式发生重大变革。在误工补贴制以及兼业化村干部的管理体系下，村级组织遵循事件化运作模式。只有当村庄治理事务出现时，村干部才会从个人生活及家庭生产、生活中抽离出来，由村民身份转换为村干部身份参与到村级治理当中。在村级组织的事件化运作模式下，村干部的治理活动并不主要在固定的办公场域中完成，村干部个人的生活场所与工作场所之间的边界具有模糊性。村干部的职业化直接打破了这一工作格局，体现在村级组织的常规化运作以及与之相伴随的村干部工作场所的专门化。村级组织成为正式化的实体治理组织，它的运作不是由村庄事务的多少或有无来决定，而是遵从正式化组织本身所蕴含的自主运作规律，保持一种常规运转状态。这也是行政组织的基本特性。

（三）分工、层级与村级组织科层化

自村民自治制度被确立为农村基本治理制度以来，村庄治理主要运用整体主义的处理方式应对村庄事务。虽然村干部职务仍有治保主任、妇女主任等职位设置，但这种分工只是一种相对分工，在村庄事务的处理中占据比较次要的地位，村干部并不是严格按照职责分工的逻辑来行事。村庄日常治理中，村民通常是根据村干部个人社会权威的高低来找相应的村干部办事。一般情况下，只要出现较为复杂和重大的事务，村干部多是整体出动、共同去处理。而且，村庄中出现的很多事务也无法完全吸纳进治保工作、妇女工作这一简单的职责分工体系中。如今，溧水区农村村干部形成了明晰的职责分工，每位村干部具体分管的事务和工作都有明确规定，村干部也产生了清晰的分工意识。

以溧水区乌村为例。乌村正式村干部有六人，分别是书记、主任、副书记、副主任、综治主任、妇女主任，另外聘请工作人员有三人，分别是会计、条干和社保员。其中，条干也是村庄的后备干部。如表2-2所示，村庄的每名工作人员都有明晰的职责划分，并且对接乡镇政府的相应部门。村庄日常工作也是严格按照这一分工来开展，各位工作人员之间工作内容亦缺乏可通约性。对于村庄中的重点和难点工作，则需要村书记和村主任另外做统一部署和安排，以形成集体协作。村服务大厅各个窗口也是按照相应的职责分工来设置，并与乡镇各个办公窗口相对应，是乡镇各部门在村庄中的延伸。以职责分工为基础的工作模式成为当地村庄的主导性工作模式。

表2-2 **乌村村干部及工作人员职责分工**

职位	职责分工
书记	负责村全面工作，重点是扶贫工作、社区品牌创建工作、全域美丽乡村建设工作、环境综合整治工作和对上对接工作
主任	负责村委全面工作，重点是确权工作、农业普查工作、在建项目协调工作。对接镇办公室、经管站、企业服务中心、环保办
副书记	负责党建工作，重点是基层规范化建设，"两学一做"学习教育开展工作。对接镇组织办、办公室和宣传办
副主任	配合村主任做好村委工作，重点是环境卫生工作、民兵工作、农居民建房审批工作，牵头做好租金收缴工作。对接镇市容办执法队、保洁所、建管所、武装部、爱卫办

续表

职位	职责分工
综治主任	负责 12345 工作和配合做好党建工作，在建项目协调工作。重点是社区综合治理工作。对接镇办公室 12345 工作室、稳定办、司法所、派出所
妇女主任	负责社区计生、妇女儿童工作，重点配合土地确权发证工作和农业普查录入工作。对接镇计生办、教管会
会计	负责财务工作、纪检工作。重点是财务规范工作，对村干部纪检督促工作。对接镇经管站、纪检室、财政所
条干（后备干部）	负责社区办公室日常事务工作，食堂工作和配合做好党建台账，重点是民政工作、农业工作、统计工作和宣传工作。对接镇民政所、农业服务中心、宣传办、统计站
社保员	负责社保工作和团委工作。对接镇劳保所、团委

　　溧水区农村村级组织除了横向上形成了明晰的职责分工体系之外，纵向上还形成了层级化权力结构。这种权力分层不是以个人社会权威为基础的权威分层，而是由相应制度配套形成的制度化权力分层。在此之前的村庄治理中，村干部之间的权力结构是高度扁平化的，不存在实质性的权力分层。从理想的制度设置来看，村书记和村主任是村级权力的核心。但是在实际运作中，村书记与村主任对其他村干部并不具有绝对的管理权力。村书记与村主任对其他村干部的动员不主要依靠制度赋予的身份权力，而往往依托人情、面子、荣誉激励等社会性激励要素。村书记和村主任对其他村干部的消极治理行为同样不具有制度化的约束手段。

　　溧水区农村的村庄工作人员分成了三个权力等级，即村级干部、副村级干部和条线干部。村级干部位于第一层权力等级，包括村书记、主任、副书记、副主任；副村级干部位于第二层权力等级，包括综治主任、妇女主任以及会计；条线干部则属于第三层权力等级，包括条干（后备干部）和社保员。这三层权力等级结构中，村书记又是绝对的领导核心，所有村干部及其他工作人员都对村书记负责。值得提出的是，村书记的绝对领导权不仅是规定意义上的，而且是实质意义上的。村书记对其他村干部及村庄工作人员享有的实质领导权力主要借助以下制度机制实现。

一是当地的村书记是由乡镇直接任命，村书记对村庄其他干部及工作人员的人选具有极高的建议权。按照当地乡镇及村干部的说法，村委会选举主要是为村书记配班子。乡镇为了加强对村级组织的管控，也有意识地确立村书记在村庄中的实质领导权力。因此，村书记的选人意见便具有了相当重要的意义。最终，乡镇通过各种精细、巧妙的制度安排和其他方式确保村书记看中的人选当选。从这个意义上说，村书记其实掌握了其他村干部及工作人员的任免权。

二是政府采取以书记为核心的整体考核方式来对村书记与其他村干部及工作人员进行利益捆绑，实行差序化的工资体系。以村书记的工资为标准，村主任的工资为书记的95%，副书记和会计的工资为书记的90%，副主任的工资为书记的85%，综治主任、妇女主任的工资为书记的80%，条线干部（后备干部）等其他工作人员的工资不高于村书记的70%。各个村干部及其他工作人员的考核工资也是在书记考核工资的基础上按照上述比例折算。这一整体性的考核方式在很大程度上确保了村书记对其他村干部及工作人员的动员能力。从乡镇与村级组织的关系来看，乡镇通过村级组织的科层化构造实现了对村级组织的管控，使乡村关系表现为突出的行政化特征。

（四）村干部职位流动与晋升

理想地看，村民自治制度下的村干部是村民民主选举产生的结果，是村庄民意的公共化表现。村干部的任免由民主选举决定，是村庄政治过程的展现，而非政府行政意志的表达，具有极强的不稳定性。以至于在三年一次的选举周期中，身处村干部位置之上的村民对其村干部角色的预期也是不稳定的。一旦落选，其将回归到普通村民的角色之中。这种情形在溧水区农村正在发生改变。村干部日益演变为一种稳定的且具有流动和晋升空间的职业体系。

从村干部的产生机制来看，虽然当地仍然采取民主选举的方式产生村干部，但是政府一方面通过后备干部这一跟班锻炼的制度设置形成人才储备库；另一方面通过精细的选举环节设置最大限度地弱化村民选举意志的自然表达，以保证村干部是从后备干部中产生。后备干部一般先由村两委干部把关，确定初步人选并将人选上报至乡镇组织办，组织办再进行考察，考察通过后便通过跟班锻炼的方式在村里办公。后备干部制度的形成意味着村干部的产生方式从民主选举转变为"选拔＋培养"的模式。民主选举形式化，村干部的产生是乡镇意志主导的结果。从当地村干部的工作经历来看，基本都遵循后备干部——一般村两委成员——村主职干部这样一种晋升路径。

正是民主选举的弱化以及乡镇意志的主导作用，导致村干部只要不犯明显错误，一般不会退出村干部位置。当地政府亦对村干部的退休年龄进行了规定，并提供完备的养老保障。此外，村干部与乡镇职位之间的流动渠道也是畅通的。一方面乡镇可将乡镇工作人员下派至村任命为村书记，另一方面业务素质突出的村干部尤其是村主职干部也可被提拔为乡镇各职能部门的负责人。当地甚至还出现过村主职干部到其他乡任乡长、副乡长的情况。此外，为了保证村庄社会秩序的稳定，避免形成在任村干部的反对力量，乡镇还会对因村干部人员调整而退出的村干部给予职位安置。乌村的张某原是村书记，因为村干部班子的调整退出了村干部职位，之后被乡镇安排到敬老院担任院长。如乡镇的其他职能部门或事业单位都是乡镇可供安排的地方，虽然没有正式编制，但也是对离职村干部的重要安抚。

这一做法使踏入村干部队伍的村民对自己的职业生涯存在稳定的预期，并与乡镇政府存在紧密关联。当地政府的这一系列举措从根本上改变了村干部的性质，将之从民主选举产生的政治岗位转化为由乡镇意志决定的行政工作岗位。在这种情况下，村干部身份从村庄社会系统中抽离，被完全吸纳至政府的行政官僚系统之中。村干部在村民眼中成为一份收入不低的体面职业，且被视为政府的工作人员。村级组织从实质上真正成为乡镇政府在村庄的下属层级。

（五）结果、过程并重考核制与规则之治

在传统考核方式下，乡镇政府对村级组织的考核主要集中在几项关键任务上，比如原来的税费提取任务、完成计划生育指标以及维稳，对于村庄中的其他工作内容则要求比较宽泛，考核标准也比较低。此外，传统考核还表现为突出的结果导向。以结果为导向的考核强调任务完成情况，在不突破法律基本底线的前提下，对村干部采取何种方式、方法完成任务并不作明确要求，村干部运用到的很多边缘手段也为乡镇所默许。因此，在采取传统考核方式时期，在既定的治理目标和任务下，村干部在治理方式和手段的运用上存在较大的自主性。不论是法律、规章、制度还是村庄社会的传统治理资源，都只是作为工具性手段存在。这一时期的治理是以问题的最终解决为导向的实质治理。这同时说明政府权力对村庄社会只是有限渗透。

随着政府权力对村级治理渗透力度的增加，政府在对村级组织形式进行科层官僚化改造的同时，还配套了一系列规章制度，其中便包括严格的资源使用和分配制度、村干部治理行为的规范化制度等。为了克服因上下级之间信息不对称引致的村干部行为监督困境，地方政府通过要求村干部办事留痕、留下证据链的方式对村干部的治理过程进行监管，并将之作为重要内容纳入村干部的考核体系之中。

溧水区各乡镇对农村实行的是千分制考核。以中村和乌村所在乡镇为例，该镇对下属各村的考核内容共分为五大项，包括区中心工作任务 200 分、镇重点工作任务 200 分、基层基础规范化建设任务 400分、群众满意度测评 200 分和重大事项加分扣分项 200 分。这五大项任务下又细分为各小项，最低的为 1 分，最高的有 100 分，中间层级的分值大小不等。从该镇的千分制考核表中可以看出以下几点：一是考核标准的量化与精细化程度极高；二是考核内容全面而细致；三是过程与结果并重。尤其是第三点直接改变了村干部的行为规则体系。考核体系中的过程与结果并重贯穿于上述五大项内容中，直观表现是这五大项内容都对村干部完成相应任务之后的台账工作作了明确要求，即要留下相应的文字、图片资料以备存档。基层基础规范化建设任务更是对村干部行为规范化要求的集中体现，占据了近一半分值。上级政府对村干部工作的考核也主要通过检查台账资料的方式进行。

前文提到，村干部的工资由基础工资和考核工资两部分组成，而考核工资基本与基础工资持平。在强大的考核激励下，村干部也有动力严格按照规章、制度、政策以及程序办事，并切实落实办事留痕等方面的工作要求。按照规章、制度、政策以及程序办事，对村干部而言，不仅是重要的考核内容，而且是一种必要的免责机制。即使村干部在处理事情的过程中没有完成相应的工作目标或是没有达到村民满意的效果，但是只要其在处理的过程中严格按照规则办事，并留有记录和证据，那么上级政府就缺乏对村干部追责的理由。

借助严密及细致化的考核体系，由政府自上而下向村庄输入的各种制度和规范都能为村干部遵守，并顺利落地。村干部在处理村庄事务的过程中会尽量避免使用个人的私人关系以及乡土资源，而将自己的行为放置于规范化的运作轨道之中，由此实现村庄治理的规则之治。在这种情况下，传统村干部行为附属的村庄社会属性被剔除，并为现代化的公共规则替代。规则之治也是官僚制行政的理性主义运作逻辑的核心体现。

村干部考核从结果导向到结果与过程并重的转变可能带来的一个后果是，在村干部时间、精力及资源有限的前提下，他们会陷入重过程轻结果的策略主义行为逻辑中，出现怕事、不敢惹事的保守主义行为，将大部分时间、精力和资源投入文本、档案等台账资料的制作中。

二　村级治理行政化的强化：技术治理

渠敬东等人的研究指出改革开放前后，中国国家治理经历了从总体性支配到技术治理的转变，表现在以治理活动标准化、规范化为基础的科层行政理性思维的扩散[①]。随着现代信息技术、通信网络等现代技术的发展，这些技术逐步为国家官僚行政体系吸收，成为进一步促进行政工作人员标准化、规范化和程序化行政的重要手段。就基层治理而言，这些现代技术最早被广泛运用于城市基层治理。以现代技术为依托，城市地区发展出相应的治理机制，比较有代表性的是网格化管理体制和政府服务热线体制。近年来，以现代科学技术为依托的网格化管理和政府服务热线开始在部分农村试点，并大有向全国农村推广的态势，推动着村庄治理体制改革，重塑着村庄治理。网格化管理和政务服务热线作为一种技术治理方式，它们分别是农村常规治理领域和农民权利表达领域的重要制度创新。在实际运作中，它们与村庄传统的村组自治体制发生碰撞，强化了村级治理的行政化面向。下

---

① 渠敬东、周飞舟、应星：《从总体支配到技术治理——基于中国30年改革经验的社会学分析》，《中国社会科学》2009年第6期。

面结合网格化管理和政府服务热线的运作过程揭示技术治理手段对村级治理行政化的强化逻辑。

（一）网格化管理体制与政府服务热线的要素构成及运作

1. 网格化管理体制的构成要素及运作

中国的网格化管理发端于 2004 年北京市东城区，其创建了万米单元网格管理法和城市部件网格管理法，从 2005 年 7 月开始向全国其他城市推广[①]。直到近几年，网格化管理才作为农村治理体制创新的重要举措被引入农村。在很多学者看来，网格化管理内含的"横向到边、纵向到底"以及"无缝隙管理"特征体现了精细化治理思路，有效消除了治理盲区[②]。从笔者所到调研地点的情况来看，广东东莞、浙江诸暨、上海、江苏溧水以及中西部地区的部分农村已经启动网格化管理体制或正在推动网格化管理体制的建设，网格化管理体制逐渐成为村庄治理体制的重要构成部分。虽然不同地方建设网格化管理体制的具体做法和侧重点有所差异，但是在整体思路和内在逻辑上却呈现出高度一致性。总体来看，网格化管理体制建设主要包括以下内容。

第一，网格单元的划分。在乡镇范围内，主要形成纵向的三级网格体系。镇域层面为一级网格，村级层面为二级网格，村域范围内再设置三级网格。从村级治理的层面来看，三级网格是网格化管理的基本单元。乡镇多是遵循规模适度、便于管理、无缝覆盖等原则将村庄划分成若干网格。一般情况下，三级网格体系基本与乡镇—行政村—村民小组的区域范围重合。此外，从性质上看，网格还可区分为专业网格和综合网格。专业网格对应乡镇各职能部门的专门化需求，以职能部门为单位进行管理，比如综治网格、计生网格等。综合网格主要指一个独立的网格整合了多种专门化的治理需求，整体性地回应网格内的各项治理需求。当前有很多乡镇启动的"一张网"工程建设，其实就是将所有专业网格融合进一张网格系统当中，使各专业网格的

---

① 陈红梅：《东城网格化模式被全国 90 个城市采用》，《北京日报》2009 年 10 月 23 日第 1 版。

② 竺乾威：《公共服务的流程再造：从"无缝隙政府"到"网格化管理"》，《公共行政评论》2012 年第 2 期。

辖区范围重合。

第二，网格管理队伍建设。网格管理队伍由专职网格员和兼职网格员组成，专职网格员在有的乡镇又被称为网格信息员。专职网格员主要负责其所在网格所辖范围内的问题发现、问题上报等工作，每日的巡查时间及工作量都有明确要求。专职网格员多由乡镇出资从村庄村民中聘请，接受乡镇的直接管理和考核。为了激励专职网格员的工作积极性，促使其及时发现村庄问题，乡镇发展出了相应的量化考核体系。常见的做法是对每名专职网格员每月上报信息的最低数量进行规定，且对超出规定信息量的部分以及根据所发现事件的重要程度给予奖励。兼职网格员多由乡镇各部门、事业单位的工作人员以及村两委干部担任，负责网格事务的处理，他们通常也是各个网格的责任人。大多数情况下，村书记是二级网格的网格长，其他村两委干部则为各三级网格的网格长。之所以称之为兼职网格员，原因在于除了处理由专职网格员汇报的问题，他们仍然主要回到其所属的常规性工作中。其中，将乡镇各部门、事业单位的工作人员下沉至网格，实则是为了实现乡镇治理资源的整合，以应对村域范围内村级治理资源无法处理的治理难题。

第三，网络信息系统建设。镇村两级都需要建立信息化平台，乡镇一般是综合信息指挥室，村级设置互联网终端，以随时查看专职网格员的信息上报情况。网络系统中需要有翔实完备的信息数据库，将农村部件精细化编码，以对农村内的大大小小事务分门别类。翔实完备的信息数据库是网格化管理能够得到切实运行的技术基础。

网格化管理体制有一套完整的流程化事务处理机制，包括信息发现、上报、派单、处置、反馈以及考评等环节，各环节的信息都在综合信息平台中存档，以保证管理过程的可循迹性①。每名专职网格员都配备有一部专用手机，将发现的其所在网格辖区内出现的各类安全隐患、突发事件、环境卫生及社情民意等方面的信息借助手机上传至网络平台。乡镇和村委会可以通过各自配备的网络终端查看专职网格

---

① 陶振：《城市网格化管理：运行架构、功能限度与优化路径——以上海为例》，《青海社会科学》2015 年第 2 期。

员上报的信息，系统会根据上报信息的类型派单至相应的责任部门或者村委会。乡镇综合信息平台可随时查看事务的办理进度，并督促相应的责任主体限期解决。一般来说，村域范围内的事务都是采取属地原则派单，由村干部处理。事情的具体处理采取三级联动、分级处理机制。即交办给村委会的事情，若村委会解决不了，可经由系统上报至乡镇，乡镇解决不了，可进一步上报至县区处理。事务最终的处理情况都会被纳入村干部及相应部门的考核范畴。

2. 政府服务热线的构成要素及运作

随着经济社会的发展，人们各方面的需求包括个人权利表达需求都得到了极大提高。为此，城市地区发展出包括多个门类的电话投诉及网络投诉热线，将之作为人们权利救济的渠道。江苏苏州市就有96889、数字城管、寒山闻钟、市长热线等分属不同系统和不同部门的分散化的投诉渠道。广见于各大城市的12345政府服务热线相当于综合服务热线平台，可接受各种类型的投诉，并根据投诉的具体内容派单至相应的职能部门及责任单位。因此，12345政府服务热线相当于对各种分散投诉系统的整合。近年来，12345政府服务热线有逐步向农村地区推广的趋势。江苏省南京市于2010年12月开通12345政府服务热线（以下简称"政府服务热线"），按照"统一受理、分类处理、限时办结、过错问责"、"谁主管谁负责、谁办理谁答复"和"首接负责制"的原则办理群众诉求事项。2011年开始全面向全市其他区县以及农村推广。下文将以溧水区为例介绍政府服务热线的构成要素及运作情况。

政府服务热线属市级平台，主要依托网络信息系统实现市、区、乡镇以及村等各级的信息连通。南京市有专门设置的12345政府服务呼叫中心，中心人员由主任及若干从社会上聘请的接线员组成。区县、乡镇一级同样设置有与南京市政府服务呼叫中心相对应的12345办公室，且由专门的工作人员负责。此外，市、区县、乡镇各级政府部门及村委会都配备有热线终端，专门的负责人员还配备有专门的手机，村委会多由综治主任负责。因此，政府服务热线是主要以网络信息技术为基础的技术化治理方式。

政府服务热线的整个运作过程由南京市统筹，由南京市12345政府服务呼叫中心的接线员统一受理群众通过电话反映的诉求。接线员根据诉求的内容、性质和属地情况派单至相应的区县部门、乡镇政府部门或其他单位，以及村委会。村庄范围内的事情由村委会派专门的村干部处理。从村级层面来看，政府服务热线的运作过程大体如下。

村民拨打12345政府服务热线电话反映诉求，南京市政府服务呼叫中心接线员统一接听。针对村民的各类诉求，接线员首先可根据网络系统中既有的信息知识库当场作出解答，不能给予解答的诉求会在系统中生成工单，接线员通过网络系统将工单派发至相关部门，由相关部门负责解决。村庄范围的事情派发至村委会的网络终端，综治主任的手机终端会有信息提醒。接收到上级派发的工单后，村干部需要在规定的工作日内办理，并及时在系统上回复工单的处理情况。收到处理情况的回复后，南京市政府服务呼叫中心的接线员会对诉求人进行电话回访，询问满意情况。若回答满意，工单的整个处理过程完结。若回答不满意，村干部需要重新处理工单，直到诉求人满意为止。当然，针对村民的无理诉求，村干部可以在系统上反映，经过上级相应部门的调查核实后，便可将此类诉求归为黑名单。南京市政府服务呼叫中心再接到此类诉求，就可不再受理。12345政府服务热线方面的工作构成了当地政府对村干部考核的重要内容。该热线全天24小时向所有市民开放。

从南京市建设12345政府服务热线平台的初衷来看，它主要想达到以下三方面的目标：首先，也是最直接的目标，为村民诉求的表达提供一个便捷通道，同时也为社会情绪和社会压力的持续释放提供一个常规出口；其次，强化对村干部行为的社会监督面向，促使其积极行政和规范行为；最后，为政府及时把握社会舆情提供信息基础，为政府科学决策提供依据。比如每月初溧水区都会统计分析上个月的政府服务热线数据，包括诉求的类型分布、呈现规律以及疑难问题清理，以简报的形式送至党委、政府的领导审阅。这在一定程度上提高了政府对社会问题的敏感性。

同样作为农民申诉权利渠道的信访体制，具有与12345政府服务热线不同的特征。借由信访体制申诉权利的方式通常具有心理成本、经济成本以及时间成本高等特点，所以往往只有权利受到极大损害以及遭遇问题极为严重和突出的村民才会选择进入信访途径。此外，信访体制对访民本身也有相应的条件规定，以保证体制严肃性。因此，信访体制可以说是一个具有门槛的、半开放的权利表达渠道。而政府服务热线几乎实现了村民诉求的无成本表达，地方政府对村民诉求的积极回应，更进一步激发了村民使用政府服务热线的频率。

（二）技术治理体制对传统村组自治体制的吸纳

网格化管理体制与政府服务热线具有技术治理体制的一般特征，它们都是政府介入村庄事务的技术工具[①]，借助现代信息技术手段实现了政府的直接在场，其本质是政府官僚科层体系向村庄的延伸。这体现在以下两个方面。

一是网格化管理体制与政府服务热线这两种技术治理手段都是在政府官僚科层体系之中发生作用，服务于政府行政意志向下属各个层级的传递以及上级对下级的监督。网格化管理体制中村级网格的设置，相当于在村庄中新增了一个科层层级。这是因为，作为村庄治理事务信息发现者的专职网格员都是由政府出资聘用，且接受政府的管理和考核。因此，专职网格员实则是政府的技术官僚，其工作是对政府负责。

二是网格化管理体制与政府服务热线都是运用标准化、程序化、规范化的行政工作机制。网格化管理体制与政府服务热线都有一套完整的事务处理流程，将事务处理流程分解。网格化管理体制包括信息发现、上报、派单、处置、反馈以及考评等环节，政府服务热线则包括村民诉求表达、生成工单、工单派发、工单处理、工单处理结果反馈以及考评等环节，二者囊括的每个环节都有将信息留存，实现办事留痕。

这种带有突出政府官僚科层制特征的技术治理体制在村庄范围内必然会与传统的村组自治体制发生碰撞。据相关法律、制度规定，村委会是按照"民主选举、民主决策、民主管理、民主监督"原则施行"自我教育、自我管理、自我服务"的群众自治性组织。但是，为政府意志所主导的技术治理体制却在极大程度上对村组自治体制进

---

① 桂华：《网格化管理未必适用农村》，《环球时报》2018 年 8 月 30 日第 15 版。

行了吸纳甚至替代。这主要体现在政府借助目标管理责任制等考核机制将村组干部，特别是村干部吸纳至上述技术治理体制之中。网格化管理体制中，村干部以网格兼职员和网格长的身份参与到网格化管理之中，政府赋予其解决村庄网格内具体事务的责任主体地位。小组长也往往被填充到网格化管理的队伍之中。专职网格员通常情况下只是负责问题的发现，问题的处理还需要依靠掌握一定治理资源的治理主体，村干部便承担了问题的处理者角色。政府服务热线中，村干部同样是作为这一技术治理体制最末端的一环存在，具有及时处理村民向12345服务平台反映的诉求的职责。由此可见，村委会组织已经被嵌套在政府官僚科层体系之中，村级治理逻辑也从原来的自治转变为行政。这又取决于上述技术治理体制所蕴含的以下治理机制。

第一，村务向政务的转化机制。在自治型村庄治理体制下，村庄内部产生的事务最先要经过以村级组织为核心的治理主体的自主解决过程。只有在村域范围内无法解决时，村内事务才会溢出村庄进入政府行政治理系统之中，成为政府事务。也就是说，自治型村庄治理体制下，村务向政务的转化是以村庄自治的能力限度为前提的。然而，以政府为主体的技术治理手段向村庄社会的渗透，则直接改变了村级治理的逻辑。在没有经过村民自治过程筛选的情况下，村庄事务就进入了政府行政治理系统。网格化管理体制的运作中，村庄事务一经专职网格员发现就通过网络系统进入行政治理轨道，进而成为政府意志，变为政务。

政府服务热线向村级治理中的运用，更是实现了国家与农民的直接勾连。此前，农民与国家的关系具有间接性，农民都是通过国家在基层社会的代理人间接与国家发生关系。政府服务热线则将农民与国家之间的关系缩短为一个电话的距离。处于电话终端的南京市12345政府服务呼叫中心作为市委、市政府下设的工作部门代表了国家权威。农民的任何诉求都可借由服务热线系统向市政府反映，且无时间限制和任何经济成本（服务热线是免费的）。农民在诉求的初始环节就跨越了村庄、乡镇、区县等多个治理和管理层级，避免了与多重治理主体或行政机关的直接碰撞，直达上层。这带来的一个结果是农民在村域内产生的以及可在村域范围内通过村委会自治组织得以解决的诉求实现了向国家意志的转换，村务不加任何筛选成为政务。村务的政务化是村级治理行政化的一个重要表现。

第二，村干部治理行为的行政化。技术治理体制对村组自治体制的吸纳使村委会在实质上成为政府官僚科层体制的一环。当村务未经村民自治过程的筛选而转化成政务时，村干部对这些事务的处理也主要沿着行政化的逻辑展开。这体现在以下两个方面。

一是村干部对村庄治理事务的处理源自政府行政压力。不论是网格化管理体制还是政府服务热线，只要村庄事务进入网络系统就实现了向政府行政意志的转换，并以行政指令的方式下派给村干部。村干部对村庄事务的处理主要来自政府的行政压力，而非村民直接向其反映所生发的村庄社会压力，村庄事务超出了村民自治的范畴。此外，政府通过把网格化管理及政府服务热线纳入村干部考核体系进一步强化了政府行政压力对村干部的约束作用。以溧水区的政府服务热线为例。笔者调研的中村和乌村所在镇对村庄工作的千分制考核中，12345工单处理就属于考核分为200分的中心工作任务的一部分，为30分，要求村干部的工单按时办结率达到100%、答复率100%以及满意率为80%。

二是村庄治理事务处理流程的规范化。借助量化的考核指标体系以及信息技术手段，政府对村干部处理从网络系统中下派事务的方法提出了严格要求。村干部需要采取文字、图片、录像等方式记录下他们的整个处理过程。在这种情况下，村干部必须严格按照既有的行政规则、规范、制度行为，尽量避免与既有规定可能存在冲突的私人性治理资源和村庄传统乡土治理资源的卷入。这既是政府的规定，同时也是村干部达到行政免责的重要举措。村干部的自主裁量空间被极度压缩。由此可见，技术治理体制是一种切事化的事务处理体制，村庄社会治理成为可量化考核、可追溯责任的科学过程①。

三是村干部行为的行政监督。基层代理人的监督问题一直是国家治理的一大难题，基层代理人的自利本性使其有偏离国家意志以及农

① 陆志孟、于立平：《提升社会治理精细化水平的目标导向与路径分析》，《领导科学》2014年第13期。

民利益的倾向，国家对基层代理人存在天然的不信任。改革开放以来，村民自治制度中的"四民主"内容明确规定了村民在监督村干部行为中的重要地位。这意味着在自治型村庄治理体制下，对村干部主要采取社会监督的方式，以政府体制力量为支撑的行政监督只是作为辅助。技术治理手段的运用则为国家对村干部行为进行直接监督提供了可能。这是因为村干部的行为动态都会在网络系统中得到反映，并为政府高层掌握。各个层级之间因为信息不对称带来的模糊治理区域被极大缩小，而处于较高的信息透明状态。由此，技术治理手段强化了政府行政系统对村干部行为的监督效力。

（三）技术治理与村级治理行政化的强化

以网格化管理和政府服务热线为代表的技术治理遵循政府"自上而下"的权力运行路径和行政化治理的思维方式。整个技术治理过程的完成主要依靠政府体制资源。借助现代信息技术手段，村庄社会进入国家治理体系中。在村庄一级并未建设正式行政组织的情况下，技术治理的运行客观上存在将作为群众性自治组织的村委会吸纳至政府官僚科层体系的需求，进而造成村委会性质的改变。

对村干部而言，技术治理手段构造的是一个紧缩性的行政治理环境。而国家意志向最基层的村干部身上的传导需要以村干部与乡镇之间形成制度化的行政关系为前提，或者说需要有能够为政府直接控制的组织形式作支撑。只有如此，体现国家意志的技术治理手段才能得到有效贯彻。由此可见，技术治理手段所蕴含的行政化乡村关系的需求与既有的"乡政村治"治理架构下村干部以兼业、不脱产以及主要运用乡土社会资源自主开展村庄治理活动的自治型村庄治理体制之间存在天然的冲突。从这个角度来说，对以村级组织为核心的整个村庄管理体系、运转体系等进行全方位的改革一定程度上也是技术治理手段在村庄不断发展和扩张的产物。最直接的做法是，将村级组织正规化、建设由乡镇政府主导的制度化激励体系，形成村干部与乡镇政府之间的体制性利益依附关系。这种体制性利益依附关系的形成是上级政府的行政意志顺利传递至村干部身上并为其执行的前提条件。同样，只有如此，技术治理手段的运作过程也才不会在村干部这一环受阻。这也说明，村级组织从实质上和形式上都已经成为政府官僚科层组织在村庄中的延伸。

大集体时期，国家借助其对农村各类物质资源的掌握以及人民公社体制这一总体性支配方式实现权力向村庄的渗透，几乎所有村民都被高度整合进国家现代化建设的宏观目标之中。人民公社体制解体后，国家权力从村庄后撤，村庄以村民自治制度为基础实行自主管理和秩序的自主维系。近年来，随着现代信息技术的发展，国家权力又开始利用电脑、网络、通信等科技手段来实施技术治理以"重返乡村"①。总结来说，政府在村庄治理中对各类技术治理手段的运用极大强化了村级治理的行政化面向。这种对村级治理行政化的强化主要体现在以下两方面。

一是技术治理手段打破了"乡政村治"的治理责任边界。村民自治制度下国家行政权力只到乡镇一级，乡镇对村委会只是指导关系。技术治理突破了这一边界，国家权力可直接对接到每个具体的村民。二是技术治理构成了村级组织官僚科层化改革的助推力量。即能够为乡镇政府采取制度化方式控制的官僚科层化的村级组织是技术治理能够得以切实运转的组织基础。在村级组织官僚科层化改革滞后于技术治理的农村，技术治理手段在一定程度上成为推动村级组织官僚科层化改革的重要力量。这意味着官僚科层化的村级组织是技术治理的配套组织，否则技术治理将陷入形式化的空转。此外，在村级组织官僚科层化改革先于技术治理的农村，技术治理则进一步增强了政府对村级组织的行政动员和监督能力，村级组织的自主治理空间将被进一步压缩，村级治理的行政化色彩也愈加浓厚。就如李友梅指出的那样，高度技术化的治理权力的运作其实是不断强化了行政的纵向秩序整合系统，借助高度技术化的机制建设，行政的纵向秩序整合系统会在财力支持、机构设置、政策保障乃至工作思维等方面形成一套自我强化机制②。

---

① 朱政：《国家权力视野下的乡村治理与基层法治——鄂西 L 县网格化管理创新调查》，《中国农业大学学报》（社会科学版）2015 年第 6 期。

② 李友梅等：《城市社会治理》，社会科学文献出版社 2014 年版，第 3 页。

第三节　行政化村庄治理体制建设的另类 实践：村级治理半行政化①

　　前文着重考察了以江苏溧水区农村为代表的村级治理行政化的型构机制，一个重要机制是将村级组织进行官僚科层化改造，以现代科学技术为支撑的技术治理手段则起到了进一步强化村级治理行政化面向的效果。需要指出的是，村级组织官僚科层化改造在村级治理行政化格局的型构中占据核心地位。但是，"任何国家治理方式和公共政策的选择都受制于当时国家治理资源的存量和结构"②，而以村级组织官僚科层化改造为核心的行政化村级治理是需要强大公共财政作支撑的资源密集型治理。这是因为在村级治理行政化的格局之下，村庄治理的所有成本都需要由政府承担，既包括专职化村干部队伍的工资成本，也包括相应的硬件配套设施，以及各种现代规章、制度的建设和运转成本等。溧水区农村依托雄厚的南京市政府财政，使其有相对充裕的资源支撑村级组织的官僚科层化建设以及维系村级治理的行政化运作。12345 政府服务热线以及网格化管理等技术治理手段的建设也是以雄厚的政府财政为前提。

　　然而，对我国绝大多数地处中西部地区的农村而言，它们受到较为严格的地方财政约束。以至于基于国家宏观的政治压力，中西部地区在进行以村级组织官僚科层化改造为基础的行政化村庄治理体制的建设中，出现了村级治理半行政化的实践困境，带来了系列意外治理后果。本章将以湖北地区的村级治理行政化改革为例揭示以广大中西部地区为代表的村级治理行政化改革可能出现的一般逻辑，客观呈现中西部地区村级治理行政化改革存在的财政限制，以对村级治理行政化改革的适用性进行探讨。湖北省作为我国中部农业大省，该地区各级地方政府的财政状态、农村的经济形态、人口流动状态以及村级治

---

　　①　本部分所用乡（镇）名、村名以及人名皆为化名。
　　②　唐皇凤：《常态社会与运动式治理——中国社会治安治理中的"严打"政策研究》，《开放时代》2007 年第 3 期。

理状态等方面在我国中西部地区都具有典型性。

一　村级治理行政化改革的政策演进

前文指出，村级治理行政化本质是乡镇政府对村级组织制度化控制关系的形成以及乡村行政化关系的确立，村级组织成为乡镇层级的村庄延伸，村干部的归属系统发生从村庄社会系统向政府行政系统的转变。其中，将村干部公职化是形成村干部对乡镇体制性利益依附关系的重要条件和乡村之间制度化控制和权力关系得以建立的前提。因此，各地方村级治理行政化改革往往将以村干部公职化为核心的村级组织正规化建设作为基础环节。这也是村级组织官僚科层化改造的重要内容。虽然说各地农村在村级治理的具体改革政策和改革进度上存在差异，但它们都是沿着村级治理行政化的内核特征展开，具体包括三个方面的改革要点。

首先，村干部激励体系的改革。这包含两方面的内容：一是提高村干部待遇和建立村干部的保障体系，取消原来的误工补贴方式，将村干部工资纳入县乡财政预算，实行月薪制或年薪制，并将村干部纳入养老保障体系和医疗保障体系，解决村干部的后顾之忧；二是拓展村干部晋升的通道，尤其是考取乡镇公务员的通道。

其次，村干部工作模式的改革，严格实行规范化行政。这一改革措施具体表现在三个方面：一是设村民服务大厅，执行坐班制度，村干部专职从事村务管理，为村民提供标准化行政服务；二是加强对村干部的职业技能培训，确保村干部掌握相应的专业知识和专业技能，对村干部办事方式的规范化、程序化要求提高；三是建立系统的针对村干部的考核奖惩办法，强化对村干部的管理。

最后，尝试建立以乡镇为责任主体的村干部制度化选任机制，制度化选拔后备干部机制是各地方政府普遍采取的方式。

但是，由于客观的财政限制以及相关法律法规的要求，不论是国家宏观政策还是中西部地区的地方政策都主要强调针对村主职干部（包括村支部书记和村主任）的激励体系和管理制度建设。根据1998年颁布的《中华人民共和国村民委员会组织法》的规定，村干部是不脱产的，并且视其工作情况给予一定补贴。地方上将该补贴称为

"误工补贴"，数额有限。税费改革前，村干部的误工补贴主要从村集体组织向农民收取的三提五统收入中支付。税费改革后，中西部地区农村普遍缺乏集体收入来源，成为空壳村，村干部的工作报酬开始从地方政府的公共财政中支付，但"误工补贴"的性质没有发生根本改变。

2007 年 10 月党的十七大提出要"建立健全党内激励、关怀、帮扶机制，关心和爱护基层干部、老党员、生活困难党员。注重解决基层组织经费保障和活动场所问题"，基层干部成为被关注的对象。为了贯彻十七大精神，建立农村基层干部的激励、关怀和帮扶机制，湖北省颁布了《湖北省增加村干部岗位补贴实施办法》，决定从 2008 年开始，在保持村干部原有报酬待遇水平的基础上适当增加岗位补贴。全省建制村中每个村平均增加村干部岗位补贴专项资金 3000 元，新增资金由省、县（市、区）两级财政共同承担。3000 元中省级财政承担 2000 元、县（市、区）级财政承担 1000 元，列入转移支付。2008 年 10 月，党的十七届三中全会明确提出，"通过财政转移支付等途径，形成村干部报酬和养老保险资金保障机制"。2008 年 12 月，湖北省印发了《湖北省村主职干部参加基本养老保险实施办法（试行）》的通知，确立了该省村主职干部的基本养老办法，即参照国有农垦企业农工基本养老办法。该办法并没有对村其他干部提出参加基本养老保险的要求，只是给出让各地方政府视实际情况而定的原则性指导意见。

2008 年 12 月公布的一号文件进一步提出了村干部"一定三有"的目标，即定职责目标和工作有合理待遇、干好有发展前途、退岗有一定保障。村干部的目标责任管理和退岗保障问题首次出现在国家文件中，村干部逐渐褪去其亦官亦民身份，朝公职化方向发展。2009 年 2 月，湖北省颁布了《关于进一步建立健全村干部激励保障机制的若干意见》。该意见较为全面地对村干部的激励机制、工作管理机制以及任选机制作了规定。在激励机制上，该意见提出建立村干部报酬正常增长机制，且从 2009 年起，按照不低于当地农村劳动力平均收入水平确定村党组织书记业绩考核奖励制度，推进在职村干部参加基本养老保险工作。同时拓展村干部的晋升渠道，建立优秀村干部考录乡镇公务员制度。此外，还探索从优秀村干部中选拔乡镇领导班子成员的新途径，提高村干部选任党代表、人大代表的比例；在村干部工作管理机制上，该意见提出要加强村干部档案建设和管理，健全村干部工作考评奖惩制度，推行村干部岗位目标管理和完善村级民主管理制度；在村干部选任机制上，该意见对村党组织和村委会产生的方式进行了明确，并且指出了村干部产生的倾向性群体，提倡村党组织书记和村委会主任"一肩挑"。

2009 年 4 月中共中央组织部印发《关于加强村党支部书记队伍建设的意见》，对村党支部书记的激励保障机制、培训和管理机制以及选择培养机制作出了原则性指导。该意见指出，按照不低于当地农村劳动力平均收入水平，确立村党支部书记的基本报酬。在此基础上，建立村党支部书记业绩考核奖励制度。并且，提出在自愿参保的前提下，按照个人缴费、集体补助、政府补贴相结合的原则，逐步为在职村党支部书记办理社会养老保险。此外，拓展村党支部书记的发展空间，要求地方制定和完善配套政策和具体办法，加大从优秀村党支部书记中选拔乡镇领导干部、考试录用乡镇机关公务员、招聘乡镇事业编制人员的力度。在培训和管理机制上，提出健全岗位责任和监督机制、教育培训机制的要求。在村干部选择培养机制上，提出了明确选任标准、拓宽选任渠道、改进选任方式和培养后备人才的要求。

虽然该意见的基本内容在早期湖北省《关于进一步建立健全村干部激励保障机制的若干意见》中已有较为全面的体现，但这是首次在国家政策文件中对村干部队伍的建设和管理作出比较全面、细致的规定。

2011 年，湖北省颁发《省人民政府办公厅印发〈湖北省村主职干部基本养老保险与城乡居民养老保险制度并轨实施意见〉的通知》，正式废止 2008 年 12 月颁发的《湖北省村主职干部参加基本养老保险实施办法（试行）》，将全省村主职干部纳入城乡居民社会养老保险的范畴，在任村主职干部享受省财政给予的每人每年 2000 元的任职缴费补贴。据湖北省民政厅的最新统计，湖北全省共有 25339 个建制村，共配备村干部 109004 个，其中主职干部 35730 个，村均配备在职干部 4 人。据省民政厅对全省 118 个县市区（包含经济开发区、高新区）上报的建制村主职干部年工作报酬平均数和村副职干部年工作报酬平均数的统计，2013 年全省村主职干部年工作报酬平均为 10233 元，副职干部为 7830 元，分别约为农民人均纯收入的 1.15 倍、0.88 倍（当年全省农民人均纯收入为 8867 元）。由于农村劳动力平均收入一般相当于农民人均收入的 1.5—2 倍，按照 1.5 倍测算，2013 年湖北省村主职干部的工作报酬仍低于基准线 3100 元①。由此可见，村干部的工作报酬依然是误工补贴性质，他们还需要从事其他生产经营活动来实现家庭再生产。另外，截至 2013 年，湖北全省有 3.5 万多名村主职干部办理了基本养老保险，88 个县（市、区）出台了为村副职干部办理养老保险的补助政策②。

　　从与村干部相关的国家政策及湖北省政策的演进过程，包括湖北省各地的实践情况中，我们可发现，农村基层村干部队伍的建设和管理表现出村主职干部整体朝公职化方向演化的特点。虽然乡镇对村干部，特别是村主职干部的制度化激励、控制和管理力度都有所加强，但是所有村干部仍然基本保持了兼业化、非专职化特征。绝大部分地方政府也并未对他们，特别是对村主职干部提出脱产要求，乡镇对村干部的行政化控制和管理关系并未完全确立。由此可见，至少截至 2013 年，湖北省村干部是非职业化的。

　　但是，随着 2015 年 6 月湖北省《关于进一步加强村主职干部队伍建设的若干意见》的颁布，湖北省村干部的管理体制发生了较大幅度的变动，主要体现为通过大幅提高村主职干部待遇的方式基本实现了地方政府对村主职干部的行政化管理和控制，村主职干部被吸纳到上级政府的行政管理体系之中。

　　该意见指出，各县（市、区）需按照当地副乡镇长工资水平确定村主职干部工作报酬的底线标准。这极大突破了中共组织部颁布的《关于加强村党支部书记队伍建设的意见》以及湖北省 2009 年颁布《关于进一步建立健全村干部激励保障机制的若干意见》所规定的村

---

　　① 详见中共湖北省委政策研究室课题组《关于湖北省村干部报酬待遇问题的调研报告》，《中国延安干部学院学报》2015 年第 2 期。

　　② 详见中共湖北省委政策研究室课题组《关于湖北省村干部报酬待遇问题的调研报告》，《中国延安干部学院学报》2015 年第 2 期。

主职干部工作报酬不低于当地农村劳动力平均收入水平的底线标准。该意见同时提出，建立村主职干部工作报酬与当地副乡镇长工资同步调整机制，村主职干部工作报酬所需资金由省、市、县、乡四级财政共同负担，其中县是承担主体。在提高村主职干部报酬的基础上，推行"基本报酬＋绩效报酬"的结构报酬制。其中基本报酬占报酬总额的60%—70%，按月发放；绩效报酬占报酬总额的30%—40%，由乡镇党委和政府根据村主职干部年度业绩考核情况确定不同档次，年终一次性发放。此外，该意见明确提出了村主职干部全脱产的要求，且比照乡镇领导班子成员，对村主职干部统一建档，加强规范管理。可以说，村主职干部已经完全公职化。

另外，2010年修订版《中华人民共和国村民委员会组织法》去除了村干部不脱产的说法，只是强调对村民委员会成员，根据工作情况，给予适当补贴。可见，村干部的专职化已经具备正式的法律基础。从湖北省与村干部有关政策的历史演进中可发现，在公共财政资源的硬约束下，湖北地区只能建立针对村主职干部的行政控制体系，而无法覆盖所有村干部，将所有村级组织成员整体性吸纳。下文将以湖北巴东县、秭归县等地经验为基础呈现当地村级组织的行政化改革实践。

二　村级治理半行政化：以巴东县村级治理行政化改革经验为基础

村级治理半行政化是相对于村级治理行政化提出的概念，它表达的是村级治理行政化的不完全实现状态。在半行政化的村级治理格局下，政府权力只能达到对村庄治理的部分渗透。这又集中体现在对村级组织官僚科层化改造的不彻底，致使乡镇政府与村级组织完全的制度性控制关系无法确立。与之相应，政府建立的各项规章制度、行政规范也会因为乡镇政府对村级组织正式约束能力的缺乏而难以得到切实贯彻。

从湖北地区村级治理行政化改革的经验来看，各地方政府也主要从村干部激励体系改造、村干部工作模式改革以及村干部选任制度的构建等层面展开。只是，各地方政府在具体的进度和做法上存在些许差异，但并没有影响整体的改革走向。在地方财政资源的约束下，大多地方政府仅是根据湖北省 2015 年颁布的《关于进一步加强村主职干部队伍建设的若干意见》文件精神将村主职干部待遇提高、建立以村主职干部为主体的晋升机制，以及在前述激励机制的基础上，强化对村主职干部的考核和管理。由此，村级治理半行政化在当地主要表现为地方政府只将村主职干部纳入政府行政管理体制之中且强化对村主职干部的行政规范管理，村级组织之中的其他村干部依然保留兼业、不脱产的"农民"底色。在这种情况下，政府的行政意志只能依托正式制度体系传递至村主职干部身上，而缺乏对其他村干部的强势约束力。

巴东县位于湖北省西南部、长江中上游两岸。截至 2016 年该县下辖 1 个开发区、13 个乡镇、491 个行政村（居委会），总人口 57 万人。该县 2017 年地区生产总值为 103.4 亿元，地方财政总收入为 9.5 亿元①。

2015 年，该县全面贯彻湖北省《关于进一步加强村主职干部队伍建设的若干意见》文件精神，将村主职干部待遇提高，其他村两委成员的待遇变动幅度不大。在绝大多数村庄为书记、主任一肩挑的情况下，该县只需提高书记一人的工资待遇。以表 2-3 所示的高镇为例，当地村干部待遇被分成三个等级：第一等级为书记，拿一类工资，3.876 万元/年；第二等级为村副主任、纪检委员，拿二类工资，1.144 万元/年；第三等级为其他委员，拿三类工资，2200 元/年。与此差异极大的等级工资体系相对应，地方政府对村干部实行差异化管理，具体表现为地方政府只要求村主职干部脱产，专职从事村务工作。针对村主职干部的坐班情况，上级会组织工作人员不定期检查，发现一次扣除 0.5 分。村主职干部有事需向乡镇党委书记请假，当天不能返回也需及时请假。还规定村主职干部需每周定期入户走访。同时，也仅将村书记的工资分为基本工资和绩效工资，基本工资按月发放，绩效工资年终考核一起发放，绩效工资占比为 40%。诸如党建、计划生育以及安全检查等工作，都是一票否决。

---

① 参见《2018 年巴东县人民政府工作报告》。

此外就是对村务管理规范化的要求提高，特别是要档案化。档案、报表等工作也被纳入对村主职干部的考核范畴，诸如维稳、矛盾纠纷调解以及安全生产管理等工作都需要做相应记录，做到办事留痕。这些软件工作的好坏也直接与村主职干部的工作绩效相挂钩。地方政府对其他村干部不作具体要求，其他村干部依然是兼业不脱产的，只需轮流坐班。据调查了解，高镇拟从2018年开始实行村干部选举前的考核筛选制度，即有意竞选村干部的村民必须先经过乡镇党委政府的笔试和面试考核，才有资格成为村干部候选人。这一选举门槛的设定，增加了乡镇对村干部人选的选择权力。学历、年龄成为重要的考核标准，以应对国家治理转型背景下农村基层治理电脑办公、无纸化办公的现代化要求。

表2－3　　　　　　　　　高镇沙村村干部基本情况统计

姓名	年龄	职务	待遇（元/年）	副业
李成	51岁	村书记	38760	无
周永	44岁	村副主任	11440	武汉搞建房工程
苏远	39岁	村副书记	11440	开幼儿园
刘武	62岁	村副书记	11440	无
刘新	48岁	纪检委员	11440	滑坡治理工程
陈玲	52岁	安检＋报账	2200	无
王丽	30岁	计生专干	2200	理发店

　　巴东县的村级治理行政化改革举措在中西部地区具有一定的普遍性。由于地方公共财政的限制，中西部地区绝大多数地方政府只有将部分村干部纳入行政考核、管理和监督体系的能力，其他村干部依然遵循传统的管理模式。正是因为财政资源的客观约束，在国家或省级要求提升村干部待遇的行政压力下，较之于将所有村干部或村级组织整体吸纳至政府行政管理体制之中以达到治理村庄社会的目标，采取提高村主职干部待遇进而加强对村主职干部管理的方式通常是各地方政府更为理性的选择。因此，从这个角度来说，村级治理的半行政化

构成了全国村级治理行政化改革背景下广大中西部地区农村的主导样态。

三　村级治理半行政化的治理后果

近年来我国全面推进村级治理行政化改革的政策目标主要有以下两点：一是解决村干部的工作激励问题，提高村干部的工作积极性；二是增强村级组织服务群众的能力。它们遵循的实践思路为，试图通过构建村干部与地方政府之间以正式行政资源为基础的利益依附关系来确立政府对村干部的制度化动员、控制、监督和管理关系，实现以村级组织为基础的村级治理行政化，使村级组织成为乡镇政府的下属层级。然而，如上文揭示，由于中西部地区各地方政府财政力量有限，根本不具有将包括所有村干部在内的村级组织进行整体性官僚科层化改造的能力，无法建立如具有强大政府财政支撑的江苏溧水区各乡村之间以村干部公职化为基础的组织化控制体系，只能采取将村主职干部吸纳到乡村行政控制体系的举措，由此型构出一种村级治理的半行政化状态。但是，这种财政资源硬约束下的村级治理半行政化呈现出来的是一种完全行政化治理无法实现而原来传统的自治型村庄治理又被破坏的状态。这不仅没有提高村级组织的治理能力，反而带来了系列不良后果。

（一）村级治理权责结构的失衡

在村级治理半行政化状态下，仅有村主职干部深度嵌入地方政府的行政系统中，地方政府试图通过对村主职干部的行政控制达到其意志贯彻和村庄有效治理的目标。于是，村级治理的压力主要集中在村主职干部身上。在村书记、村主任一肩挑的情况下，村级组织的治理压力便转化为以书记为主体的个人压力。但是，村级治理事务无法依靠单独的个人完成，而是需要所有村干部的共同配合、分工和协作。地方政府只提高村主职干部待遇以及强化对村主职干部管理的做法却极大拉开了村主职干部与其他村干部之间的差距，造成了乡村动员系统的断裂。即乡镇可以对村主职干部进行行政动员，压力型体制特征可经由村主职干部在利益上对乡镇政府的依附来实现向村主职干部的传导。但由于村主职干部不论是身份性质（公职化）还是工作待遇都与其他村干部（依然是半正式化和兼职化的）有天壤之别，以致村主职干部与其他村干部之间的行政控制和动员关系无法建立，上级政府的行政压力无法经由村主职干部实现向其他村干部传递，由此出现乡镇—村主职干部—其他村干部这一动员系统的断裂。

此外，村级治理的半行政化状态还会造成原来自治型村庄治理体制依靠人情、面子等乡土性资源的非正式和社会性动员手段失效。村主职干部身份性质与工资待遇与其他村干部之间的断层，会在极大程度上造成其他村干部心理的不平衡，进而使其他村干部产生消极和不配合村主职干部工作的行为，村级治理成为村主职干部个人的责任。即村级治理半行政化形塑的是一个权责在村干部之间分配高度不均衡的村级治理架构，尤其体现为村主职干部权小责大的失衡性权责分配格局。一方面村主职干部承担村庄主要治理责任；另一方面上级政府输入的行政治理资源的有限性以及村集体经济的缺乏使村主职干部缺乏动员其他村干部参与村庄事务的物质性资源，而人情、面子等社会性动员手段又趋于解体。村主职干部承担的治理责任与其拥有的治理资源之间存在严重的不匹配，致使村级治理陷入困境。村主职干部不仅是村庄领导者，同时也成了具体办事员。

近年来，环境卫生工作已经成为上级政府对村干部的重点考核工作，湖北巴东县也不例外。巴东县正着力开展六城同创活动，对村庄环境提出了"扫干净、摆整齐、讲文明"的要求。每年有 3 次检查，全程摄像和录音，乡镇政府会根据考核情况对各村评比。排名靠后的村书记要在大会上接受上级领导的批评，同村的其他村干部不用参会。这种公开的评比和考核机制对当地村书记造成了极大压力，其他村干部则处于这种考评机制之外。从巴东部分农村的调查情况来看，由于村书记缺乏对其他村干部动员的有效手段，到最后，环境卫生管理基本沦为村书记一个人的事情。薄弱的村集体经济又使村书记无力聘请专门人员管护村庄环境卫生。为了通过上级政府的检查以及不在全镇面前丢失脸面，村书记们往往是亲自打扫、管护村庄环境卫生。这极大增加了村书记们的工作负担。

为了克服实际工作开展过程中对其他村干部的动员困境，当地普遍出现了村书记私下主动对村干部的工作报酬进行调节的行为。具体来说，主要有两种操作方式。第一种方式是，村书记将自己的工资与其他村干部（特别是得力村干部）平分。据了解，高镇采取此种方式的行政村大概能占到70%。一般来说，这些村的村干部能力相对均衡。如果村书记不将工资平分，很多工作将无法开展，甚至可能出现其他村干部故意捣乱和作对的情况。第二种方式是，村书记从自己工资里拿出部分来购买其他村干部的服务。高镇沙村村书记就从工资里拿出8000元，作为对承担较多行政事务的村中其他两名村干部的补贴。采取此种方式的行政村大概能占到10%。剩下的20%行政村则依照制度规定运行，这些村的村书记工作能力强且较为强势，村里的绝大部分工作也自然由村书记亲自负责。

但是，村庄的上述私下调节行为依然是一种利益动员，原来自治型村庄治理体制下依托面子、人情等乡土资源的社会动员机制无法得到修复。另外，这种私下调节行为仍是以降低村书记的工资待遇为前提的，这意味着相关制度文件企图通过大幅度提高村主职干部待遇以激励其工作积极性的初衷在一定程度上被消解。这必然又会陷入村干部整体工资待遇偏低而工作积极性弱化的原点难题之中。按照制度规定运行的村庄，每年3.8万元的工资待遇不足以支撑由村书记一人主导承担村级治理事务的工作机制。因此，从长期来看，此种做法并不具有可持续性。

在原来自治型村庄治理体制下，所有村干部之间的身份属性以及工作待遇相差不大，彼此能形成强烈的身份认同，且多依靠孕育于村庄内的社会关系纽带联结和整合。虽然村书记拥有的行政治理资源以及其他物质资源非常有限，但其却可以利用乡土社会的人情、面子等非正式的社会性资源弥补。因此，这一治理体制下的村干部之间的权责配置是相对均衡的。

秭归县也是根据湖北省2015年颁发的《关于进一步加强村主职干部队伍建设的若干意见》文件精神，将村主职干部待遇提高至3.8万元/年。考虑到村主职干部待遇提高而其他村干部待遇偏低可能带来的村干部不团结问题，该县同步提高了村副职干部的待遇，约为村主职干部待遇的80%，即3.04万元/年。村副职干部待遇提高部分由县财政承担。村干部待遇额度的大幅提高直接改变了之前的"误工补贴"性质,成为每月领取固定额度的工资。与村干部待遇提高相伴随,地方政府对村干部的管理要求相应提高。最基础的便是要求所有村干部脱产,专职从事村务工作,实行严格的八小时工作制,周一至周五正常上班,周六、周日由村干部轮流值班。村干部坐班情况被纳入考核体系。该县的做法从一定程度上克服了村干部之间因待遇不公造成的治理难题,但它是以县级政府巨大的财政负担为代价的。

秭归县隶属湖北省宜昌市,位于湖北省西部,也是山区农业大县。该县下辖12个乡镇、6个居委会、186个行政村,2016年总人口为45万人。2017年地区生产总值为126亿元,该年的公共财政预算收入为7.42亿元①。全县186个行政村,每个行政村按5名村干部计算,平均每人年均工作报酬按3万元计算,那么全县仅村干部报酬支出就需要2790万元。这对于公共财政预算收入仅为7.42亿元的县来说,无疑是笔巨大的开支。

(二) 动员村庄社会能力的消解

村干部执行国家政策和处理村庄事务的能力不仅体现为对村级组织成员的整合能力,而且取决于村干部对村庄社会的动员能力。对村庄社会的动员能力包括两方面的内容:一是村干部对以小组长为代表的村庄内生辅助性治理主体的动员能力;二是村干部对村民的动员能力。一直以来,村干部对这两类主体的动员主要依靠人情、面子、关系等村庄乡土性资源。但是,村级组织的半行政化状态却极大瓦解了村干部动员乡土性资源的能力。其中的逻辑与上文分析的村主职干部存在的对其他村干部动员困境具有内在一致性。

长期来看,村干部与以小组长为代表的辅助性治理主体之间主要是一种强社会性而非行政性的非正式动员关系,小组长的工作待遇来自村集体经济收入,属于误工补贴性质。据相关调查资料了解,秭归县归州镇全镇有76个村民小组、76个小组长,2012年组长的年平均工作报酬为1151元,最高的村为2155元,最低的村为571元②。

---

① 参见《2018年秭归县人民政府工作报告》。
② 《关于湖北秭归县归州镇村干部待遇的调查与思考》,http://www.wenku1.net/news/FF00CFDF2BBDBC34.html,最后访问日期:2018年10月20日。

2015 年，湖北全省村主职干部工作报酬实现了普遍提高，但是小组长的工作报酬依然维持原有水平。笔者及调研组成员 2016 年、2017 年在湖北省秭归县和巴东县的调研都发现，小组长的工资报酬年平均为 1000 元左右。村干部待遇的提高，极大拉开了村干部与同样为村民服务和参与村庄治理的小组长、村民代表以及积极分子等人群的报酬差距，致使这部分人群心理产生了强烈的不平衡感和相对剥夺感。就如很多小组长所说，"凭什么村干部坐在办公室拿工资，活儿都让我们做"。在巨大的报酬差距下，人情、面子等乡土资源在他们这里也失去了效力。于是，村干部对这部分人群通常只能采取直接的经济利益动员，即以花钱买服务的方式开展工作。但是，中西部地区空壳化的村集体经济难以持续支付这一治理成本。

从村干部与村民的关系来看，将村干部工资报酬大幅度提高以及将之纳入养老保障体系的公职化做法，直接造成了村干部在村民心中的"官员化"印象，村干部"村庄当家人"的身份色彩被弱化。村干部与村民身份距离的拉开意味着他们之间的关系由原来自治型村庄治理体制下的村内人关系转化为政府与村民的关系。这一关系性质的转化可能造成两重后果。这两重后果都是村干部公职化后，村干部与村民基于村庄地缘关系所生发的社会性、文化性关联被剥离后，诸如人情、面子、关系等各类乡土性资源失效的直接表达。

一重后果为，村民对村干部不信任心理的出现。比如他们会产生"村干部如今是国家公务员了，当然是为政府说话了，哪有会考虑我们的道理"这种不信任心理。在这种心理基础下，村干部给村民做工作的难度会增加，需要花费更多的时间和代价。很多时候，村干部不得不利用经济利益手段动员村民配合他们的工作，这又进一步增加了村级治理成本。

另外一重后果是，会助长村霸①的生成。村干部公职化举措将村干部从与村民的社会、文化关联中抽离出来，使之成为政府代理人。在国家治理转型背景下，随着服务型政府理念向基层社会的渗透和维稳要求的提高，村民口中的"烂人""歪人"等群体通常会利用上访

---

① 本书所言之村霸，或曰"刁民"，即村庄中的违规者。

等方式要挟村干部以获得不合理利益。在原来自治型村庄治理体制中村干部还保有突出社会性的情况下，村干部与村民之间主要表现为村内人关系，村民对村干部能产生基本的心理和情感认同，从而成为村干部工作的重要支持力量。这些"烂人""歪人"无理挑战村干部权威的行为也往往会招致他们的议论、批评和孤立，并形成对其他村民的警示效应，而不会为其他村民模仿。但是，村干部与村民之间的关系转化为政府与村民之间的关系后，其他村民会将之视为与己无关的事情，秉持"事不关己、高高挂起"的态度，迫于各种压力，村干部常见的处理方式是让渡部分利益达到"息事宁人"的目的。但是，这极易在村庄中产生不良的示范后果，形成"老实人吃亏、村霸得利"的舆论氛围，最后出现村霸滋长的现象，村庄基本的公平、正义伦理被打破。

（三）村级治理队伍的削弱

在财政资源的硬约束下，地方政府为了达到上级政府给定的村级治理行政化的各项改革标准，往往会出现其他附带性的改革举措。村级治理行政化改革除了提高村干部的工作待遇以形成村干部与地方政府之间的行政隶属关系外，还包括基本的硬件建设，其中花费资金较多的要数标准化的村干部办公场所即村部建设。为了尽可能减少财政开支，合村并组以减少村干部数量和减少村部建设数量成为地方政府的理性行为选择。这在巴东县、监利县都有体现，其中又以监利县的合村并组运动最为典型。

巴东县和监利县在湖北省村级治理行政化改革压力下，分别于2014年和2017年启动了合村并组工作。巴东全县400多个行政村被合并为322个，该县高镇就将原来的58个行政村合并为40个，其中有38个行政村是书记、主任一肩挑。与巴东县相比，监利县的合村并组力度更大。监利县是2017年8月初启动合村并组工作的，全县638个行政村缩减至323个，减幅达49.4%。该县合村并组的直接起因是省和荆州市要求每个村都要配备一个建筑面积为300—500平方米的村部，且必须在3年内达标。据匡算，新建一个300平方米的村部至少需要120万元①。监利县按照638个行政村计算，总共需要

---

① 《监利"合村并组"改革纪实》，http://www.jianli.gov.cn/Item/14397.aspx，最后访问日期：2018年10月25日。

7.6 亿元，而该县 2017 年的财政总收入才 12.96 亿元①。合村后的监利县各村人口规模为 3000—5000 人，又以 4000 人为主，原来人口为 1000 人左右的村庄基本被合并。

与合村相关的是村干部数量的大幅减少和村域范围的大幅扩大。按照政策要求，每个行政村的村干部数量为 3—5 人。按照每村 5 名村干部的数量计算，那么全县村干部的数量大约减少 1500 人，占比达到 50%。村庄人口规模的增加、村域范围的大幅扩大以及村干部数量的急剧减少必然会带来落实到每个村干部身上的工作量的成倍增加，甚至使他们仅有余力应对国家下达的基础性行政事务。村庄内部的其他公共基础设施的管理和维护，以及村民矛盾纠纷等，都很难得到村干部的即时处理，村干部与村民打交道的能力被极大的削弱，干群距离进一步拉大。

通过合村并组减少村庄和村干部数量的做法，高度弱化了农村基层治理力量，造成村级治理力量与治理单元的严重不匹配。在财政资源硬约束下，村级治理行政化改革过程中的经济性考虑带来的是村级组织治理能力的弱化和治理效能的降低。

四 责权利对称行政治理机制的构建困境

以村级组织官僚科层化改造为基础的行政化村级治理是需要强大地方公共财政作支撑的资源密集型治理，关键又在于权责利对称机制的建立。责权利对称是最基础的行政原则，只有责权利对称达到治理的均衡，从而实现持续有效的行政。一般来说，"责"指应当担当或承担的责任，内含在相应职位对应的职责目标中。"权"是权力，是个人职责范围内被赋予或拥有的支配力量②。在农村基层治理中，"权"相当于"治权"③，即村干部配置相应治理资源和治理手段的能力。在行政化治理中，村干部的"治权"主要体现为其配置行政治理资源和手段的能力，包括物质资源和制度资源等。"利"通俗地讲

---

① 参见《2017 年监利县人民政府工作报告》。
② 鲁贵卿:《管理中的"责权利"平衡之道》,《施工企业管理》2016 年第 3 期。
③ 申端锋:《治权与维权: 和平乡农民上访与乡村治理 1978—2008》,博士学位论文,华中科技大学, 2009 年。

就是"利益",它包括物质利益和精神利益两个层面,其中物质利益又为最基本的利益类型。

由于财政力量的限制,中西部地区地方政府普遍缺乏将村级组织完全官僚科层化、构建责权利相对称的行政治理机制的能力,最终只能达成一种村级治理半行政化状态,责权利高度不对称。这体现在,村级组织所承担的行政责任和行政事务呈现出成倍增加的态势,地方政府对村干部,尤其是村主职干部的管理和考核要求大幅提高。但是,财政有限的地方政府又不能为村干部提供充分的供其调动和利用的行政治理资源和手段。高强度的职责和有限的行政治理资源极大突破了对一个全职性劳动力来说 3.8 万元/年的工作报酬所能达到的激励限度,责重权小利少的格局不利于村级治理工作的持续展开。

在原来的自治型村庄治理体制下,村干部的兼业化使其可以通过自己的生产经营活动获得不低于村庄中等劳动力水平的收入,村干部身份的社会性使其可以通过动用村庄内部的人情、面子、关系等乡土资源弥补其行政治理资源和手段的不足,从而在总体上达到一种责权利相对均衡的治理状态。或者说,原来自治型村庄治理体制蕴藏的行政意义上的责权利不平衡,反而构成了村干部为完成国家行政任务以及村庄治理任务最大限度调动体制外资源的动力机制。当前中西部地区农村普遍推开的村级治理行政化努力,不仅没有建成权责利对称的行政治理机制,让村级治理在行政体制的框架内展开,反而破坏了原来自治型村庄治理体制下村干部对村庄社会治理资源的动员能力。此外,与为推动村级治理行政化所产生的合村并组运动相伴随,村干部数量的锐减、村庄治理单元的扩大以及村庄人口规模的增加,又进一步造成了村干部有限行政治理资源的稀薄化。

这些都必然会极大损害村干部的工作积极性,使其产生选择性治理行为,采取最低限度的底线治理,比如仅对上级政府最为关心的维稳、安全等方面的工作集中投入资源和精力,而对村民普遍关心的生产、生活设施建设等方面的治理内容持漠视态度。从这个角度来说,村庄治理体制的选择需要考虑既有的资源存量结构,否则不仅不能提高村级治理能力,反而会更大程度地弱化村级治理能力,由此带来严重的治理后果。

第四节　小结：村级治理行政化改革与村级治理能力弱化

当前中国农村基层治理体制改革总体上朝村级治理行政化方向发展，各地方政府主要采取将村级组织进行官僚科层化改造的方式构建村级治理行政化格局。依托现代科学技术发展而来的技术治理手段极大增强了国家权力向村庄治理的渗透力度，起到了强化村级治理行政化面向的效果。村级治理行政化意味着原来自治型村庄治理体制下村庄依靠民主自治方式开展村庄工作的治理逻辑的瓦解，几乎所有村庄事务都被吸纳至行政化的治理逻辑当中，在官僚科层系统之中处理。在行政治理逻辑下，村庄社会或是村民处于治理缺位和失语状态，村级治理的自治面向被消解。在村级治理行政化的格局下，几乎所有村庄公共事务甚至村民私人事务都被纳入国家治理体系，政府行政权力成为处理这些事务的主要驱动因素。

但是，现阶段村级治理行政化改革面临的更大挑战是中西部地区政府财政薄弱。对村级组织进行官僚科层化改造需要雄厚的政府财政资源作支撑，行政化村级治理属于资源密集型治理，几乎所有村级治理成本都需由政府承担。中西部地区村级治理行政化改革由于受地方财政力量有限的约束，很难构建起完全的村级治理行政化格局，只能实现村级治理半行政化。在当前中国仍处于发展中国家的阶段下，中央财政也不具备承担各地方村级治理行政化改革成本的能力。这意味着村级治理半行政化的局面不可能在短期内改变。

村级治理半行政化是一种村级治理行政化的不完全实现状态，具体表现为村级组织官僚科层化改造的不彻底，村干部中往往只有村主职干部被吸纳到政府行政管理体制之中，政府权力只能对村庄治理实现部分渗透。与之相应，政府向村庄输入的各项制度、行政规范因为乡镇政府对村级组织的不完全控制而难以为所有村干部践行，规则治理无法达成。与此同时，整个村级治理陷入责权利平衡的行政原理无法实现而原来以动员社会资源为主的责权利相对均衡的村庄治理体系又被打破的困境之中，村级治理能力未升反降。

第三章　村庄事务结构与村庄
治理的动员性

村庄治理是针对村庄公共事务的处理，它既包括村庄内生的公共事务，也包括政府下达至村域范围的各项事务，二者构成村庄公共事务的两大来源。有效的村庄治理是村庄治理体制与村庄公共事务相匹配的治理，不适合村庄公共事务的治理体制，不仅效率低下，而且会破坏村庄秩序、影响村庄发展。因此，对村庄治理体制改革方向的探索离不开对村庄公共事务结构的研究。本章将从城乡关系视野对我国中西部地区农业型村庄的治理进行定性，厘清政府与村庄的关系，在此基础上剖析村庄公共事务的数量结构和质性结构，并分析当前广泛推开的行政化村庄治理体制建设与中西部地区农业型村庄的适配性，最后揭示中西部地区村庄治理的基本原理。

第一节　并立型城乡关系与村庄
治理的农村属性[①]

并立型城乡关系表示城市和乡村是两个空间相对独立的生产、生活系统，二者的经济形态、居住形态以及人们之间的关系形态都存在截然差异，呈现出并立型特征。处于此种城乡关系形态下的村庄治理事务及其性质与城市地区不同，同时也与东部发达地区已经完成向现代城市社会转型具有类城市特征的工业型村庄有所不同，由此它们对治理体制的需求存在差异。具体来说，人口迁移型城市化和城市经济

---

① 本部分所用村名皆为化名。

发展的有限性是中西部地区并立型城乡关系的重要形塑机制。人口迁移型城市化路径没有打破农村与城市之间基础产业格局和空间界限，城市经济发展的有限性意味着城市吸纳农村劳动力以及城市功能向农村地区扩展能力的有限性，致使农村与城市是两个边界相对清晰且相对独立的经济社会系统以及治理系统。

自中华人民共和国成立以来，全国农村的发展变迁大致经历了三个阶段。

第一个阶段为中华人民共和国成立至改革开放前期的农村均质化发展阶段。在这一阶段，全国实行统一的人民公社体制，农村社会相对封闭，农民流动性低，在村集体的统筹和安排下进行农业生产。全国农村都呈现为以农业为基础的空间性质，村庄治理事务都是从农业生产中衍生出来的。

第二阶段为改革开放之初到税费改革前后农村分化的形成阶段。中国农村的分化直接源自 20 世纪 70 年代末 80 年代初开启的村庄工业化进程，产生了以苏南地区为代表的集体工业发展模式、以浙江为代表的个体私营经济发展模式以及以珠三角地区为代表的集体物业经济发展模式三种工业化发展模式。东部沿海发达地区农村处于农村工业化发展的先锋地带。到 20 世纪 90 年代，在国家政策引导和政府推动下，全国几乎所有农村都进入了"村村点火，户户冒烟"的村庄工业化时期。但由于中西部地区各种先天和后天条件的不足，农村工业化的程度、规模以及辐射面等都与东部沿海发达地区存在很大差距，农民并不能完全脱离农业生产，以致他们仍然高度依赖土地。中国农业型村庄与工业型村庄的分化在这一时期已现雏形。

第三阶段为税费改革后中国农村分化的定型阶段。依托 20 世纪八九十年代良好的工业发展基础，东部沿海地区的农村工业化进程得到继续推进。农民就业基本实现非农化，农业生产处于绝对的附属地位，工商经济成为村庄主要的产业基础。这一时期，中西部地区的村庄工业化已陷入破产状态，走向失败。与之相应，越来越多的农村青壮年开始向沿海发达地区流动，进城务工经商。中西部地区农村完全回归到原来的农业生产状态。中国农业型村庄与工业型村庄的分化正式定型，其区域表现是中西部地区农村与沿海发达地区农村的分化。同时形塑了农民的

"迁移城市化"和"在地城市化"两种城市化模式。

　　新时代背景下，随着市场经济的进一步发展、国家对农村土地管理的日趋严格以及民众对生态环保的日渐重视，中西部地区农村已然不具有重走和复制沿海地区农村工业化道路的可能，进而实现农民的"在地城市化"，只能遵循人口向城市流动的"迁移城市化"路径。"人口迁移型城市化"模式体现为农村人口向城市空间的集中和聚集，它呈现的是人口的空间转移过程。在这种城市化模式下，农村的农业型特征和农村空间形态并未发生实质性改变。这不同于珠三角、苏南等地的农村，其最基本的经济基础都已经发生彻底改变，实现了工商化，农村的经济、生活、社会系统都已经与城市趋同并与城市高度融合。中西部地区农村与城市依然分属于两种性质截然不同且相对独立的经济、生活、社会系统，城乡关系亦表现出并立型特征，如图 3 - 1 所示。

图 3 - 1　并立型城乡关系

注：圆圈黑线为城市与乡村的空间边界。

　　此外，中国的城市化进程具有渐进性，是一个长期过程，中国城市整体的经济发展程度还不足以为所有农民提供稳定的就业机会和社会保障体系。然而，我国区域经济发展的不均衡性，在一定程度上又决定了农村城市化速度的区域不均衡性。较之于沿海发达地区，中西部地区农民的城市化速度更为缓慢。对中西部地区绝大多数农民家庭而言，他们很难一次性完成城市化，而多是在城乡之间多次往返。为了更大程度地积累城市化发展资源，绝大多数农民家庭形成了以代际分工为基础的半工半耕模式[1]，即年轻人进城务工经商、老人在家务

---

[1]　夏柱智、贺雪峰：《半工半耕与中国渐进城镇化模式》，《中国社会科学》2017 年第 12 期。

农获得农业收入，以实现家庭劳动力配置效率的最大化。

据估计，我国城镇化发展到现在，农村还有 5.7 亿人，即使到 2030 年城镇化率达到 70%，农村也还有 4 亿多人①。

城市经济发展的有限性以及"小城市、大农村"的城乡分布格局决定中西部地区的城市发展不具备吸纳所有农村或大多数农村劳动力的能力，而且城市空间和功能向农村地区的拓展也具有缓慢性。至少在相当长的时期内，中西部地区的农村与城市都将处于一种并行发展且相对独立的状态，农村的"农村"形态不会发生根本改变。这意味着中西部地区农村在相当长的一段时期内，仍然是农民生产、生活的重要场所，农民具有在村庄中获得基本公共服务和公共秩序的需求，以小农为基础的农业生产形态也将持续存在，中西部地区的村庄治理也仍然是以血缘和地缘为基础的传统农业型村庄治理，"农村"形态得到了较为完整的保存和延续。因此，中西部地区村庄治理的本质是"农村"属性。

第二节 村庄治理目标的保底定位与村庄事务的数量结构

一 村庄治理目标的保底定位

政界和学界普遍存在两种主导的乡村管理与建设思路，分别是经济发展思路和政治造点思路，这两种思路也是我国中西部地区乡村管理与建设的主导思路。经济发展思路包括两方面的内容：一是促进集体经济发展；二是带动农民增收。从目前各地农村的实践情况来看，比较常见的做法是整合农村土地资源，交由资本或村集体经营，同时打包各类政府项目资源以及社会资源打造乡村旅游。经济发展思路下的农村治理遵循发展主义逻辑。政治造点思路在具体实践中主要表现为各类新农村示范点建设，其主要服务于地方政府的政治目标，为政

---

① 陈锡文：《中国农村还有 5.7 亿人，判断乡村情况要靠科学统计而不是返乡故事》，https：//baijiahao.baidu.com/s？id=1625410098411523599&wfr=spider&for=pc，最后访问日期：2019 年 2 月 14 日。

治宣传以及领导参观提供标本①。一般来说，新农村示范点的建设标准非常高，不论道路、路灯等公共基础设施，还是农民的住房改造，抑或是环境卫生管护都是高标准要求，与之相伴随，是大量财政资源的投入以及村级治理要求的提高。村级治理要求的提高意味着村干部需要投入更多的时间、精力和资源用于村庄公共基础设施以及环境卫生的管护，村庄治理事务相应增多。在地方政府财政资源有限的情况下，此种乡村建设模式具有不可复制和不可推广性，只能陷入政治造点的逻辑之中。此外，政治造点的做法还会造成拉大村庄之间差距的后果，公共财政资源失去了基本的分配正义。接下来将着重分析农村治理发展主义逻辑的不可行性。

在农村工业化路径已经不可能的前提下，农村经济的发展只能依托以土地为基础的农业以及以农村空间为基础的乡村旅游业。一般来说，农业天然属于弱质产业，农业生产剩余有限。由于种植环节低利润、高风险和低收益，以及层级化管理体制带来的交易成本的提高，各地农村大力推动的资本下乡、依靠资本经营大规模土地的农业经营模式普遍面临倒闭和破产困境，资本走向退出生产种植环节，将土地重新分包给小农户经营的道路②。农业整体的经济生产效益未得到提高，促进农民增收的幅度有限。此外，在我国农村人口无法完全向城市实现一次性转移的情况下，仍有大量的农民需要经营土地，小农生产模式依然是我国农村主导的农业经营模式，规模化经营空间有限。

以农村空间为基础的乡村旅游业在农村并不具有广泛适用性，它主要受两方面因素限制，分别是市场价值和市场空间的限制。乡村旅游的市场价值主要取决于其所处的区位和乡村风光的特色程度，这决定了其对消费者的吸引力。但是，中国绝大多数农村很难具备上述两个条件。此外，我国乡村旅游的市场空间也是极其有限的。一般来说，乡村旅游的市场消费主体主要是城市中产阶级，乡村既是他们乡愁情结的寄托，也是他们暂时离开城市的钢筋水泥获得身心愉悦的重

---

① 贺雪峰：《谁的乡村建设——乡村振兴战略的实施前提》，《探索与争鸣》2017年第12期。

② 陈靖：《进入与退出："资本下乡"为何逃离种植环节——基于皖北黄村的考察》，《华中农业大学学报》（社会科学版）2013年第2期。

要场所。但是，当前中国还是发展中国家，城市化程度依然不高，城市中产阶级的数量也不够庞大。这决定了乡村旅游市场空间的有限性。相关学者估计，全国有 60 多万个行政村，其中通过打造乡村旅游并能从中赢利的不超过 1 万个，并且多集中在大城市、特大城市郊区以及沿海发达地区，包括少量的风景名胜区，总量不超过全国村庄的 2%①。企图通过发展乡村旅游以实现村集体和农民增收在我国广大中西部地区农村并不具有广泛适用性。

因此，在剖析当前盛行的经济发展思路和政治造点思路的可行性和可推广性的基础上，我们需要对农村治理的方向和目标重新定位。一是对我国广大中西部地区来说，农村治理的方向和目标需要在以下几个方面因素共同构建的环境中定位：第一，中国的城市化速度及与之相应的城乡关系状况；第二，也是第一点的延伸，农民与农业、村庄之间的关系；第三，国家（地方政府）财政状况。这三个因素相互影响和形塑。城市化是中国现代化的重要组成部分，随着城市化的发展，农村必然要经历一个人、财、物不断向城市流动的萧条过程。二是中国城市化进程的长期性意味着所有农民并不能在短期内完全实现城市化，而需要农村作为其退守的空间。这两点构成了中西部地区城市化的重要特征，也是中西部地区并立型城乡关系形成的重要机制。

在目前国家（地方政府）财政资源无法构建完善的农村社会保障体系以及农民还不能完全实现城市化的情况下，农民还需要依托农业、农村生活。从这个角度来说，中西部地区的农业就不纯粹是农业问题，也不能单纯从经济效益的角度考虑。中西部地区的农业还承担着农村老人养老的社会保障功能，以及为农民的城市化提供资源支撑的功能。也因此，小农户作为土地或农业的生产经营主体在目前仍具有合理性和必要性。

另外，中西部地区的农村和农业还发挥着吸纳村庄弱势劳动力的兜底功能。城市化进程中，能够流入城市务工市场以及在城市安居的

①　贺雪峰：《谁的乡村建设——乡村振兴战略的实施前提》，《探索与争鸣》2017 年第 12 期。

多是农村的青壮年劳动力以及精英，他们有能力应对城市高度竞争的市场环境。常年留守在农村的往往是不具有劳动力优势的老弱病残群体和进城失败的农民群体，以农村土地集体所有制为基础的家庭联产承包责任制便为他们提供了最基本的土地耕种和占有农业经营收益的权利，它构成这部分弱势群体的基本物质生活保障。这也正是中国快速城市化进程中社会能够保持总体稳定、有序的奥秘所在。从这个角度来说，中西部地区的农村和城市具有不同的功能定位，即城市是推动我国经济社会快速发展的动力之源，主要发挥带动地方经济发展和推动城市化进程的功能，农村则是降低和消化城市化风险的稳定器。

由此可见，农村治理的发展主义逻辑在中西部地区农村不仅不可行，而且不必要。在政府财政资源有限的情况下，中西部地区农村治理也并非要达到城市治理的高标准。中西部地区农村治理的基本目标应该是为在村农民群体提供最基本的生产、生活服务，秉持保底建设的维持主义逻辑，遵从农村社会发展的自然秩序。

二 村庄事务的数量结构特征

中西部地区村庄治理目标的"保底性"决定国家应该以村庄社会的自主治理需求为本位确定其对村庄治理的干预程度，而非用脱离村庄社会治理需求的国家意志规划村庄社会。后者必然会带来国家下达至村的行政事务的增多。主张村级治理行政化的学者的一个重要论点就是，当前国家下达至村庄的治理事务的增多对村级治理行政化存在客观需求。但他们并没有对占据中国农村绝大多数的广大中西部地区农村在中国现代化进程中的功能进行定位，以致对当前政府对村庄治理过于积极的介入缺乏必要反思。在中西部地区村庄治理目标的"保底性"定位下，政府对村庄社会的介入应该以村庄社会的内生需求为基础，政府对村庄应该是一种底线介入，以保证村庄治理的相对独立性。政府对村庄的底线介入与中部地区村庄治理的"农村"属性共同形塑村庄事务的数量结构特征，也构成中西部地区村庄治理体制的结构性处境。

中西部地区村庄事务的数量结构特征主要有两点：一是村庄事务数量的稀少性；二是村庄事务数量分布的不均质性。就前者而言，一方面，中西部地区在村村民仍然是以农业生产为主，村庄事务主要围绕村民的农业生产和村庄生活展开。农业生产体系具有简约、分工程度低的特点，以农业生产为基础所生发出的村庄事务也相对简单和有限。在家庭联产承包责任制的制度前提下，农业生产和管理责任都已基本实现家庭化，村级组织仅需承担超出个体家庭能力范围的与之相关的公共品供给责任，比如组织村民疏通沟渠、公共水利维护等。

另一方面，在务工经济和城市化背景下，人口常年大规模向外流出带来了村庄事务的越加稀少化。一般来说，除却村民生产、生活公共基础设施的建设、管理和维护外，村庄事务的另一重来源是村民与村民之间的互动。在稳定的生产、生活场域中，村民之间互动的密度越高、频次越多，由此生成的村庄事务也就越多，最为典型的是村民间矛盾纠纷数量的增加。但是，随着人口的外流，村民之间的社会关联和以土地为基础的利益关联都在趋于弱化，村民生产和生活的独立性明显增强。这使很多村庄事务缺乏产生的土壤，村庄事务产生的空间被极大压缩。据在中西部地区多地农村调研情况的反馈，从 2000 年前后开始，村庄内的各种矛盾和纠纷数量便呈现急剧减少的趋势。

以湖北省秭归县大村为例。该村共 12 个村民小组，全村 2286 人，常年在村留守村民仅 600 人左右，到东部发达地区务工和本县务工（或陪读）的各有 800 多人。人口大规模流出带来的一个直接后果就是村庄事务的大幅减少。再以湖北巴东县村民服务大厅中"农民办事不出村"服务情况为例。2012 年，巴东县开始在全县农村推广"农民办事不出村"业务，成立服务大厅窗口，建立智能化政务服务统一平台，聘请专人负责该工作。具体办事流程大致如下：需要办理证件或其他业务的农民直接到村委会服务大厅窗口，由专门的业务员网上填写农民相关信息并扫描，将农民信息传递至镇政府。镇政府办理好证件后，再由村干部去镇政府取回交给村民。村民可办理的业务范围不断在扩大，从 2015 年的 50 多项增加至 2017 年的 100 多项，主要包括流动人口婚育证明、婚生证明和死亡注销、补办合作医疗卡、林权砍伐证办理等。各乡镇会对村庄业务量进行考核，巴东县高镇就要求每个村每年的业务量达到 60 件。但是，2016 年的统计数据显示，该年全镇业务量超过 60 件的只有一个村。这间接说明了村庄事务的稀少程度。

　　村庄事务数量在全年还呈现出不均质性。以农业生产为基础所生发出的治理事务不仅相对简单、有限，而且具有季节性。农业生产活动受自然因素的影响较大，自然因素又随季节变化。因此，农业生产活动与季节紧密相关。与之相应，沟渠等水利设施的维护和建设也需要根据农业生产活动状况来做安排。诸如村民之间的矛盾纠纷等村庄事务的发生更是具有极大的偶然性和不稳定性。以致对村级组织来说，与之相应的村庄事务在全年呈现为突出的不均质性。

　　一般来说，村两委干部的工作内容除了处理村庄矛盾纠纷、农业生产基础设施的建设与维护等村庄内生事务之外，还有相当部分是政府下达至村的行政工作。从政府下达至村庄的事务来看，其大体包括两种类型：一种是几乎每年都有的常规性工作；一种是中心工作。每年的常规性工作包括养老保险和医疗保险费用收缴，为村民提供办证、开具证明以及咨询服务等为民服务类工作；中心工作包括土地确权、扶贫以及党建。每年都有的常规性工作一般集中在一年的某个时段就能完成，中心工作也主要是在一定时间内通过集中人力、物力、财力去完成。这两类工作都具有阶段性特征。因此，政府下达至村庄的绝大部分事务数量也是不均质化分布的。

第三节　村庄事务的质性结构

一　多元治理理论在村庄治理中的适用性反思

　　村级治理是针对村庄公共事务的治理。根据西方公共行政理论中多元治理理论的主张，公共事务可通过行政、市场和社会等多元治理机制来处理。其中暗含的一个假设是，公共事务可按照行政、市场和社会这三元化的标准实行分类。多元治理理论要回答的是公共服务应该采取何种方式供给的问题。随着改革开放进程的开启，中华人民共和国成立之后形成的国家总体支配的治理模式已然无法适应市场经济的发展和国家参与世界竞争的需求，内外环境的变化也对国家行政体制的改革提出了要求。改革开放进程的启动以及社会主义市场经济发展的需求构成推动中国政府行政管理体制改革的内在动力。以多元治理论为代表的西方公共行政理论逐步成为主导国家宏观层面行政体制改革、城市社区治理体制改革以及我国农村治理体制改革的指导理论，内含着我国政府迫切想要与国际接轨的内在冲动。

改革开放以来，我国几乎在政治、经济、社会、文化等各个方面与世界其他国家或地区发生着广泛联系。加入 WTO 意味着这种联系更趋深化。我国传统的政府行政工作机制显然无法应对国际、国内环境的种种变化，面临失效困境，亟须改革。大体而言，常见的改革举措大致集中在以下几个方面。

第一，调整政府职能结构。比较直观的体现是政府财政支出结构的变化，政府加大了对公共服务和社会事业的投入比例，强化了公共服务和社会事业的政府责任。第二，改组政府组织结构，表现为政府流程的再造。政府流程再造具体指对"政府部门原有组织结构、服务流程进行全面、彻底的重组，形成政府组织内部决策、执行、监督的有机联系和互动"[1]，包括对相关行政部门的市场化改革、政府内部引入竞争性机制、改革审批制度、建设行政服务大厅以及使用电子政务等。第三，拓展公共服务生产机制。即打破政府在公共服务生产中的唯一主体地位，在公共服务的行政生产机制之外，广泛纳入市场生产机制和社会生产机制。

这三方面的改革举措本质上都是政府的自我改革和改造，后两者更是对西方公共行政理论，特别是对其中的多元治理理论的实际运用。它涉及对政府与市场、政府与社会关系的重大调整，同时也是对政府责任的重构[2]。中国宏观行政体制近 40 年的改革实践取得了丰硕成绩，极大推动了中国经济、社会等各个方面的发展，有效应对了来自外部环境的各项挑战。这说明以多元治理理论为代表的西方公共行政理论运用于中国宏观行政体制改革实践具有一定的适用性。从一定程度上说，这是由市场经济在世界范围内的一般性和宏观公共服务的一般属性决定的。但是，当该理论被运用到我国仍然

---

① 姜晓萍：《政府流程再造的基础理论与现实意义》，《中国行政管理》2006 年第 5 期。

② 张则行：《政府责任重构与公共服务授权——回应型治理的一个分析框架》，《福建行政学院学报》2015 年第 1 期。

保留着传统底色的中西部地区乡村治理体制的改革中时，并不能取得预期的改革效果，反而带来了普遍的改革失败。其原因就在于理论的宏观性与乡村治理微观场景之间存在错位，出现了理论运用的层次谬误。

多元治理理论是基于西方社会经验的抽象提炼，它对应宏观社会的治理。其适用的对象必须具备一定的地域规模和相当程度的公共事务量与公共事务类型。只有这样，多元治理理论才具备发挥作用的空间。这也是该理论在全球化和市场经济快速发展背景下运用于我国宏观行政体制改革具有一定适用性的一个重要原因。作为国家治理末端的乡村社会治理，尤其是以村庄为基本治理单元的村庄治理属于微观社会的治理，其具备的公共事务量以及公共事物的性质与宏观社会都有质性差异，村庄公共事务不存在按照行政、市场、社会三元主体划分的分类基础。在村庄公共事务不具备这一分类基础的情况下强行构建或引入行政、市场和社会治理机制必然会带来村庄公共事务处理的低效，甚至是无效处理的后果，进而造成村级治理的失效。

此外，以行政、市场和社会为主体的多元化公共服务机制内含着村庄公共服务供给中村级组织和村民主体责任的缺失，村庄表现出"去自治化"倾向。即使是村庄公共服务供给中的社会机制也多是指外在于村庄的专业化的社会组织力量。从最终的实践效果来看，村民的满意度并未因国家向农村输入资源和供给服务的增多而提升，反而越发降低。原因就在于以行政、市场和社会为主体的多元化公共服务机制无法有效识别村民的公共服务需求和准确把握村庄公共服务的特征，致使出现公共服务的供需错位。

因此，有必要深入村庄治理的实践中对村庄公共事务的质性结构进行再分析和再分类，并在此基础上厘清村庄治理的基本原理。只有如此，我们才能找到与村庄公共事务性质相适配的村庄治理体制。

二　村庄事务的结构化分类：关系脱嵌型事务与关系嵌入型事务

中国学界的主流观点多从公众共同需求的角度界定公共事务概

念，认为"公共事务是涉及公众的共同需求的活动或事务"①。这一界定在很大程度上延续了萨缪尔森对公共物品的认识，强调的是公共物品（公共事务）的非竞争性和非排他性②。然而，该定义并不能囊括所有村庄公共事务，也无法指导村庄公共事务的处理实践。所以需要拓展公共事务概念的外延。鉴于此，本文纳入两个理解公共事务的维度：第一，公共事务指超出私人处理能力范围的那部分事务；第二，公共事务也是其外部性溢出私人领域范围的那部分事务。综合起来，村庄公共事务即指村域范围内超出私人处理能力范围以及外部性溢出私人领域范围的那部分事务。这些事务构成村级治理的对象。

从既有乡村治理研究来看，比较常见的做法是按照村庄公共事务的生产主体对之进行分类，典型的是政务与村务的划分③。政务指政府下达的任务，政府是生产主体。村务是村庄内生的事务，村庄是生产主体。由于国家对村庄存在客观的管理需求，因此很多政务最终要落实到村庄。于是，村庄范围内便同时存在政务和村务，它们共同组成村庄公共事务。就目前全国各地农村的实际情况来看，医保、养老保险费用的收缴，精准扶贫，乡村振兴等事务都属于政务范畴。村内矛盾纠纷处理、农民生产生活设施管护以及村庄安全保卫等事务则属于村务范畴。主张保持村民自治纯粹性的学者一般多认为公共事务的生产主体应该与公共事务的责任主体相统一。即，政务应该由正式的政府机构或组织处理，村级组织主要负责村务。但是，村级治理实践中，政务和村务都是由村级组织承担的。

政务和村务是两种不同性质的村庄公共事务，它们的处理逻辑存在巨大差异。政务沿着政府行政系统下达至村，行政压力是推动村级组织积极处理的动力机制，其中配套有严密的行政考核机制。村务主要在村庄社会系统中，村级组织对村务的处理动力来自村庄社会的压力，村庄舆论、面子等是村级组织行为的主要约束机制。

---

① 刘太刚：《对公共事务概念主流观点的商榷——兼论需求溢出理论的双层公共事务观》，《政治学研究》2016 年第 1 期。
② ［美］保罗·萨缪尔森、威廉·诺德豪斯：《经济学》，萧琛主译，人民邮电出版社2008 年版。
③ 徐勇：《政务与村务的合理划分和有效处理》，《中国民政》1997 年第 5 期。

当然，需要指出的是，政务与村务的划分只是韦伯意义上的理想类型，实践中的很多村庄公共事务往往处于政务与村务的交叉地带，同时具备政务与村务的特征。这是因为随着国家对村庄现代化改造力度的加大，很多原来属于村务范畴的公共事务被逐步纳入政务的范围中，并且这类事务数量继续呈现出不断增加的趋势。比如村庄环境卫生管理工作，原来只属于村庄内部自身的事务，如今已经成为地方政府对村级组织的重要考核项目，直接与村干部报酬挂钩。

然而，村庄公共事务的"政务"与"村务"的分类方式只是确定了其生产主体和其内含的运作逻辑（行政逻辑和社会逻辑），村庄公共事务更深层次的属性和特征却无法在这一分类中得到体现。进一步说，它无法回答相应村庄公共事务的处理需要有怎样的治理结构和治理机制与之相适配的问题，也无法揭示村级治理的内在逻辑和基本原理。为了克服这一村庄公共事务划分方式的局限，基于实地调研的质性把握，笔者从人、事关系角度将村庄公共事务区分为关系嵌入型事务和关系脱嵌型事务两种类型。

关系嵌入型事务指的是这样一类公共事务，它们深度嵌入人们的关系中，对这类事务的处理关键不在于事务本身，而是事务背后涉及的人们之间的关系。这类村庄事务通常集结着人们之间的各种错综复杂、相互交织的利益关系、社会关系、情感关系，表现出典型的人事融合特征。比如修道扩路类的村庄公共品供给，涉及的不仅是与公共品质量相关的工程实施问题，而且涉及占地等村民间利益关系的调整问题。与之相对，关系脱嵌型事务则是指该类公共事务只涉及事务本身，它是抽离于人们各种关系之外的，呈现出突出的"物化"属性，表现为人事分离的特征。比如村民各类证件的办理事务、良种补贴的发放等事务都只需与村民个体对接，并且只需处理事务本身即可。

一项村庄公共事务是属于关系脱嵌型事务还是关系嵌入型事务，很大程度上是由事务本身的特性与其所处社会场域的特征共同形塑和决定的。一项事务在村庄中是关系嵌入型事务，在城市社区可能就成为关系脱嵌型事务。以矛盾纠纷为例。一般来说，城市社区中居民之间的矛盾纠纷主要是针对事情本身。比如因噪声问题引发的纠纷，在这类纠纷解决的过程中，通常只需将事情本身的关系梳理清楚，明晰纠纷主体各自的责任，纠纷就能得到恰当有效的解决。在村庄中则不同。两位村民同样是因为噪声产生纠纷，但比较常见的情形是"噪声"往往只是纠纷产生的导火线，二者之间其实还存在更为深层的矛盾根源。对这类纠纷的处理，就不能只限于"噪声"问题，而是要深入两位村民的关系之中，对二者的历史关系进行梳理，找到纠纷产生的源头。只有这样，才能达到问题的实质解决。由此可见，同样的矛盾纠纷在城市社区中是关系脱嵌型事务，在村庄社会中就变成关系嵌入型事务。

之所以会出现此种差别，原因就在于城市社区与村庄社会的社会基础存在差异。大部分城市社区多是人们基于商品房的购买关系形成的，具有极强的可进入性和可退出性。城市社区对居民而言只是纯粹的地理空间，居民的生产需求和绝大部分生活需求的满足是在社区之外实现的。在此基础上，城市社区的社会属性趋近于陌生人社会，社区内部的交往密度、情感密度，以及由此形成的社区关系密度都较低，居民间的关系亦是一种浅层关系。在这种情况下，社区公共事务便不具备深度嵌入社区关系的关系载体，因而更多表现为关系脱嵌型事务类型。村庄社会由于长期的历史积淀形成了相对稳定的地缘关系和血缘关系，地缘与血缘高度重合，属于熟人社会。村民之间在长期频繁、密切的互动中，形成了比较高的交往密度和关系镶嵌度。在这一社会基础之上，很多村庄公共事务的出现都会极大撬动村民间的关系，甚至有的村庄公共事务恰恰就是村民高密度互动出来的结果。于是，很多村庄公共事务就表现出一种对村庄社会关系深度嵌入的形态，进而成为关系嵌入型事务。当然，这并不否定存在于城市社区和村庄中都属于关系脱嵌型事务的公共事务。上述分析的目的主要是说明一项公共事务通常在村庄中更倾向于表现为关系嵌入型事务的类型。

三 村庄事务特征与中西部地区村庄事务的类型构成

公共事务对村庄关系的嵌入性决定其具体的表现特征，也决定与之对应的处理方式。关系脱嵌型事务与关系嵌入型事务的本质区别在于它们究竟是纯粹的"事"还是"事"背后的"人"。一定地区范围内关系脱嵌型事务与关系嵌入型事务的数量分布在相当程度上是受该地区的社会基础影响的。

如上文指出,关系脱嵌型事务与关系嵌入型事务的本质区别是它们究竟是纯粹的"事",还是"事"背后的"人"。关系脱嵌型事务主要表现为"事"的属性,关系嵌入型事务则主要表现为"人"的属性。这两类村庄公共事务的其他特征都是这一属性的进一步延伸和拓展。具体来说,关系脱嵌型事务主要有一般性、个体性和去乡土性三个基本特征。与之相对应,关系嵌入型事务主要表现为个殊性、整体性和乡土性。下面将分别展开论述。

关系脱嵌型事务的一般性指这类事务具有相对于一定时空场域的独立性,这是因为它只涉及纯粹的"事",而"事"本身是具有客观性的。我们可通过对"事"本身的研究和分析总结出处理该类事务的一般准则和规律。即是说,这类事务通常存在统一性的处理办法。一旦处理方式和处理规则形成,其就可向同类事务推广使用。我们通常说的"按规定办事"或"照章办事",只有当其中的"事"仅仅是"事"或者说是关系脱嵌型事务时,才能形成对同类事务都有效且明确的"规"或"章"。关系脱嵌型事务的个体性指这类事务的处理只需针对事情本身,是事本主义取向的,在实践中它通常是呈现为一个个高度独立的个体化事件。正是因为这类事务没有其他诸多复杂利益关系、社会关系、情感关系的牵扯,才使得对这类事务的处理可回归到"事"本身,且可采取个体主义的处理路径。关系脱嵌型事务的一般性和个体性决定了这类事务的去乡土性,即这类村庄公共事务并不会因为其处于村庄社会中而带上乡土底色。或者说,它是超越于和悬浮于村庄社会的,由此保证了其"事"的本质属性。

与关系脱嵌型事务的上述特征相对应,关系嵌入型事务的第一个重要特征是个殊性。个殊性指这类事务会因为其身处的村庄社会场域以及涉事主体的差异而有所不同,或者说它是因时、因地、因人而异的。特定情境下形成的该类事务的处理方式往往不具备一般化的可推广性,所以很难形成统一的、放之四海而皆准的处理方法。对这类事务的处理只能根据其所处情境做到具体问题具体分析。关系嵌入型事务的这一特征恰恰是由这类事务对具体场景中各类关系的深度嵌入决定的，这也是这类事务最终关涉的是"事"背后的"人"，而非"事"本身这一本质属性的体现；关系嵌入型事务的整体性指对这类事务的处理需要对"事"背后所涉及的人的各种利益关系、社会关系和情感关系等进行总体清理，对相应的社会场景进行还原，以整体主义的思路去应对，而非单纯的"就事论事"；关系嵌入型事务的乡土性则取决于这类村庄公共事务是以村庄为地域载体，它们为村庄的乡土逻辑所形塑，附着有明显的村民生活习性、行为特征，因而带有突出的乡土性。这意味着对这类村庄公共事务的处理需要依托乡土社会的逻辑。当然，关系嵌入型事务的乡土性同样是以该事务对村庄各类关系的深度嵌入为基本前提的。

关系脱嵌型事务与关系嵌入型事务所内含的特征差异决定了与之相对应的事务处理机制的差异。对关系脱嵌型事务的处理主要强调处理人员的业务素质和专业技能，其需要对事情本身的特征有深刻把握。对关系嵌入型事务的处理则更加强调处理人员对涉事主体——"人"的了解，其实也就是要对"人"所生活的村庄社会规则和地方性知识有足够的熟悉，"人"的问题的解决是"事"的问题得以顺利解决的基础。

一项公共事务到底是属于关系脱嵌型事务还是关系嵌入型事务在很大程度上由事务本身的特性与其所处的社会基础共同形塑。对村庄公共事务而言，村庄社会基础是影响村庄公共事务类型构成的主要变量。

我国广大中西部地区的村庄一方面仍然是以小农农业为主要经济形态，一方面城市化进程的渐进性使得村庄仍旧是相当数量不能在短期内完成城市化的村民的安身立命之所。村庄中相当数量的村民依然需要依托土地、依托村庄生活，村庄仍旧是村民生产、生活以及意义实现的重要载体。这使村庄在长期历史进程中形成的稳固且深厚的血缘关系和地缘关系能够得到较好的保存和延续，情感、利益等要素在村民关系中相互交织，进而塑造出浓厚的村庄关系密度。在这一社会基础之上，不论是村庄内生的公共事务还是政府下达至村的公共事务，只要与村民接触，都能极大撬动村庄各类关系，或者说有些村庄公共事务就是村民深度交往和频繁互动的结果。因此，这类村庄的公共事务便表现出突出的关系嵌入型特征，也反映出村庄社会的不规则性。关系嵌入型事务构成了中西部地区农村村庄公共事务的主导类型（详见表3-1）。

表3-1　村庄公共事务类型、特征及中西部地区村庄公共事务的主导类型

村庄公共事务类型	人事关系	特征	中西部地区村庄公共事务的主导类型
关系脱嵌型事务	人事分离	一般性、个体性、去乡土性	关系嵌入型事务
关系嵌入型事务	人事融合	个殊性、整体性、乡土性	

但是，从当前我国广大地区农村特别是中西部地区农村的村级治理实践来看，遵照西方公共行政理论中多元治理理论的思路，大力构建行政、市场和社会等多元治理机制成为村庄公共事务处理机制的改革方向之一。行政、市场和社会机制都是外在于村庄的治理机制，是去自治化的治理机制，它们依托的治理主体都是注重业务素质和专业技能的职业型人才。将这三方面的治理机制引入村庄公共事务的处理中，实则秉持的是一种处理关系脱嵌型事务的思路。这也说明按照行政、市场、社会三元治理机制对村庄公共事务进行划分的方法实际上是以关系脱嵌型事务是村庄公共事务的主要构成类型这一认识为基本前提的。然而，这一认识前提与我国村庄治理实践存在巨大偏差。

第四节　行政化村庄治理体制与村庄事务结构的错位①

村级治理行政化的本质是乡镇政府对村级组织制度化控制关系的形成以及乡村行政化关系的确立，村级组织成为乡镇行政层级在村庄的延伸，村干部的归属系统发生从村庄社会系统向政府行政系统的转

---

① 本部分所用村名皆为化名。

变。在村级治理行政化格局下，以村级组织为基础的村庄治理体制是一种行政化村庄治理体制，这是对原有村庄治理逻辑的系统性变革。理想意义上的完全行政化村庄治理体制主要包括三个重要的治理元素，具体为专职化的村干部制度、规则化的治理方式以及复杂的治理制度。它们共同规定行政化村庄治理体制在开展村庄治理活动和处理村庄公共事务过程中的行政特征，也构成与以村民自治制度为基础的自治型村庄治理体制的基本差别。

从实地调查情况来看，由于各地农村村级治理行政化改革的进度、侧重点以及能力的不同，一个地方的农村往往很难同时具备行政化村庄治理体制的三重治理元素。鉴于此，本小节将以中西部地区的多地农村调研经验为基础，勾勒行政化村庄治理体制的完整图景，并对这三重治理元素与中西部地区村庄事务结构的适配情况进行剖析。总体来说，根据调查经验，行政化村庄治理体制并不适应中西部地区村庄的治理需求，其与中西部地区村庄事务之间存在明显错位。

一　组织空转与村级治理文牍化：村庄事务数量结构与专职村干部制度错位

专职化村干部制度是行政化村庄治理体制的基本构成。政府通过改误工补贴制为工薪制，进而将村干部专职化的方式形成村干部与乡镇之间的制度化利益依附关系。只有如此，乡镇才能完全实现对村干部的制度化控制、管理与动员，乡村之间的行政化关系才能确立。专职化村干部制度的建立也改变了兼职化村干部制度时期的村庄治理的运作方式。兼职化村干部制度时期，村级组织采取事件化运作模式，即村级组织只有在村庄事务出现时才进入运转状态。在专职化村干部制度下，村级组织是一种常规化运转组织，其不因治理事务的多少和有无而改变，具体表现为政府对村干部提出明确的坐班要求以及在村干部之间确立以明晰职责分工为基础的工作原则。

一般来说，专职化村干部制度的有效运转需要一定数量和一定专业化程度的村庄事务做支撑。只有这样，该制度才能保证较高的运转效率。城市治理，包括城市社区治理都需要专职化的治理队伍，原因就在于它们需要治理的事务量大且专业化特征突出，专职化治理队伍的效率能够得到最大程度的释放。但是，如前文分析，中西部地区村庄事务的数量结构特征表现为村庄事务数量的稀少性和村庄事务数量分布的不均质性。这两大特征决定中西部地区村庄事务不具有支撑专职化村干部制度常规运转以及以明确的职责分工为基础的工作模式的数量基础，由此出现村庄事务数量结构与专职化村干部制度的错位。

在这种情况下，以专职化村干部制度为基本构成的行政化村庄治理体制在中西部地区村庄的治理实践中可能产生两种截然相反的结果：一种是村级组织的空转；另一种是村庄治理的文牍主义和形式主义。村级组织空转表达的是由于缺乏足够的村庄治理事务量而造成的村干部闲置状态。从具体的实践状况来看，村庄治理更容易陷入文牍主义和形式主义的逻辑之中，这是将村干部专职化后行政科层思维向村庄延伸的必然产物。这在经验上主要表现为地方政府通常会创造相应的行政事务以充实村级组织的工作任务，保证村级组织的充分运转。

与此同时，在行政科层思维下，政府会不断强化村级治理工作的档案化要求，要村干部做到办事留痕，实现痕迹化管理。以致中西部地区很多村干部都反映，"现在是上面交代的形式化的工作、虚的工作太多了。有实质内容的工作没多少，村干部忙得很，都忙着填表、写材料去了"。如矛盾纠纷调解，有些地方政府会要求村干部进行全程录像或是录音，并且将整个矛盾纠纷调解的过程详细记录。比如湖北秭归县沙村的村书记在调解矛盾纠纷时都会录音，然后再将录音转化为文字，一个仅需 5 分钟解决的矛盾纠纷，最后需要花费 3 个小时整理材料。

另外，据笔者对秭归县干村 2017 年 1—9 月村两委工作日志的记录分析，发现该村村两委干部的工作主要包括以下几方面的内容。第一，政府下达的行政工作，主要有土地确权、扶贫、养老保险和医疗保险费用收缴、维稳安全灾害防护、党建等方面的工作。其中土地确权、扶贫和党建是近几年的中心工作，也是花费村干部较多精力的工作。养老保险和医疗保险费用收缴、维稳安全灾害防护工作具有突出的时段性，多是在一定时间内集中完成。第二，接待和配合市县镇等各部门到村对村庄各项工作的督察和考评工作，9 个月共有 132 批次，每月平均近 15 批次。当然，有时一天会来 2—3 批次。第三，各种信息搜集、录入和核查工作，具体包括土地确权数据、与扶贫相关的贫困户、计生、流动人口、三留守人口、妇幼情况等方面信息的搜集、录入、核查和更新。这构成村干部的主要工作压力，占据村干部绝大部分时间。第四，便民服务类事务，主要是为村民提供办证、开具证明以及咨询服务。据统计，1—9 月村干部总共为 74 位村民提供过相关服务，月均 8 位多。第五，村庄矛盾纠纷调解。1—9 月总共调解矛盾纠纷仅为 6 起。

村干部的工作精力主要花费在第二项和第三项工作内容上，第二项工作内容恰恰是将村干部专职化后地方政府加强对村干部监管和考核的重要体现，第三项工作内容充分说明村干部陷入复杂的文牍化工作之中。地方政府对村干部的监督和考核主要通过检查档案和台账等书面资料，这是村级治理文牍化现象出现的重要诱因。

二　规则失效：村庄事务的质性结构与规则化治理方式错位

行政化村庄治理体制下，村级组织运用的治理资源主要来自政府给予的正式行政资源，并主要表现为以成文的法律、法规以及各项制度为准则的规则治理。治理过程中依循的规则具有普适性，是去地方性的。然而，"真正要实行规则化的治理，一个非常重要的前提条件就是规则治理的对象本身要有一定程度的规则性"[①]。

比如城市社区治理表现为突出的规则治理特征，规则治理能够在城市社区达到较好的治理效果。这是因为城市社区对居民而言只是生活的物理空间，其社会性、价值性发育不足，居民之间是高度陌生化的关系。在这种情况下，城市社区的事务主要以关系脱嵌型事务为主。关系脱嵌型事务的一般性、个体性以及去乡土性决定此类事务的规则性，这高度契合了依法依规的规则化治理需求。与此同时，在城市社区社会性、价值性发育不足的情况下，城市居民的劳动生产、生活需求主要依托市场解决，并与国家直接对接。这也意味着城市社区中缺乏居民可供利用的特殊性治理资源和规则，以致在遇到问题需要

---

①　苏力：《送法下乡：中国基层司法制度研究》，北京大学出版社 2011 年版，第 141 页。

解决的情况下，他们都表现出强烈的援引国家现代规则的动力与需求。这是推动城市社区规则治理局面形成的一重动力。

中西部地区以小农农业生产为基础的村庄依然主要是针对本村人的治理，本村人之间存在血缘和地缘关系联结，且长期发生着交往和互动。就如上文揭示，中西部地区村庄以关系嵌入型事务为主导，它高度嵌入在村民之间的具体关系中，与村庄的历史和传统存在整体性和系统性关联，表现出极强的个体性和特殊性，很难模块化，这使得中西部村庄社会呈现出高度的不规则性。村干部往往需要采取具体问题具体分析的方式来处理。从这个角度来说，村干部需要熟练掌握地方性知识，熟知村民之间的关系渊源和状态，这样才能有的放矢地找到解决问题的方案。因此，村庄事务通常不是事务本身，而是事务背后的人和关系。行政化村庄治理体制中依托国家法律、政策法律的规则化治理方式与村庄社会的不规则性之间存在一定的张力。

此外，国家力量和市场经济理性观念向中西部地区农村的渗透进一步强化了中西部地区农村社会的不规则性。一方面，中西部地区以小农农业经营为基础的村庄社会仍具有保守性，其对市场和国家的依赖相对较弱，以致村庄社会的传统性面向得到了一定程度的保存；另一方面，国家和市场等现代性力量仍然在不断侵蚀村庄社会的传统基础，只是这一侵蚀过程较为缓慢，还不足以替代村庄传统秩序。于是，中西部地区农村同时为传统力量和现代力量形塑，由此形成传统规范和现代规则并存的局面。传统规范和现代规则在村庄中具有存在的合法性。这带来的一个重要后果是村庄社会结构的碎片化以及村庄社会不规则程度的增加。

在这一背景下，村庄社会不规则性的一个重要表现是村庄多元化利益主体的出现。具体来说，村庄社会总体分化出三类村民群体：一是完全认同村庄传统规范，并在传统规范的框架下实现自身利益的村民群体；二是完全认同国家公共规则，并在国家公共规则许可的限度内实现自身利益的村民群体；三是与前两类都以规则、规范为本位的村民群体不同，村庄中还存在以个人利益追求为本位，策略性、权宜性利用国家规则和村庄传统规范来实现自身利益的村民群体。不论是国家公共规则，还是村庄传统规范都只是服务于个人利益的手段和工具。在现实经验以及既有研究著作中，这类群体常常以钉子户或边缘人的形象出现，他们在国家公共规则和村庄传统规范之间的来回穿梭中获得行为的合法性。

行政化村庄治理体制下的规则化治理方式是以国家公共规则为基准的治理，它对附着于第一类和第三类村民群体之上的关系嵌入型事务都不具有适用性。村民群体的多元化进一步增加了关系嵌入型事务的复杂程度，并对村干部综合运用治理方式和治理资源的灵活性提出了更高要求。只有如此，村干部才能实现针对不同村民群体的有效治理。因此，中西部地区农村以关系嵌入型事务为主导所蕴含的村庄社会的不规则性与行政化村庄治理体制下规则化治理方式存在错位，国家公共治理规则在村庄治理中失效。

三　制度上墙与制度简化：稀薄村庄利益与复杂治理制度错位

村干部权力监督问题一直以来都是村庄治理实践中的重大难题。行政化村庄治理体制主要通过采取自上而下输入各项正规化的制度和重构基层组织的方式达到规范村干部权力、约制村干部自利行为的效果，以将村干部行为纳入规范化的行政治理轨道之中。具体来说，政府主要是借助两种举措达到这一目的。一是通过组织分化的方式达到村级权力相互制衡的目标，比如在村两委之外成立村务监督委员会。村务监督委员会最早出现于 2004 年的浙江后陈村，后来推广至全国农村。二是将事务决策程序精细化、精准化，对其中的各个环节和细节都提出相应要求，比较典型的是五议决策法和河南邓州的四议两公开。上述两种方式共同型构了以利益分配为核心的村务决策制度的复杂格局。但是，广大中西部地区农村却缺乏足够的利益来撬动如此复杂的制度的运转，以致出现了制度的相对过剩或是重复叠加的情形①。

可供村干部谋取的利益主要有三方面来源：一是包括土地在内的集体资产；二是集体资金收入；三是国家输入的各项资源。总体来说，中西部地区农村利益比较稀薄，利益密度较低。家庭联产承包责

---

① 卢福营、应小丽：《系统性整合：农村基层组织的重建》，《天津社会科学》2016年第 5 期。

任制的实行使村庄绝大部分土地都已分配到农户，经过 1998 年二轮延包，很多原来村集体的机动地也一并分配到农户，村集体掌握的土地极其稀少。随着税费的取消，绝大多数中西部地区农村缺乏收入来源，成为空壳村，几乎没有村集体经济收入，有的村甚至还存在大量的村级债务。从当前中西部地区农村的经验来看，村庄内的利益分配制度主要用于分配国家输入的各项资源，包括低保指标、危房改造指标等。但是，这类资源量仍然是极为有限的。

复杂的利益分配制度需要一定密度的村庄利益来撬动。只有在巨量利益的驱动下，村民才有强烈地对村干部权力进行规范和规约的需求，进而产生援引各项制度保障自身权益的行为。一般来说，村庄利益量越巨大，对利益分配制度的精准化要求就越高，制度本身也就越复杂。在巨量的利益面前，几乎村庄内所有村民以及所有关系都会参与和卷入进来，并且援引有利于各自利益的制度。因此，为了保证分配规则的统一性，政府就需要通过各种细密化的制度设置来弥合其他制度之间的缝隙。庞大的利益量也足以支付复杂制度的运转成本。

然而，中西部地区缺乏足够的利益来撬动复杂利益分配制度的运转。这通常会出现两种情况：一种是制度成为墙上的制度，根本没有运转；一种是将复杂的制度进行简化，采取简化执行的策略。就后者而言，中西部地区农村普遍推行的村两委（村支部、村委会）成员或村三委（村支部、村委会和村务监督委员会）成员兼职的做法便是将复杂制度简化执行的体现。

再以河南邓州探索的"四议两公开"制度实践为例。该制度产生于 2004 年，是河南邓州市在落实中央文件提出的加强农村村务公开精神的创造。最初的四议两公开制度主要包括党支部提议、村两委商议、党员大会审议、村民代表会决议以及决议公开和实施结果公开。但由于这一制度主要用于低保指标、危房补贴以及党员指标分配，所涉及的利益量小，村民缺乏参与的动力和积极性。于是，除特别重大的事项外，当地农村普遍将"村支部提议"与"村两委商议"合并，"党员大会审议"与"村民代表会决议"合并①，使决策程序大幅简

① 贺雪峰：《治村》，北京大学出版社 2017 年版，第 182—184 页。

化，降低制度运行成本。由此可见，中西部地区稀薄的村庄利益与复杂的利益分配制度存在错位，进而出现制度上墙以及制度简化的结果。这同时也说明，中西部地区村庄的治理应该遵循制度简约化的治理思路。

四 村级治理行政化的治理后果：治理悬浮

中西部地区农村遵循人口迁移型城市化道路，这同中西部地区城市经济发展的有限性一同形塑了该地区的并立型城乡关系形态。即在相当长一段时期内，城市和乡村仍然是两个相对独立的生产、生活系统，二者的经济形态、居住形态以及人们之间的关系形态都存在截然差异，呈现出并立型特征。城乡之间只是单纯的人口、资源的流动，它们的基础产业格局和空间界限并没有被打破。在并立型城乡关系下，中西部地区农村治理仍然表现为农村属性。

目前我国还处于发展中国家和城市化未完成的阶段，城市缺乏吸纳所有农民并为其提供完善社会保障的能力。并立型城乡关系下，中西部地区的农村、农业还需要承担老人养老、农民退守以及村庄弱势群体的兜底等社会功能，发挥其稳定器和蓄水池的作用[1]。此外，在政府财政有限的情况下，农村治理的重点既不是遵从发展主义逻辑使村集体和村民致富，也不是要将农村建设达到城市的高标准，而是为在村农民群体提供最基本的生产、生活服务，秉持保底建设的维持主义逻辑，遵从农村社会发展的自然秩序。

中西部地区村庄治理的"农村"属性和治理目标的"保底性"意味着政府对村庄社会应持一种底线介入的态度，政府对村庄治理的干预以满足村庄内生治理需求为限度。于是，中西部地区农村的村庄公共事务主要产生于村庄内部，并且在数量结构上表现为稀少性和不均质分布的特征，在质性结构上表现为以关系嵌入型事务为主导。

在剖析中西部地区村庄事务结构的基础上，再来审视当前在中国农村普遍推行的村级治理行政化改革，可发现村级治理行政化改革不仅在中西部地区面临巨大的财政约束（详见第二章的分析），而且由

---

[1] 贺雪峰：《城市化的中国道路》，东方出版社2014年版。

此形成的行政化村庄治理体制与中西部地区村庄事务结构存在严重的不匹配。这种不匹配表现在村庄事务的数量结构与专职村干部制度的错位、村庄事务的质性结构与规则化治理方式的错位、稀薄的村庄利益与复杂治理制度的错位。这三重错位分别带来村级组织空转与村级治理文牍化、国家公共治理规则失效、利益分配制度上墙与简化执行的实践后果。这三重实践后果说明行政化村庄治理体制无法切实回应中西部地区农村社会客观存在的治理需求。

行政化村庄治理本质上是一种科层思维的治理，在村庄事务有限和村庄利益无法有效支撑村级组织常规性运转的状况下，极易陷入由政府行政主导的自主创造事务的逻辑之中，以保证村级组织的积极运转。与此同时，行政化村庄治理体制还倾向于采取制度化的方式处理相关治理工作，制度本身的问题也倾向于采取新增制度的方式弥补，形成制度补丁，由此整个村庄治理陷入治理制度的不断自我复制、增加和扩张的处境之中，其实质治理效果却未得到同步提升。中西部地区村庄公共事务与行政化村庄治理体制的错位最终造成的一个结果便是基层治理的悬浮，村级组织的运作和治理活动的开展越来越与农民的实际需求相脱离，悬浮于村庄社会之上。

第五节　小结：中西部地区村庄治理
原理——动员性治理

汪卫华将中文语境中的"动员"拆解为三个义项：首先，动员即流动。该义项是现代化理论语境下的用法，指涉现代化进程中社会以及社会阶层之间"流动性"的增强，但中文的日常用语中很少表达这一层面的含义。其次，动员即集中，包括物力、财力、人力的集中。最后，动员即发动、鼓动，它涉及影响和改变具有能动性的行为主体行为"动机"的问题[1]。从最后一层义项的含义中可看出，"动员"是作为影响人们动机和行为的一种手段存在。并且，"动员"这

---

[1]　汪卫华：《群众动员与动员式治理——理解中国国家治理风格的新视角》，《上海交通大学学报》（哲学社会科学版）2014 年第 5 期。

种手段更多是强调"说服"，而非"威逼"或"利诱"①。与之相关的"动员式治理"概念，在既有的学术研究中则是作为一种与科层行政治理相对应的国家治理模式。从历史角度来看，"动员式治理"模式形成于革命战争年代，是中国共产党开展革命和斗争的一种重要政治手段②。发展至今，它已成为服务现代国家建设和治理的重要方式，是常规化的科层行政治理模式的有效补充。

与科层行政治理模式主要运用政府内部的行政治理资源不同，动员性治理模式主要利用社会治理资源达到有效治理的目标，且常见之于政府在某一阶段的中心工作当中。动员性治理模式蕴含着这样一种假设，即社会主体不仅是包括公共秩序在内的公共服务的权利享有者，而且是公共服务供给的责任主体。因此，动员性治理模式更加强调社会主体对国家公共事务等治理活动的参与性，具有突出的社会导向。但是，从现代国家治理的角度来看，科层行政治理模式仍然是主导性治理模式，动员性治理模式只是补充。

从上文的分析中可看出，带有科层行政治理特征的行政化村庄治理体制与中西部地区村庄存在明显错位。其中的根本原因就在于中西部地区村庄治理是一种动员性治理，动员性治理是中西部地区村庄治理的基本原理。

具体而言，中西部地区村庄治理的动员性是由其村庄公共事务的类型构成决定的。即，关系嵌入型事务在这类村庄的绝对主导性决定了其村庄治理所应秉持的基本原理应该为动员性治理。这是因为关系嵌入型事务是深度嵌入村庄社会之中的，附着有村庄中的各种利益关系、情感关系以及社会关系，与村庄村民存在整体性关联。这类事务的处理过程以及最终的处理结果会在极大程度上撬动整个村庄村民的情绪，若处理不当，便可能招致他们的不满。因此，关系嵌入型事务具有突出的社会性，对这类事务的处理不能限制在以制度、法律、法规为基础的科层行政框架之中，而是要面向村庄社会，进入村庄社会

---

① 汪卫华：《群众动员与动员式治理——理解中国国家治理风格的新视角》，《上海交通大学学报》（哲学社会科学版）2014 年第 5 期。

② 李增元、葛云霞：《动员式治理：当代农村社区建设逻辑及后果分析》，《中州学刊》2015 年第 2 期。

的框架和逻辑之中。这意味着关系嵌入型事务需要依托以社会为导向的动员性治理模式进行处理。

在村庄治理中，动员性治理模式的社会导向性集中体现在两个方面：一是它强调村庄主体（村民）对村庄公共事务处理的参与性；二是对村庄公共事务的处理主要遵循村庄社会治理逻辑。就第一点而言，因为关系嵌入型事务与村民存在深层的关联，村内村民对该事务内嵌的各种情感关系、利益关系、社会关系的来龙去脉能够有全面的把握，从而能够有针对性地找到处理方案。这也是在村庄公共品供给、村内矛盾纠纷调解等村庄公共事务当中，村干部通常会动用村内社会权威较高以及对村民情况熟悉的村民来协助处理的原因。当然，内生于村庄社会且处于兼业化状态下的村干部同样是村民中的一员，其在处理这些事务过程中对其本村村民身份而非国家代理人身份的运用也是村庄主体参与处理村庄公共事务的体现。

第二点表现在将村庄公共事务（主要指关系嵌入型事务）视为社会事务，并将之放置于村庄社会的语境和场景中理解。与此同时，在以国家法律、政策为底线原则的前提下，按照村庄社会的行为逻辑和习惯处理，以村庄历史形成的伦理、规范为准绳。村庄治理中村干部运用的情、理、力等策略和手段通常是为村庄既有的规范、规则所认可，同时在村民那里也具有共识，也往往有效。而且，这些策略和手段都是工具性的，其最终目标是要达到事务的实质性解决以及村庄公共秩序、公共伦理的修复与维系。此外，在这种社会治理逻辑下，村庄公共事务就不存在所谓的"政务"与"村务"划分，"政务"需要实现向"村务"的转化，进入村庄社会的运转逻辑之中。只有如此，"政务"才能得到较好的贯彻执行。

由此可见，村庄治理中的动员性治理实则是一种依靠村庄社会自身力量的自主治理，具体方式是通过充分释放村庄社会的活力，全方位激活村庄社会内部的各种治理资源。中西部地区村庄治理的动员性在很大程度上为主张构建行政、市场、社会多元治理机制以及行政化村庄治理体制的学者所忽视，而这恰恰是中西部地区农村村庄治理的主导面向。

由此可进一步推论出，这种通过引入行政、市场、社会多元治理机制的村庄治理结构和构建行政化村庄治理体制的思路与村庄公共事务之间存在巨大偏差。这种依托村庄外治理主体和治理机制的村庄治理结构和构建行政化村庄治理体制的路径其实是将村庄公共事务处理的责任主体进行了外移，将村庄主体（村民）排斥于村庄公共事务处理的责任主体之外。中西部地区农村需要的应该是一种动员性治理结构和体制，以兼业化村干部为主要治理主体和以村民自治为制度基础的自治型村庄治理体制就是这样一种动员性治理体制。

第四章　自治型村庄治理体制的
动员性与适应性

　　第三章从村庄事务结构角度揭示中西部地区村庄治理的基本原理——动员性，并对行政化村庄治理体制的适用性进行分析。人民公社体制解体后，我国农村普遍形成自治型村庄治理体制。直到近几年逐渐出现自治型村庄治理体制为行政化村庄治理体制所替代的趋势。研究发现，自治型村庄治理体制是一种动员性治理体制，高度契合了中西部地区村庄治理的动员性特征。本章通过对自治型村庄治理体制的构成制度和其所内含的治理机制的梳理论证该体制的动员性。同时剖析自治型村庄治理体制赖以依存的乡村经济社会基础，回答自治型村庄治理体制在中西部地区的适应性问题。

第一节　自治型村庄治理体制的动员性

一　自治型村庄治理体制的制度构成

　　自治型村庄治理体制并不是独立的一项制度，而是一个制度群。具体而言，自治型村庄治理体制是由村民自治制度、农村土地集体所有制度以及半正式化村干部管理制度三大制度组成，它们分别规定村级组织的治理原则、有效运转的经济基础和权力基础，以及组织特征。村民自治制度是自治型村庄治理体制的基础制度，其他两项制度是作为配套制度存在，共同服务于村民自治制度在实践中的展开。这三方面的制度共同确立了乡镇与村级组织之间的体制关系形式，即二者之间并不存在体制制度上的行政隶属关系，而更多是指导与被指导、相互协作和配合的关系。由此划清自治型村庄治理体制与行政化村庄治理体制之间的制度界限。自治型村庄治理体制的社会性是其动员性的重要表现。

（一）基础制度：村民自治制度

村民自治制度是对人民公社体制解体后村庄处于治理真空状态的弥补。村民委员会是村民自治制度的组织载体，其最初形态是发端于广西罗城县和宜山县一些村庄自发创立的"村治安领导小组""村管会"等名称不一的组织。这些组织形式主要通过将村民组织起来应对村内的治安、公共秩序维系等日常问题。从 1981 年起，这些组织开始改称为"村民委员会"，并逐步在全国其他地区农村推广。到 1982 年，村民委员会同城市社区的居民委员会一道被写入宪法。在宪法的助推之下，全国普遍掀起在原人民公社的基础上成立乡政府，在原生产大队的基础上成立村民委员会以及在生产队基础上建立村民小组的活动。1987 年 11 月国家颁布《中华人民共和国村民委员会组织法（试行）》，1998 年 11 月正式通过《中华人民共和国村民委员会组织法》。此后，全国各地农村普遍推行村民自治制度。直到 2010 年 10 月，《中华人民共和国村民委员会组织法》重新修订。

村民自治制度在全国农村的建立属于诱致性制度变迁，它经历了一个由民间自主发起到国家正式法律承认和推广的过程，奠定了我国村庄治理体制的基本形式。其中最为重要的是，它确定了村庄治理的基础原则，并为《中华人民共和国村民委员会组织法》明确规定。《中华人民共和国村民委员会组织法》第一章第二条指出，村民委员会是村民自我管理、自我教育、自我服务的基层群众性自治组织，实行民主选举、民主决策、民主管理、民主监督。这一规定说明村庄是一个相对独立的治理单位，主要依托村庄社会力量自主达成村庄治理秩序，民主是动员村庄社会力量参与治理的主要方式。社会力量的参与贯穿整个村庄治理过程，包括村庄治理主体的产生、村庄重大公共事务的决策、村庄事务的管理以及村庄治理主体的行为监督等在内的几乎所有治理环节。

一言以蔽之，民主和自治是自治型村庄治理体制遵循的基础治理原则，这与行政化村庄治理体制显著不同。行政化村庄治理体制的治理原则是按规章、按制度办事的行政原则，不论是治理主体的产生，还是具体治理过程的展开，都是在行政框架中进行，运用的也主要是行政治理资源和行政力量。

另外，需要指出的是，虽然在自治型村庄治理体制下，村庄主要依照民主和自治的原则治理，但这并不意味着村庄治理脱离了国家（政府）的管理。尽管地方政府与村级组织之间不存在行政隶属关系，但地方政府却可以通过党的系统实现对村庄治理的宏观引导。在党政二元一体的国家治理架构下①，党的意志与国家意志是高度重合的。由此可见，村庄治理是在贯彻国家总体意志前提下的主要依托村庄社会力量的相对自主的治理，这也是自治型村庄治理体制"自治性"的重要体现。村民自治制度规定的民主和自治的治理原则也是自治型村庄治理体制动员性的制度化表达。

（二）配套制度之一：农村土地集体所有制度

中华人民共和国先后通过土地改革、农业合作化和人民公社等运动逐步建立农村土地集体所有制，废除封建地主土地所有制。农村土地集体所有制是新民主主义和社会主义改造的重大成果，也是极具中国特色的制度②。理论上说，农村土地集体所有制度还构成自治型村庄治理体制能够相对独立于政府、实现自主运转的制度基础。这可从两方面分析：第一，它是村级组织从集体土地获取收益并将之用于支持村级组织运转和村级治理活动开展的制度合法性来源；第二，它是重要的村级组织权力再生产制度。接下来分别展开论述。

先来看第一点。农村土地集体所有制的核心是土地集体所有，这个集体就是所有村社成员③。从我国农村组织架构的基本设置来看，集体经济合作社与村级组织高度重合，即我们常说的"两块牌子，一套人马"。而且，一直以来这两块牌子之间的权力分工及其组织关系都表现出高度模糊性，集体经济资源主要由村级组织来组织分配，用

① 胡庆亮：《推进国家治理体系现代化的逻辑与理路：从党政二元一体到主体多元共治》，《求实》2015 年第 9 期。

② 贺雪峰：《论农村土地集体所有制的优势》，《南京农业大学学报》（社会科学版）2017 年第 3 期。

③ 贺雪峰：《论农村土地集体所有制的优势》，《南京农业大学学报》（社会科学版）2017 年第 3 期。

于村级组织的运转以及村级治理其他方面的开支。从这个意义上来说，村级组织是村社集体的实体化代表。农村土地集体所有制中的"土地集体所有"内含有土地集体收益为集体所有的含义，这一"集体所有"包括两个部分：一是直接分配到村社每个成员的部分；二是留作村庄公益性开支的公共部分。在实行家庭联产承包责任制之初，村社成员的个人所得部分是通过享有土地承包经营权的方式获得，即所谓的分田到户。村集体公共所得部分主要借助两个途径获得，即留取部分机动地和从村民那里收取提留。

只是，随着 1998 年土地二轮延包政策的推行以及 2006 年农业税费的全面取消，村集体公共所得部分急剧减少，特别是广大中西部地区农村普遍出现村集体经济空壳化现象。而在税费取消之前，我国农村村庄治理的资源主要来源于村社土地。与城市治理中地方政府财政平衡原理类似，即地方政府在享有土地财政的同时，也需承担向城市供给公共产品的责任。在农村土地集体所有制度下，农村村集体享有农地生产剩余的同时，也需承担包括支付村庄公共品供给在内的村庄治理成本的公共责任。因此，至少在税费取消以及国家向农村大量输入资源之前，我国农村村庄治理的成本基本由村社自主承担，村级组织运转成本中的村干部误工补贴、村内公共品供给资金等大多依托村社土地和向村民筹资所得。所以，农村土地集体所有制度理论上是村庄治理割断对国家正式资源依赖，使自治型村庄治理体制能够相对独立运转的制度基础。

然而，集体土地所有制的这一功能却因为国家相关政策的颁布趋向瓦解，比如二轮延包政策推行之后，2002 年《中华人民共和国农村土地承包法》对村集体留取机动地比例的限制减少了村集体可供直接获得的土地收益①，以及 2006 年税费的全面取消使村级组织丧失了向农民获取提留的权力等。与之相伴随，村庄治理对国家资源的依赖性越来越强，国家对农村资源的投入力度也越来越大。这造成的一个

---

① 2002 年 8 月通过的《中华人民共和国农村土地承包法》第六十三条规定，该法实施前已经预留机动地的，机动地面积不得超过本集体经济组织耕地总面积的百分之五。不足百分之五的，不得再增加机动地。该法实施前未留机动地的，该法实施后不得再留机动地。

直接后果是，随着国家向农村输入资源力度的加大，国家对村级组织的管控诉求也愈加强烈，将村级组织正式化、行政化便是国家这一诉求的直观表现。

再来看第二点。农村土地集体所有制是重要的村级组织权力再生产制度。以农村土地集体所有制为基础，村庄社会成为一个相对自主的权力生产与再生产场域，而无须国家通过正式制度的形式给村级组织赋予实质性的权力。这有助于降低村级组织对国家行政权力的依赖，国家只需给予抽象的法律认可即可。具体来说，这一点主要通过村级组织掌握村庄土地的调整权实现。

对我国绝大部分地区来说，村庄通常是村民认同与行动的基本单位，它是一个依托血缘和地缘形成的村社共同体，村民共同享有集体成员权。集体成员权在农地上的表现是"村庄内部每个合法成员平等地拥有村属土地的权利"[1]，这也是集体土地所有制度的精神内含。土地与村社每个成员的利益息息相关。以农村土地集体所有制为基础的土地调整权则为村级组织充分动员和规约村民行为提供支撑，成为村级组织权力生产的重要载体。更为重要的是，土地调整本身为村级组织权力的再生产提供了实践场域。村级组织要顺利完成土地调整，离不开村民的参与和配合。于是，村民可利用土地调整的机会向村干部表达诉求。在这种情况下，村庄社会日常积累的各种矛盾在很大程度上便在土地调整场合爆发出来，村级组织也必须去积极处理和应对。村干部的主动性得到充分发挥，并在公平、公正地处理各类矛盾和问题的过程中实现权威的积累，进而达到村级组织治理权力再生产的效果[2]。

同样，农村土地集体所有制度这一促发村级组织权力生产与再生产的功能也逐渐受到相应农地政策的威胁。具体表现为国家对土地调整的严格限制以及土地确权政策对农村土地集体所有制的虚化，村级组织在总体上丧失了对土地的统筹权。

---

① 姚洋：《中国农地制度：一个分析框架》，《中国社会科学》2000 年第 2 期。
② 杜姣：《农地调整的治理内涵——基于山东 S 镇的考察》，《南京农业大学学报》（社会科学版）2017 年第 4 期。

（三）配套制度之二：半正式化的村干部管理制度

黄宗智通过对历史档案的研究，将中国地方行政实践中依赖由社区自身提名的准官员进行县级以下治理的方法概括为"半正式行政"①。即是说，县级以下的治理依赖的治理主体不是正式官员。在黄宗智的研究基础上，李怀印提出"实体治理"概念用来刻画国家对乡村治理的不干预、放任主义导向和地方行政中利用乡土资源进行治理的半正式做法②。在吸收黄宗智、李怀印等人研究成果的基础上，后续很多研究将村民自治制度确立后形成的依靠兼业化、只拿误工补贴的村干部和主要依托地方性知识和传统治理资源进行治理的模式称为"半正式治理"③。不论是"半正式行政"还是"半正式治理"，治理主体都不是完全的行政科层人员，他们处于一种半正式管理状态。自治型村庄治理体制实行的就是半正式化的村干部管理制度。村干部管理制度的半正式性主要体现在三个方面。

第一，在报酬方面，对村干部实行误工补贴制，而非工薪制。经验中比较常见的实践形式有定额补贴、论工计酬和定额补贴加分级奖金，比如有的村庄可能采取村主职干部为定额补贴、其他一般村干部为论工计酬的方式，有的村庄可能所有村干部都采取定额补贴加分级奖金的方式。虽然误工补贴的具体实践形式不一，但实质都是一种按劳分配模式。另外，在误工补贴制度下，村干部是不脱产的，他们可在从事村庄工作的同时兼顾家庭的生产经营活动。这也是有学者将村干部的身份定位为"半官半民"的重要原因。但村干部身份的底色依然是村民，他们的生产方式、生活方式以及处事逻辑都与村庄其他村民呈现出同质性和一体性。因此，村干部深嵌于村庄社会体系之中，而非完全归属于政府的行政体系之中。这是形塑自治型村庄治理体制动员性不可或缺的要件。

---

① ［美］黄宗智：《集权的简约治理——中国以准官员和纠纷解决为主的半正式基层行政》，《开放时代》2008 年第 2 期。

② ［美］李怀印：《华北村治——晚清和民国时期的国家与乡村》，岁有生、王士皓译，中华书局 2008 年版，第 15 页。

③ 赵晓峰：《公域、私域与公私秩序：中国农村基层半正式治理实践的阐释性研究》，《中国研究》2013 年第 2 期。

第二，在工作模式方面，对村干部实行非坐班制。这一工作模式内含有村级组织的两种治理逻辑：首先，村级组织是因事而动的，遵从事件化运作模式。即村级组织是围绕村庄公共事务的出现随时启动和运转，平时则处于"休眠"状态。这也是调研中村干部通常说的村庄治理实际上就是"事找人"而非"人找事"。其次，村级组织的工作场域多是现场化而非办公室化。即，村庄很多事务通常都需要去现场解决，比如针对各种突发的矛盾纠纷。当然，在农村中还经常出现村民不分白天黑夜直接去家里找村干部处理事情的情况。这其实反映出村干部的工作场域和生活场域之间不存在清晰的界限，而是模糊化的。这也是在对村干部实行非坐班制的情况下村庄治理工作开展方式灵活性的表现，体现出自治型村庄治理体制与村庄社会的深度嵌入面向。

第三，村级组织内部权力结构的扁平化。这一点表达的是村干部之间不存在实质性的权力分层。从理想的制度设置来看，村书记和村主任是村级权力的核心。但在实际运作中，村书记与村主任对其他村干部并不具有绝对的管理权力。村书记与村干部对村庄其他一般村干部的动员不主要依靠制度赋予的身份权力，而往往是依托人情、面子、荣誉激励等社会性因素。此外，其他一般村干部之间更不存在权力的层级化现象，而且不存在明晰的职责分工，他们更多是一种粗略分工与绝对合作的关系。这意味着村干部之间的关系不主要由制度规定，它是一种在村庄社会逻辑中展开的实践性关系。所以说，村级组织内部的权力结构是扁平化的。

半正式化的村干部管理制度上述三方面的表现其实是自治型村庄治理体制组织特征的具体化表达。政府对村干部采取半正式管理制度，在很大程度上也是村民自治制度这一自治型村庄治理体制基础构成制度的进一步延伸。

二 自治型村庄治理体制的驱动与治理机制

上一节主要梳理型构自治型村庄治理体制动员性特征的制度基础，本节从更深层角度剖析自治型村庄治理体制动员性的实践机制，具体从自治型村庄治理体制的驱动机制和治理机制两个层面呈现。其中，驱动机制反映的是推动自治型村庄治理体制运转的结构动力，治理机制反映的是自治型村庄治理体制内含的治理逻辑。自治型村庄治理体制的动员性体现为驱动机制和治理机制的社会化，即自治型村庄治理体制充分激活了村庄社会，强化了村庄社会在村庄公共事务中的治理责任，释放了村庄社会的治理能力。

（一）自治型村庄治理体制的驱动机制

以村级组织为组织载体的自治型村庄治理体制不属于乡镇政权延伸至村庄内部的治理层级，乡镇政权与村级组织之间缺乏完整的行政化制度联结。在这种情况下，作为驱动政府及其他相应机构和部门运转的以目标管理责任制为表现形式的行政压力很难完全传递到村级组织身上，进而很难成为村级组织运转的主导驱动机制。

自治型村庄治理体制的驱动因素主要来源于村民的社会压力。这意味着村级组织主要是向下（村民）负责，而非纯粹向上（政府）负责。也正是在这个层面上，笔者将自治型村庄治理体制运转的驱动力称为社会压力，区别于政府行政组织的驱动力——行政压力。村庄社会压力之所以能构成自治型村庄治理体制运转的驱动力，原因就在于自治型村庄治理体制本身所具有的社会属性。这种社会属性实际上就是由村民自治制度、农村土地集体所有制度以及半正式化的村干部管理制度型构。村庄社会压力向作为自治型村庄治理体制主要组织载体的村级组织的传导可从以下两个层面理解。

首先，村级组织的合法性直接来自村庄社会赋权。这为村民自治制度所规定，村委会由村民选举投票产生，而非由政府任命。这决定村级组织的首要负责对象是村庄中的广大村民，村级组织要积极回应他们的治理诉求。另外，这也说明村级组织的治理活动主要由村庄内生需求推动。其次，村级组织镶嵌于村庄社会之中，这集中表现在村级组织成员——村干部是从村庄社会内部产生。这意味着，一方面村干部与村庄其他村民共享同一生产、生活以及价值意义系统，相互之间存在紧密的关系联结，村干部行为同时也为村庄社会舆论所约束；另一方面村干部本人也是村民的一部分，村庄公共事务与其切身利益密切相关。于是，以村庄需求为表现形式的村庄社会压力便可通过村干部的"村民"身份实现向村级组织的顺利传导，推动村级组织运转。村庄社会压力成为自治型村庄治理体制的驱动机制。

(二) 自治型村庄治理体制的治理机制

村级组织所处的国家与村庄社会之间联结点的结构性位置客观上决定它不仅要负责处理村庄内生的事务，而且要承接国家下达至村的事务，即所谓的"村务"与"政务"。在这种情形下，村级组织治理工作的开展实际涉及两层关系的处理。这两层关系分别是村级组织与国家之间的治理关系和村庄范围内的治理关系。综合来看，村级组织的治理目标就是要最大限度地落实国家任务以及最大可能地回应村民的治理需求。正如上文指出，这两重治理目标所涵盖的村庄公共事务最终都可根据其所蕴含的治理属性划分为关系脱嵌型事务和关系嵌入型事务。在我国广大的中西部地区农业型村庄中，关系嵌入型事务是村庄公共事务的主导构成。村级组织面对的主要是关系嵌入型事务的处理，而这类事务的有效处理需要高度依托动员性治理体制所内含的治理机制。自人民公社体制解体之后我国农村形成的自治型村庄治理体制就是这样一种动员性治理体制。在治理活动实际开展过程中，自治型村庄治理体制主要内含有以下两种治理机制。

首先是，治理责任的村庄化机制。村民自治制度的实行确立了"乡政村治"治理架构，"村"以上和"村"以下采取不同的治理体制和治理模式。需要提出的是，"乡政村治"架构还是一种治理责任的分配体制，即村庄事务的管理应该由村庄自主承担，并尽可能在村社范围中完成，而不是将村级治理责任上移。此外，村社内的所有村民也都有参与村庄治理之责。由此可见，村民自治制度建立了除村干部之外的其他一般村民的治理主体地位。以村民自治制度为重要构成的自治型村庄治理体制其实内含着治理责任的村庄化机制，这涉及的是村社范围内各种治理关系的处理。

其次是，"政务"向"村务"的转化机制。自治型村庄治理体制的主导性质是社会性，但并没有完全排斥其国家性的存在。这即是前面所说的它仍需承担落实国家任务的责任，并且接受国家对它的管理。自治型村庄治理体制社会性与国家性的并存特征决定了其体制角色的模糊性，这为其有效处理国家与村民之间的关系提供了充裕空间。一般来说，政务最终都要与村民对接。在对接过程中，政务不可避免地要与村庄社会发生碰撞。要顺利进入村庄社会并为村民接受，其中需要生成一个"政务"向"村务"的转换过程，这也是政务进入村庄之后自然会演化为关系嵌入型事务这一逻辑下的必然结果。一旦政务与村庄社会碰撞并与之形成嵌入关系，村庄的情感关系、利益关系和社会关系就会在"政务"上集结，政务就变为关系嵌入型事务。

于是，村级组织在处理"政务"的过程中就不能简单将之看作国家行政任务，并运用以规则和制度为原则的行政治理逻辑，而应将之视为与村内村民利益存在紧密关联的"村务"。由于作为自治型村庄治理体制重要组织载体的村级组织角色的双重性（国家代理人与村庄当家人）以及由此形塑出的角色的模糊性使其不存在明晰的行为界限，村级组织可根据具体情境在两种角色之间自由切换。此外，处于国家与村庄社会结点位置上的村干部不仅了解政府行政工作原则，而且熟知村庄社会的运行逻辑。它们一道为"政务"向"村务"的顺利转换提供了可能。也因此，"政务"向"村务"的转化机制成为自治型村庄治理体制一项非常重要的治理机制。在自治型村庄治理体制下，"行政"与"自治"实现了统一，而非分离或是对立。这说明，国家行政事务需要依托自治型村庄治理体制中的村民自治体系实现向村庄社会的渗透和与村民的对接。

最后是，社会动员机制。自治型村庄治理体制不是政府行政层级向村庄的延伸，因而，其在开展治理工作的过程中可供直接依托的行政资源非常有限。要有效开展村庄治理工作，其必须充分调动和整合村庄社会内部的资源，包括村庄人力资源、乡土规则资源等。这也是自治型村庄治理体制动员性的重要体现。自治型村庄治理体制中村干部身份底色的"村民性"是其能够调动和整合村庄社会内部资源的重要条件。一方面，"村民性"意味着村干部对村庄生活逻辑以及村民行为逻辑有深度了解，从而对乡土规则有深度把握。这使其能够及时找到顺应村民心理的处理办法；另一方面，"村民性"意味着其与村庄其他村民身份的一体性，这为人情、面子等机制作用的发挥奠定了基础。即村干部可借由人情、面子等机制吸纳村庄社会中的精英，将之整合进村级治理队伍中来，壮大村级治理力量。自治型村庄治理体制中内含的社会动员机制高度契合了我国中西部地区农业型村庄以

村庄治理现代化的实现路径

关系嵌入型事务为主导的村庄公共事务的处理需求。

三 自治型村庄治理体制的实质：动员性治理体制

如上文所述，自治型村庄治理体制的动员属性可从制度和实践两个维度理解。制度层面的规定定义了自治型村庄治理体制与乡镇之间的关系以及其所具有的体制特征。村民自治制度、农村土地集体所有制度以及半正式化的村干部管理制度共同确立了自治型村庄治理体制相对于乡镇政府的独立地位，减少了其对政府资源的依赖，限定和约束了乡镇政府对村级组织的行政控制，进而弱化了村级组织的行政性。自治型村庄治理体制的工作模式也不同于行政化村庄治理体制。行政化村庄治理体制的工作行为由制度规定，工作的时间、地点，工作方法以及工作效果都有明确的制度化要求。村干部在开展工作过程中也主要利用正式的行政资源，行政化村庄治理体制的运转主要靠行政压力驱动。可以说，行政化村庄治理体制在相当程度上是上级指向的，一切以上级意志为准绳。

自治型村庄治理体制是一套完全不同于行政化村庄治理体制的体制模式，它的工作行为以村庄公共事务为中心。自治型村庄治理体制的运转并不是常规化、常态化的，而是靠村庄公共事务启动。这决定村干部的工作时间、工作地点、工作方法等都由具体的情境规定，不存在明确的制度要求。其最终要达到的目标是问题的实质解决。由于正式行政资源供给有限，自治型村庄治理体制在开展工作的过程中必须充分调动社会资源和社会力量，并将之整合为有效的治理资源，而来自村庄的社会压力成为驱动它运转的主要动力因素。所以，从这个层面而言，自治型村庄治理体制是村民导向的，一切以村民的利益和诉求为出发点。也因此，自治型村庄治理体制在体制形式上表现出"虚化"色彩，其"实体"特征主要体现在治理意义上。

自治型村庄治理体制动员属性的制度规定性进一步影响着其具体的治理实践，其内含的治理责任的村庄化机制、"政务"向"村务"的转化机制以及社会动员机制集中展现了动员性治理模式的两个基本特征：一是对村庄主体（村民）参与村庄公共事务处理责任的强调；二是包括"政务"在内的村庄公共事务的处理主要遵循村庄社会治理的逻辑。前者说明除了村干部之外的村社内的所有成员都具有参与村庄公共事务处理的责任，并占据主体地位，这也是治理责任村庄化机制的重要意涵。后者说明，内生于村庄以及进入村庄的村庄公共事务一旦与村庄发生关联，就会向关系嵌入型事务演化。对这类事务的处理需要深入村庄关系之中，按照村庄社会治理的逻辑进行，才能取得较好的效果。在处理的过程中，还需要充分动员村庄社会，启动自治型村庄治理体制内含的社会动员机制。

近年来我国广大中西部地区农村普遍推进的村级治理行政化改革运动则从根本上瓦解了村庄既有的自治型治理体制，村庄治理体制从动员性治理体制转变为科层式治理体制。在该治理体制下，治理工作的展开通常只有该体制内部资源的动员，缺乏对村庄社会的撬动。即只存在行政动员，而没有社会动员。村干部从村庄关系中抽离出来，悬浮于村庄社会之上。在这种情况下，村干部积极深入村民群众的治理性角色被弱化，沦为国家行政体制之中的办事员。这样一种治理体制将村民排斥于村级治理主体的角色之外，他们仅被视为村庄公共服务和公共资源的被动接受者，村级治理的动员面向被剥离。

第二节　自治型村庄治理体制的适应性[①]

以村干部为主要构成的村治主体队伍是村庄治理得以有效展开的重要组织保障。当前在我国广大中西部地区农村广泛推行的村级治理行政化改革的核心内容之一是，改变原来自治型村庄治理体制下兼职化的村干部管理体系，将村干部职业化，将之纳入政府行政管理体制中。这一改革举措包含这样一种前提假设，即认为自治型村庄治理体制所蕴含的激励体系不足以解决村干部的治理动力问题，以致农村普遍陷入无人愿当村干部或村干部工作动力不足的困境。这一改革举措的一个重要目的就是试图通过对村干部激励系统的再造实现对自治型村庄治理体制的改造以克服上述困境。

根据激励要素来源，村干部激励可分为行政激励和非行政激励。

---

① 本部分所用村名、人名皆为化名。

行政激励源自政府行政体制，不论是正向激励还是负向激励，都有明文制度规定，具有正式性。非行政激励指外在于政府行政体制制度规定、附着于村干部身份之上的各种显性或隐性的激励要素，具有非正式性。自治型村庄治理体制下的村干部在有限的误工补贴下，主要依托非行政激励。村级治理行政化改革是通过强化行政激励的方式达到政府对村干部的控制和动员，并将无人愿当村干部或村干部治理动力缺乏的困境归因于自治型村庄治理体制内含的正式行政激励不足，进而对自治型村庄治理体制的存续性表示怀疑。

政界和学界的相关人士之所以得出上述判断，原因在于他们是将村治主体视为与乡村社会相对隔离的专门职业群体，忽视了村治主体与乡村的内在嵌入和关联关系，进而低估了当前附属在村干部身份之上的非行政激励要素的作用。鉴于此，本节将拓展性运用嵌入理论①，将以村干部为主要构成的村治主体置于乡村的经济、社会网络系统之中，揭示自治型村庄治理体制内含的激励体系与乡村经济、社会特征的亲和性，以对自治型村庄治理体制的适应性进行论证。

一 村庄治理体制与激励结构的历史维度

（一）村庄治理体制的实践形式与村治主体结构的历史变迁

自传统帝国时期以来，我国乡村基层社会主要依靠半正式治理体制治理，包括人民公社体制解体后农村社会普遍建立的以村民自治制度为基础的自治型村庄治理体制本质也属于半正式治理体制的范畴。虽然在晚清民国时期现代国家政权建设的需求下，国家有作出对乡村基层组织官僚化改造的努力，但实践中还是采用了半正式行政的治理进路。这一做法为国民党政府，甚至日本占领军政府沿用②。半正式

---

① 关于嵌入理论的讨论常见于经济社会学领域，着重强调人们的经济活动与社会关系、社会结构等社会背景之间的关联。嵌入理论中蕴含的应该将某一主体及其行为放置在其所处的经济社会环境中的分析方法对公共管理学、社会学以及政治学等社会科学领域产生了重要影响。本研究对"嵌入理论"的运用，也主要是从这一层面切入，即将村干部群体放置于其所处的乡村经济社会环境中，剖析其与乡村经济社会环境之间的关联和互动关系。

② ［美］黄宗智：《集权的简约治理——中国以准官员和纠纷解决为主的半正式基层行政》，《开放时代》2008 年第 2 期。

治理体制中，乡村基层治理组织既不同于正式的官僚行政组织，也有异于完全的社会性组织，它是这两类组织形式之间的中间形式，兼具行政性和社会性。其中，乡村治理主体兼具"国家授权的合法性"和"农民自发的认同感"这一双重权力属性①，"农民自发的认同感"在乡村治理主体的权威来源中占据基础性位置。国家意志和乡民意志在半正式治理体制中实现交融。

身处半正式治理体制中的乡村治理主体具有以下特征：首先，他们内生于本地乡村社会，其参与乡村公共治理的合法性源自本地乡民和国家的双重认可；其次，地方政府与乡村治理主体之间不具有绝对的制度化权力支配关系，在具体治理工作的开展过程中，更多是共同协商、相互配合的协作性关系；再次，乡村治理主体不是拿固定薪金的全职工作人员，承担乡村公共治理职责只是其生活的一部分，其还可自主经营其他产业；最后，他们对乡村内部公共事务的处理具有较高的自主性，较少受地方政府的直接干预。正是这类乡村治理主体在我国几千年的历史中发挥着乡村秩序的自主供给以及协助完成国家相应任务的职能。另外，半正式体制中乡村治理主体身份的模糊性决定了他们角色和行为的不确定性，进而可能出现"双重角色""经纪模式""守夜人""撞钟者"等多种角色形象②。国家与农民之间的关系状态是形塑乡村治理主体具体实践角色和行为的主要力量。

联结国家与乡村社会的半正式治理体制由多重复合型治理层级构成，随着层级的递次向下延伸，层级的行政性越弱、社会性越强。复合型治理层级囊括多元治理主体，它们构成乡村基层社会的整体治理队伍。从历史维度来看，我国乡村基层社会的半正式治理体制大致形成了三种理想类型意义上的实践形式：一是传统帝国时期到中华人民共和国成立前的保甲、乡里制；二是中华人民共和国成立后人民公社时期的生产大队和生产小队体制；三是人民公社解体后截至当前的以村民自治制度为基础的村组体制，即自治型村庄治理体制。这些体制

---

① 赵晓峰：《公域、私域与公私秩序：中国农村基层半正式治理实践的阐释性研究》，《中国研究》2013 年第 2 期。

② 吴毅：《"双重角色"、"经纪模式"与"守夜人"和"撞钟者"——来自田野的学术札记》，《开放时代》2001 年第 12 期。

从未向完全的科层行政体制演化，长期保持和延续着半正式形态。

费孝通等学者将传统帝国时期的治理概括为"双轨政治"，意指传统帝国时期的治理由两条治理轨道构成：一条是自上而下的中央集权的专制体制轨道，它以皇帝为中心，依靠官僚体系治理；一条是基层组织自治轨道，它主要由乡绅等乡村精英进行治理①。"双轨政治"的治理格局形塑了中国传统社会治理"皇权不下县，县下行自治"的总体性特征。但是，"双轨"之间并不是截然分离和割裂的，中间由各种半正式治理主体承担着上情下传和下情上达的功能，沟通着国家与农民的关系。县以下的半正式治理体制大体包括两个治理层级：一者是以皂隶、公人、班头、差人、乡保、乡约等为代表承担信息传递功能的治理层级②；一者是以绅士为代表行使实质治理权力的治理层级，诸如乡村社会内部的水利、自卫、调解、互助、娱乐等公共事项都是由他们负责。从一定程度上说，承担信息传递功能的治理层级处于国家正式官僚组织与乡村绅士这一行使实质治理权力层级的中介位置。当然，这并不排除绅士直接与县级官僚打交道和协商事宜的可能。县以下半正式治理体制中的两个治理层级不属于上下级关系，也不存在权力支配关系。它们之间主要是一种松散的非正式联结，处于国家与社会交织的合作领域。皂隶、公人、班头、乡保、乡约、绅士等共同构成乡村半正式治理体制中的治理主体结构。

中华人民共和国成立后的人民公社时期，村庄实行生产大队和生产队两级治理体制，它们与公社共同组成人民公社组织。公社既是经济单位，也是国家最基层的政权单位。从生产大队和生产队的外在组织形式来看，它们仍属于半正式治理体制，具体体现在以下几方面：第一，生产大队和生产队干部都不脱产，其实质身份依然是农民，工

---

① 吴晗、费孝通等：《皇权与绅权》，天津人民出版社 1988 年版。

② 赵晓峰曾在文中指出，这一层级的相关人员相当于黄宗智提到的晚清时期的衙役、胥吏、乡保、乡约等准官员。黄宗智认为这些准官员具有实权且发挥着实质治理功能。费孝通认为，绅士才是治理实权的掌握者，这些准官员仅发挥上传下达与下情上传的信息传递功能。赵晓峰认为费孝通的说法更具有可信性，本研究认同赵晓峰的观点。详见赵晓峰《公域、私域与公私秩序：中国农村基层半正式治理实践的阐释性研究》，《中国研究》2013 年第 2 期。

作报酬由村集体承担，未被纳入正式行政官僚组织架构中；第二，生产大队和生产队干部的产生需要经由村庄社会和国家的双重认可，不是由地方政府直接任命；第三，村庄内部诸如矛盾纠纷的调处等事务的处理，生产大队和生产队干部都有一定的自主权力。

但是，与中国其他任何时期都不同，人民公社时期，国家通过对社会各类资源的全面控制、强大的党组织系统建设（公社设党委、生产大队设支部、生产小队设党小组）以及意识形态教育实现了对社会的总体性支配。整个社会都被吸纳到国家的意志和目标中，表现出"社会的国家化"① 特征，处于国家治理末端的村庄治理中的绝大部分工作亦主要在国家力量的影响下进行。国家力量借助上述各种措施和组织手段向村庄社会的全面渗透，无形增强了生产大队与生产队干部来自国家权力的支撑，以致村庄半正式治理体制中生产大队与生产队两个治理层级之间存在实质性权力支配关系，呈现出明显的上下级属性，生产队需要听从生产大队的统一指挥和安排。公社与生产大队之间同样遵从这一逻辑，表现出实质性的权力支配和上下级的命令—服从关系。生产大队干部和生产队干部是这一时期村庄半正式治理体制中村治主体结构的主要构成。

随着人民公社的解体、家庭联产承包责任制的实行，包括土地以及劳动等生产要素都实现了一定程度的自由流动，国家权力的后退和上收促进了社会的释放。在这一宏观背景之下，村民自治制度的确立重新使村庄治理体制回归到实质的半正式形态，由村委会和小组两重治理层级组成。村干部和小组长是半正式治理人员，也是村治主体结构的主要构成。村干部都不是全职从事村庄治理工作，只是根据工作情况拿取相应的误工补贴。并且，《中华人民共和国村民委员会组织法》明确界定了乡与村之间不是领导和被领导关系，而是指导与被指导关系。乡镇政府与村委会之间不存在行政隶属和行政支配关系，只是协助和配合关系。同样，村庄半正式治理体制中的村委会和小组两个治理层级之间也只是协助、配合关系，其中充斥着各种非正式动员

---

① 颜纯钧：《社会的国家化进程——建国之初的电影传播》，《现代传播》（中国传媒大学学报）2010 年第 10 期。

要素，二者共同参与村级事务的管理和国家任务的落实。较之于村委会，小组的行政性更弱、社会性更强。这体现在小组长的任免在很大程度上不需要以乡镇政府为代表的国家力量介入，也表现在其相对于村委会更低的管理和考核要求。

中国各历史时期的村治主体除了上述的半正式治理主体外，还包括未被政府官方明确授权却为广大乡民认可的非正式治理主体，他们大多是乡村社会中的精英。与普通村民相比，他们在某些方面具有特殊优势，包括经济优势、知识优势以及社会资本优势等。也因此，他们在乡村治理中往往表现出强大的政治社会影响力。他们既可能是半正式治理主体的支持和辅助力量，也可能是半正式治理主体的反对和阻碍力量。有学者将这部分精英称为非体制精英，区别于具有国家正式授权和获得国家政权体系认可的体制精英①。可见，隶属于国家正式行政官僚体制的正式治理主体—半正式治理主体—非正式治理主体共同组成乡村社会完整的治理主体结构，形塑着乡村社会秩序和构建着乡村社会的治理状态。

由此可看出，一直以来，国家从来都不是借助正式官僚行政体制与乡村社会对接，而是由复合治理层级构成的半正式治理体制进行衔接。这是一种低成本的简约治理模式。这种治理模式之所以长期为各个时期的政府沿用，主要有两方面原因：一是有限的小农经济剩余无法支撑起一个复杂和正规的官僚组织体制的运转；二是主要依托乡村内部治理力量的半正式治理体制高度契合了乡土社会以相对稳定的血缘关系和地缘关系为基础的熟人社会结构。

（二）村庄治理体制激励体系的构成与历史实践

1. 村庄治理体制激励体系的构成

本章开头，笔者根据激励要素来源将村干部的激励结构划分为行政激励和非行政激励。行政激励指村干部的激励要素是在行政系统的制度框架中获得，非行政激励中的激励要素是在行政系统的正式制度规定之外获得。它们既可能是物质激励，也可能是精神激励。一般来

---

① 仝志辉、贺雪峰：《村庄权力结构的三层分析——兼论选举后村级权力的合法性》，《中国社会科学》2002 年第 1 期。

说，在正式的行政体制中，工作人员的工作积极性主要来自行政激励，以严格的数字化目标责任考核为依据，工作人员主要遵从对上负责的原则。在村庄的半正式治理体制中，治理主体主要依靠非行政激励，有限的行政激励只是补充。当然，非行政激励的实现与治理主体的公共身份处于地方政府与乡村社会的结点位置紧密相关。具体而言，附着于治理主体身份上的非行政激励主要有以下几种表现形式。

一是经济价值。借助治理主体身份，人们的社会关系能够得到极大拓展，既包括政府内部的关系，也包括与乡村其他精英的关系。这些关系都可能向经济利益转化，最直接的是有助于他们自身生产经营活动的开展，也包括便于他们安置子女的教育和就业等。而且，相对于村庄其他普通村民，村干部多了一部分误工补贴收入，使其至少在家庭经济的总体实力上不会低于其他村民。这一优势在20世纪80年代到90年代初最为明显。一方面，此时全国性的务工市场尚未完全打开，中西部地区农村的村民依然以经营土地生产为主；另一方面，这时以农业税费收取为代表的农村工作任务还不重。这两方面因素共同决定了有限误工补贴下的村干部职位仍然对村民具有吸引力。

二是社会价值。个体除了具有经济利益的追求外，他们还是社会性主体，存在获得社会认可的需求。这是个体生命社会价值的重要体现。在完全正式的行政治理体制中，治理主体的社会关系，以及与之相关的面子和荣誉都主要在行政体制设定的工作场域中获得。而村庄的半正式治理体制是深度嵌入在地方社会中，治理主体被高度包裹在地方社会的血缘和地缘纽带中，他们的面子、荣誉等社会性价值主要在地方社会中获得。村治主体处于村庄的公共位置之上，该位置不仅具有稀缺性，而且获得该位置需要一定的群众基础，能够占据该位置的村民本身就获得了村民的集中认可，处于村庄社会结构的顶端。该位置是对村治主体个人威望和社会结构位置的进一步确认。因此，村治主体身份蕴藏着极大的社会价值。

三是自我实现价值。自我实现指个体潜能和才能能够在合适的环境中得到最大程度的发挥，它展现的是个人理想的实现过程。美国心理学家马斯洛认为这是人最高层次的需求①。村治主体的位置为村民个体能力的发挥提供了展演平台，村民自我价值是在个人能力的充分释放中实现的。陕西省眉县老村的杨某，1996 年开始担任村主任。他跟我们提到，这么多年来他愿意在村里干下去的原因是，当村干部能够有些额外的经济好处，比如可以更为方便地搞点小工程项目。但是，当村干部对他而言更大的吸引力在于，村民认为他做村干部做得好，对他非常认可。他周边的朋友也都很羡慕他，经过多年的摸索，他也能在村干部位置上做到游刃有余。他说，他现在最大的满足感就是在村干部班子里发挥最大的作用，他的价值感和意义感全都融在了里面，以致觉得一个百万富翁还比不上他一个村长②。

可见村庄半正式治理体制中内生于村庄社会的村治主体的整个参照体系并不在正式行政体制的框架内，而是在乡村社会场域中，特别是本村场域中的村民群体。这说明村治主体在心理上不是将自己作为行政官僚体系中的一员，与行政官员进行比较，而是更为认同自身的村民身份。在半正式治理体制下，我们需要将村治主体放置在乡村社会系统中，而非官僚行政系统中认识。否则就会出现参照体系的混乱，进而得出村治主体包括薪酬、社会保障等各方面的待遇不如公务员的判断，从而提出应该将村干部纳入行政体系使之正式化的建议。

2. 村庄治理体制激励体系的历史实践

村治主体的非行政激励状况在相当程度上受国家与农民关系的影响。长期以来，国家与农民的关系集中表现为资源汲取关系。国家与农民关系相对缓和的时期，通常也是国家的资源汲取需求在农民可承受范围内的时期。这时的村治主体能够达到国家代理人和村庄当家人双重角色的平衡，兼顾国家意志和农民需求。在这种情况下，内嵌于乡村社会的非行政激励，特别是社会价值和自我实现价值才具备生存的土壤，因为它们都是以村治主体与村民的良性互动为前提。历史地看，我国传统帝国时代的绝大部分时期以及中华人民共和国成立后的人民公社时期都属于国家与农民关系比较缓和的时期。只是这两个阶

---

① 林崇德等：《心理学大辞典》，上海教育出版社 2003 年版。
② 参加访谈，记录陕西省眉县老村，2016 年 7 月 19 日下午。

段国家与农民缓和关系形成的具体机制不同。

传统时期，我国整体上仍然是农业社会，国家从农民那里汲取的资源主要用于维系相对简单的官僚体系运转，遵循维持型治理逻辑。国家对农民资源的汲取量保持在一个较低的限度内，达到了国家与农民利益的均衡，农民的被剥削感不强。比较而言，中华人民共和国成立后的人民公社时期与传统时期国家政权的维持性目标不同。当时中国在内忧外患的宏观背景下，面临着巨大的现代化建设压力，现代化建设所需资源主要来自农业的生产剩余。在这种情况下，中国必然会走上工业剥削农业、城市剥削农村的发展道路。因此，从客观环境来看，这一时期的国家与农民关系高度紧张。只是国家通过对农村，特别是土地资源的集体控制，同时辅以一系列制度、组织建设和意识形态的宣传教育活动，将国家对农民资源的剥削色彩给隐性化了，以致农民的剥削感不强。国家与农民潜在的紧张性没有表现出来，国家、村治主体以及普通农民都被高度整合进国家的现代化建设目标之中，村治主体不存在协调国家与农民利益关系的困扰，从而能与普通村民发生良性互动。这也是人民公社体制能够维系20余年的原因所在。

在国家与农民关系相对紧张，特别是利益存在明显对立的时期，作为二者联结点的村治主体必然会受到来自国家与农民的双重挤压。在国家与农民之间利益严重失衡和无法调和的情况下，村治主体的平衡者角色将难以维系，会陷入要么偏向国家，要么偏向农民的角色选择困境。如果偏向农民，村治主体根本不具备应对国家权力的能力。若偏向国家，村治主体将面临得罪村民的风险，而且必须承受从地方社会的社会关联、价值关联和意义关联中剥离出来的后果。附着在村治主体身份之上的非行政激励要素中的社会价值和自我实现价值也将会流失。

在这种情况下，选择偏向国家的村治主体只能通过借助这一身份最大可能地攫取经济价值来补充社会价值和自我实现价值的流失，该经济价值通常是从对农民的剥削中获得。对重视非行政激励中社会价值和自我实现价值的村庄精英群体而言，面对这一两难困境，他们更倾向于选择逃离这一职位，以寻求对个人底线追求的自保。这造成的结果便是，为乡村正统文化排斥的极度自利群体将填补村治主体的空缺，追求借助这一身份所能获得的非行政激励中的经济价值部分。他们在帮助国家完成资源汲取任务的同时，最大限度地实现自身灰色利益。也是在国家与农民关系比较紧张的时期，村治主体会出现自利群体对村庄正统精英的替代。

从历史维度来看，我国有两个时期比较典型：一是晚清民国时期；二是中华人民共和国成立后的 20 世纪 90 年代中后期。这两个时期普遍出现了村治主体的更替，有学者将晚清民国时期村治主体的更替概括为"保护型经纪人"向"赢利型经纪人"的更替①，将 20 世纪 90 年代中后期村治主体的更替称为"好人村干部"向"狠人村干部"的更替②。这两个时期的共同点是国家都存在极大的从农村汲取资源的需求。晚清民国时期，正是中国现代国家政权建设起步时期，包括新式学校、现代警察和新军的建设等都需要大量的资源。在国家与农民之间利益明显对立的情况下，传统的乡绅群体纷纷逃离乡村治理主体职位，"保护型经纪人"最终为"赢利型经纪人"取代，带来国家政权内卷化的后果。

20 世纪 90 年代中后期，国家总体经济实力仍然比较有限，当时国家又提出与普九教育达标相应的乡村学校建设升级等硬件建设要求，所需资源主要依靠向农民收取税费。也是在这一时期，农民的税费负担达到改革开放以来的顶点，村干部的税费收取压力急剧增加，干群关系高度紧张。为了完成税费提取任务，地方政府也倾向于选取村中的狠人当村干部，并默许他们截留部分税费收入。村中狠人也愿意当村干部，企图从中获得灰色收益。"乡村利益共同体"③ 就此形成，好人村干部退出历史舞台，乡村治理再次陷入内卷化的困境之中，引发了世纪之交的"三农危机"。

既有研究对包括自治型村庄治理体制在内的半正式治理体制的批评理由也多集中在不受行政体制约束的治理主体可能存在的"赢利

---

① ［美］杜赞奇：《文化、权力与国家——1900—1942 年的华北农村》，王福明译，江苏人民出版社 1996 年版。

② 陈柏峰：《"有才无德"村干部：悖谬及原因》，《武汉科技大学学报》（社会科学版）2011 年第 4 期。

③ 贺雪峰：《试论 20 世纪中国乡村治理的逻辑》，《中国乡村研究》2007 年第 1 期。

性"或"自利性"倾向，会造成农村基层治理的灰色化问题。但是他们忽略了上述情形得以形成的国家与农民关系状况这一宏观背景条件，也低估了在国家与农民关系相对缓和的背景下，乡村熟人社会对深度嵌入其中的治理主体行为的监督和约束作用。当然，从上文的分析中，我们也可看出，非行政激励空间的存在是村治主体能够忍受正式行政激励不足而愿意管理村庄事务和执行上级行政任务的主要原因。这也是半正式治理体制的生命力所在。

此外，包括自治型村庄治理体制在内的半正式治理体制中非行政激励的存在还是促使村治主体积极参与村庄事务治理的重要因素。这是因为非行政激励的实现主要依托半正式治理体制的社会性面向，即与乡村社会深度嵌入的这一面向。与正式行政激励下治理主体主要遵从对上负责的行为逻辑不同，主要依托非行政激励的村治主体更多遵从向下负责，也就是向村民负责的逻辑。只有与村民发生良性互动并积极回应村民的日常生活需求，同时不断规范自己的治理行为，村治主体所追求的非行政激励中社会价值和自我实现价值才能成为现实。

从另外的角度来说，半正式治理体制中的非行政激励空间是以乡村社会的低流动性和稳定性，以及与之伴随的村庄整体的社会关系、面子、意义和价值系统的相对完整性为基础前提的。在中国务工经济还未普遍兴起、人口流动还较少的时期，依托非行政激励空间，半正式治理体制能够得到较好的生存和维系，不会出现村治主体无人担任的情形。在2000年前后，随着市场经济的发展、务工经济的勃兴，村庄社会的完整性遭到前所未有的冲击。这是否就意味着以自治型村庄治理体制为实践形式的半正式治理体制得以维系的基础——非行政激励空间的瓦解，进而可能造成村干部治理动力的不足？并进一步推导出自治型村庄治理体制已经不具备存在的社会基础，需要将村干部纳入正式的行政体制之中，强化对村干部的行政激励要素？下面将着重分析当前我国中西部地区农村自治型村庄治理体制的非行政激励的存续状况。

二 自治型村庄治理体制激励体系的当下实践

在乡村社会边界未完全打开、保持相对封闭和传统的状态下，农民的生产生活、人生价值和意义都是在乡村社会场域中实践和展开，这为非行政激励要素提供了发育土壤。非行政激励的存在，恰恰构成正式行政激励有限的半正式治理体制中治理主体身份仍对乡村精英具有较强吸引力的原因。在绝大部分时期，尤其是非行政激励中的非物质激励要素（比如社会价值和自我实现价值）在其中发挥着重要作用。中国乡村社会的巨变发生在 2000 年前后，此时的城市经济得到迅速发展，表现出强大的对农村劳动力的吸纳能力。也是在这时，全国掀起了务工经济浪潮，区域经济发展的不平衡使中国农村劳动力主要从中西部地区向东部沿海发达地区流动，中西部地区农村经历着青壮年人口持续向外流出的过程，乡村社会完整性被打破。

乡村社会的变化对当前以自治型村庄治理体制为实践形式的半正式治理体制中非行政激励状况的影响集中体现在非行政激励中社会价值和自我实现价值等非物质激励要素的吸引力下降，经济价值这一物质激励要素成为人们愿意担任村干部的重要考量。这是因为当前农民面临着较以往任何时期更为强烈的现代化压力，具体表现为城市化压力。城市化压力向乡村社会的渗透极大强化了农民家庭的功能性面向，农民家庭体现出突出的发展主义冲动①。

从目前广大中西部地区农村的情况来看，农民家庭城市化的实践方式主要有两种，教育和婚姻。前者主要是父母通过增加对子女的教育投入，实现家庭的向上流动，在城市体面生活和安居；后者主要体现在越来越多的农村女性倾向于采取要求男方必须在城镇买房这一婚姻要价的方式，达到家庭城市化的目的，男性家庭婚姻成本大幅提高。农民家庭城市化目标的达成需要大量的资源积累，农民家庭因此表现出较强的经济增收动力。村干部身份所附属的非行政激励中的经济价值这一物质激励要素的重要性便凸显出来，它构成留守在乡村的村民愿意参与村干部队伍的主要动力因素。

实地调研发现，以自治型村庄治理体制为实践形式的半正式治理体制中内含的非行政激励系统仍然存在，并对留守在乡村的村民具有

---

① 李永萍：《功能性家庭：农民家庭现代性适应的实践形态》，《华南农业大学学报》（社会科学版）2018 年第 2 期。

相当的吸引力。这也是我国中西部地区乡村确立以村民自治制度为基础的自治型村庄治理体制以来，依然能够保持完整村治主体结构的原因。完整村治主体结构的保持又是自治型村庄治理体制能够延续至今的重要条件。本节将主要从乡村经济机会空间、乡村留守群体等要素及其相互之间的关系展开分析，揭示他们与自治型村庄治理体制内含的激励系统之间的亲和性。

（一）乡村经济机会空间的生成与特征

改革开放前，在国家总体性支配格局下，我国的经济类型以国有经济和集体经济为主导，个体经济和私营经济基本消失。在城乡二元结构分割的情况下，农民几乎不存在向城市流动的机会，他们主要依附乡村场域，在集体的统一组织下进行农业生产、安排个人的家庭生活，乡村亦不存在自由的经济机会空间。改革开放后，随着市场机制的引入，乡村中包括土地、劳动、资本等在内的各类生产要素都实现了相当程度的流动，经济机会空间开始在乡村中生成。比如自主土地经营、个体农资店、副食店以及乡村运输等经济机会都被广泛地发育出来。只是，在2000年之前农村人口还未大量外流的背景下，有限的乡村经济机会向所有农民开放，致使农村的就业处于饱和状态，还出现了一定的劳动力剩余。农民的劳动力价值无法得到充分释放。

2000年之后，城市经济的快速发展吸纳了大量的农村青壮年劳动力，农村人口出现明显分流：一者是流向城镇寻求就业机会；一者是留守乡村捕获经济机会。对广大中西部地区的乡村来说，因区位、资源、政策等各方面条件的限制，其工业经济基础往往比较薄弱，乡村经济机会空间主要服务于农业生产和农民生活，本地农民是主导消费群体。乡村经济机会包括两种类型：一种是农业经济机会，最典型的莫过于以土地为基础的农业生产，也包括养殖业等经济类型；一种是非农经济机会，其内容大致有从农业中分化出来的服务性环节，比如农资销售、农产品经纪人等，还有建筑工、乡村运输、家电维修等在内的经济类型。

在一定的乡村地域范围内，以农民生产和生活消费为基础的市场规模有限，服务半径较小且不具有向外拓展性，乡村中很难孕育出分工化和专业化的生产性和消费性就业类型，进而很难产生大规模、大面积的正规经济形态。因此，乡村通常是非正规经济形态[①]的集中区域，并呈现为分散、零碎、体量小的特征。与此同时，因为乡村的非正规经济主要附着于农民的农业生产和生活之上，会受到农业生产规律、农民生命周期以及地方习俗（比如特定的赶集日）的影响，因而不具有常规性，甚至是全日制性。比如农资店的生意受农业生产规律的影响比较大，其经营状况表现出很强的季节性。如建房等建筑工，则受农民生命周期的影响较大。乡村集市上的商店以及其他副食品店等，只是在赶集日比较繁忙，其他时间多处于闲置状态。

乡村非正规经济的这些特征决定其中的具体经济门类都很难让一个全职劳动力实现充分就业。从农民家庭生产性活动的安排实践中我们会发现，不仅不同的家庭成员会从事不同的就业类型，而且单个的家庭成员会兼顾不同的就业类型，以达到家庭成员劳动力价值的最大化。因此，农民整体家庭的就业类型基本是极度多元化的。与2000年之前农村几乎所有劳动力都固守在乡村场域进而带来劳动力的过度饱和不同，2000年之后农村大量青壮年劳动力向城镇的分流在极大程度上释放出了大量的乡村经济机会，使留守群体的充分就业成为可能。留守群体通过对乡村各类零碎的经济机会的捕捉，也可获得不低于向城镇分流出去的农民外出务工收入，从而为家庭发展性目标的达成提供资源积累。

（二）乡村留守群体的类型与乡村经济机会的捕获

较之于乡村，城镇的经济密度更大，有更多的就业机会。在家庭发展性目标的压力下，向城镇地区流动是农民的理性行为选择。但这

---

① "非正规经济"（informal economy）的前身是"非正规部门"（informal sector），由国际劳工组织（International Labor Organization，ILO）于20世纪70年代率先提出，用来区别于带有劳动法律保护和福利的"正规"部门与没有如此保障的"非正规"部门。鉴于许多原来所谓的正规现代经济部门也雇用了大批非正规人员，国际劳工组织把"非正规部门"一词修正为"非正规经济"，但其核心定义基本没变（见黄宗智《中国的非正规经济再思考：一个来自社会经济史与法律史的导论》，《开放时代》2017年第2期）。"正规经济"是受国家正式管理和保护的经济形态，同时也意味着其需要承担更高的税收费用、劳工的社会保障费用等，其整体的成本较高。因此，一般市场规模较小、利润较低的经济门类由于难以承受如此高的运营成本，而多以"非正规经济"的形态存在。利益较为稀薄的乡村自然成为"非正规经济"形态的集中场域。从这个角度来说，我国以家庭联产承包制为基础的小农农业也具有"非正规经济"的基本特征，也可纳入"非正规经济"的范畴。

并不意味着所有农民都能或都愿意离开乡村进入城镇务工。因此，对我国中西部地区绝大多数乡村而言，村庄并非完全的空心化状态，而是有各类主动或被动的留守群体生活于其中。由于个体的生命阶段以及家庭所处生命周期的不同，这些留守群体中的劳动力与乡村经济机会形成了不同程度的结合。以此为划分标准，如表 4 - 1 所示，当前中西部地区乡村留守群体中的劳动力主要有以下几种类型。

第一，年轻及中青年劳动力，年龄在 20—55 岁之间。这一区间的劳动力是流向城镇寻找就业机会的主力。然而，留守在乡村中的这部分群体仍然占据一定比例。这部分群体留守在乡村主要有两方面的原因。一是主观原因。比如他们中的一些人在个性上不适应城镇务工市场中受人管制和约束的工作氛围，或者不愿意与外界的陌生环境打交道，倾向于在自己熟悉的乡村中谋职业。二是客观原因。比较常见的情形是，家里有失能老人或未成年子女需要照料，自己无法抽身，只能在本地乡村寻找就业机会。这部分群体正处于家庭发展的节点阶段，相继需要负担子女教育、儿子娶妻、建房或买房、老人照料等方面的费用，他们具有比其他年龄阶段的人群更大的经济增收压力。因此，他们会捕获一切他们所能企及的乡村经济机会，并表现出突出的见缝插针的行为特征，由此成为与乡村经济机会结合最为紧密的群体。有学者将这部分群体称为"中农"①。

从具体的从业形态来看，"中农"主要包括两类人群：一类是脱离直接的农业生产而从事其他非农就业的人群，在乡村中比较常见的有开农资店、做农村经纪人、营销代理以及手艺工匠等；一类是以适度农业规模经营为主，兼营其他副业的人群②。

就后一类人群而言，实地调研发现，通过流转其他村民土地而形成 30—50 亩土地规模的"中农"是留守在乡村，年龄在 20—55 岁之间这部分群体的重要组成部分。在我国人均一亩三分、户均不足十亩

---

① 贺雪峰将"以适度农业规模经营为主体的，主要收入在村庄、社会关系在村庄，且收入不低于外出务工又可以保持家庭生活完整的农户"称为"中农"。参见贺雪峰《论中坚农民》，《南京农业大学学报》（社会科学版）2015 年第 4 期。

② 对这部分以适度农业经营为主的"中农"研究，详见杨华《"中农"阶层：当前农村社会的中间阶层——"中国隐性农业革命"的社会学命题》，《开放时代》2012 年第 3 期。

的人地关系格局下，经营适度规模土地的"中农"的产生主要源自以下两方面的原因：其一，农村劳动力向其他非农行业的转移，释放了一定的土地经营空间；其二，农地三权（所有权、承包权、经营权）分置的实践属性为土地经营权的流转奠定了产权制度基础。在上述两方面原因的基础上，留守在村庄的年轻人及中青年群体可以通过邻里、亲属、朋友等社会关系网络流入其他农户家庭闲置的土地，进而形成一定规模的适度经营。此种土地流转方式主要是熟人社会范围内的流转，土地流入户与流出户之间多采取口头协议，租金较低，有的甚至不用租金。同时，土地流出户具有随时要回土地的权利。当然，这并不排斥在经营适度规模土地的"中农"有余力的情况下还会兼营其他副业或非农产业的情况。毋庸置疑的是，这部分"中农"是与土地以及其所在村庄联结最为紧密的群体。

第二，中老年劳动力，年龄在55—65岁之间。该年龄区间的劳动力已经丧失在城镇务工或就业市场中的竞争优势，未能完全实现城市化、在城市安家的绝大部分中老年人只能退守到乡村中。但是，他们的子女多是在城镇务工或是从事其他经营性活动。从这部分群体所处的家庭生命周期来看，他们的子女多已成家并有小孩。为了降低子女外出务工的经济成本，他们在乡村中主要承担帮子女照料小孩的任务，家庭的发展性压力逐步向年轻子代转移，他们逐步退出家庭的核心位置。这部分中老年群体在家庭中的经济角色趋于弱化，主要表现为自主养老的角色，尽可能地维持自己的基本生活，最大程度地减少子女的养老负担。

因此，从主导的情形来看，留守在乡村的中老年劳动力不具有强烈的经济增收压力以及动力，他们只需要达到维持个人基本生活的目标。我们在农村调研中看到的情况便是，这部分中老年劳动力主要经营自家的几亩土地实现生活的自给自足。这与留守在乡村的年轻人及中青年劳动力竭力寻找各类乡村经济机会的行为形成鲜明对比。这部分以经营自家土地为主的中老年人与其在外务工的子女共同形塑出当前普遍存在于广大中西部地区农村的"以代际分工为基础的半工半耕家庭"类型。

第三，老年人群体，年龄在65岁以上。处于该年龄区间的老人为子女成家、带小孩的人生任务大多已经完成，他们基本已经从家庭的生产经营活动中释放和解脱出来，成为村中真正的有闲群体，拥有自主、独立的个人生活。这部分老人中身体还比较健壮的通常也只耕种少量菜园地，休闲和娱乐是耕种菜园的主要目的。他们基本也不与乡村的其他经济机会发生关联。贺雪峰在其研究中提到的"负担不重的人"主要内生于这一群体中①。

表4-1　　　　乡村留守群体类型与乡村经济机会的关系

乡村留守群体类型	经济行为目标	捕获乡村经济机会的动力	经济行为表现
年轻及中青年劳动力（20—55岁）	家庭发展型目标	强	最大限度地捕获各类乡村经济机会
中老年劳动力（55—65岁）	个人生活维持型目标	一般	以经营自家承包土地为主
老年人劳动力（65岁以上）	休闲、娱乐型目标	弱	以打理少量菜园地为主

当然，除却上述身体健壮且具有劳动能力的三类留守群体外，乡村中还有一定数量的不具备劳动能力的老弱病残群体，他们主要依托家庭和国家获得基本的生活保障。这几类群体共同构成城市化以及务工经济背景下我国中西部地区乡村社会的主导人群，也是乡村生产、生活秩序的维系者。他们与乡村经济机会之间呈现出不同程度的结合关系，表现出不同的捕获乡村经济机会的动力。

三　自治型村庄治理体制与乡村经济机会空间的亲和性

自治型村庄治理体制与乡村经济机会空间的亲和性主要体现在以下两方面。第一，自治型村庄治理体制下村干部的非全职性与乡村经济机会中的具体经济门类难以实现一个健全劳动力的充分就业的特性

---

① 贺雪峰：《治村》，北京大学出版社2017年版，第65—78页。

决定了村民可以同时兼顾村干部工作和家庭生产经营活动。而且，村民的生产经营活动通常具有较高的灵活性，多可以以家庭为单位进行劳动力的统合性配置。这使担任村干部的村民可以及时从生产经营活动中抽身，去处理村庄中的应急性工作。此外，当村干部也是一种乡村经济机会类型，所获得的误工补贴构成其家庭收入的重要补充。第二，村干部身份有助于增长身处这一职位村民的经济收益，该收益来自政府行政体制之外。这是村干部身份非行政激励中经济价值的集中体现。

就第二点来说，村干部身份之所以能起到如此效果，是因为村干部处于乡村社会关系网络中的"结构洞"① 位置，处于该位置的村民具有信息以及其他资源上的优势，这些优势可直接或间接地向经济利益转化。具体而言，村干部的"结构洞"位置的优势向担任这一职位村民经济利益的转化主要有两种途径。一是有助于拓展他们的经济机会空间，让他们捕获到更多的经济机会。纵向地看，村干部上接地方政府，下接广大村民。横向地看，村干部在本乡镇范围内形成了一个村干部之间的交互网络，该网络还会辐射到乡村中的其他精英群体。这二者决定了村干部不仅拥有本社区的关系，而且有高质量的超社区关系。包括政策、市场等各类信息都会在村干部这一"结构洞"位置上汇聚，村干部能够更为轻松和便利地捕获到经济机会。二是对村干部已经捕获到的经济机会有进一步的润滑和促进作用。处于"结构洞"位置的村干部具有相对于其他普通村民更广泛的社会关系，对于从事经营销售类行业的村干部来说，处于该社会关系中的人们都构成潜在的市场消费对象。这些社会关系对从事其他任何经济门类的村干部来说，都能在极大程度上转化成可见的经济利益。

改革开放以来，乡村一直在不断地经受现代性的洗礼，乡村的社会关系性质、思想观念等都发生了相应变化。但是，中西部地区乡村有限的经济发展水平使当地较少受到因外来人口不断涌入而带来的冲击，这些地区的乡村仍然是以建立在血缘、地缘基础之上的本地关系

---

① 〔美〕伯特：《结构洞：竞争的社会结构》，任敏、李璐、林虹译，格致出版社2008年版。

为主。这为当地免受外部现代性力量的渗透构筑了一道屏障。最终形成的结果就是，相对于城市社会以及有大量外来人口充斥的东部发达地区乡村，中西部地区乡村的现代化速度更为缓慢，从而保有相当程度的传统色彩。与之相应，乡村经济机会以及消费市场份额的配置并不主要由纯粹的市场机制决定，更多是受血缘、地缘、人情、面子、关系等传统社会因素的影响。村干部在社会关系中的"结构洞"位置几乎能撬动有限乡村地域范围内绝大部分有效的传统社会因素，并与乡村经济机会产生紧密结合。

从这个角度来说，村干部身份存在较高的非行政激励价值，有效弥补了自治型村庄治理体制中村干部行政激励的不足。村干部身份非行政激励价值的生成和实现主要源于自治型村庄治理体制下村干部身份的社会性面向，而非其体制性面向。由此可推论，村干部身份蕴含的较高的非行政激励价值对乡村留守群体仍具有较大的吸引力。

如上文揭示，自治型村庄治理体制由复合治理层级构成。从当前我国的村级治理架构来看，主要包括村组两级治理层级：村干部和小组长是主要的半正式治理人员；还有一部分非正式治理人员，即没有体制身份的村庄社会精英也成为村治主体结构的组成部分。村干部（半正式治理主体）—小组长（半正式治理主体）—村庄社会精英（非正式治理主体）共同组成了完整的村治主体结构。不同层级的村治主体身份附着的非行政激励价值存在差异，呈现出逐次降低的趋势。此外，村治主体人员主要产生于前文分析的三类留守群体中。三层村治主体结构与乡村留守的三类群体形成了明显的对应关系。村干部这一类半正式治理主体主要产生于 20—55 岁之间的年轻及中青年劳动力中，小组长这一类半正式治理主体主要产生于 55—65 岁之间的中老年劳动力中，非正式治理主体主要产生于 65 岁以上的老年人劳动力当中。

这种对应关系的形成除了有地方政府的主动选择（主要针对村干部）和年龄的契合性等原因外，另一重比较重要的原因是三层村治主体身份附属的非行政激励价值与三类留守群体因其所处家庭生命周期和所承担的家庭角色生发的经济增收动力高度匹配。

年龄处于 20—55 岁之间的年轻及中青年劳动力，是家庭主要劳动力，承载着家庭发展目标，具有强烈捕获乡村经济机会的动力，其在经济行为上的表现是最大限度地捕获各类经济机会。这类群体也更倾向于去竞争非行政激励价值最高的村干部位置。以此类推，处于55—65岁这一年龄区间的中老年劳动力，通常只需要达到维持基本生活的目标，其捕获乡村经济机会的动力远弱于年轻及中青年劳动力。小组长身份附着的非行政激励价值不高，但从中获得的误工补贴对他们而言，也是笔不错的收入来源，可以满足其生活的基本需要。从事小组长工作，也是度过闲暇生活的一种方式。对65岁以上身体相对健壮的老年人来说，他们已经基本从家庭的生产经营活动中退出，经济增收的动力也最弱。他们有充分的闲暇时间，有较之于其他年龄段群体更为强烈的深入村庄社会关系并开展社会交往的需求。成为村庄非正式治理主体，积极参与村庄事务，能极大满足他们的这类诉求。因此，他们愿意担任几乎没有任何物质报酬或经济激励的非正式治理主体角色。

由此可见，自治型村庄治理体制内含的激励特征与乡村留守群体类型、乡村经济机会特点形成了良好互动。政学两界由于缺乏对自治型村庄治理体制内含的激励系统的细致、深入剖析，而忽略了非行政激励的存在。这是他们无法从宏观上把握为何我国中西部地区以村民自治制度为基础的自治型村庄治理体制能够延续至今的原因。

第三节　小结：自治型村庄治理体制与
中西部地区村庄的契合性

我国村庄治理总体朝行政化的方向发展。各地方政府通过行政化村庄治理体制的构建实现村级治理行政化。其中，行政官僚化的村级组织和各种现代技术手段是行政化村庄治理体制的主要组成。原来由村民自治制度、农村集体土地所有制和半正式化村干部管理制度这三大制度构成的自治型村庄治理体制趋于解体。村级治理行政化改革在学界中亦获得了相应的理论支撑。但是，从行政化村庄治理体制的实践效果来看，其却面临着深刻的与中西部地区村庄公共事务结构不匹配的问题。中西部地区村庄公共事务以关系嵌入型事务为主导，关系嵌入型事务突出的社会性决定其无法在以制度、法律、法规为基础的科层行政框架之中得到处理，它需要依托社会导向的动员性治理模式来处理。

自治型村庄治理体制内含的动员性特征高度契合了中西部地区村庄公共事务对动员性治理模式的需求。作为自治型村庄治理体制重要构成制度的村民自治制度、农村土地集体所有制度以及半正式化的村干部管理制度确立了村级组织相对于乡镇政府的独立地位，减少了其对政府资源的依赖，同时也限定和约束了乡镇政府对村级组织的行政控制，弱化了村级组织的行政性。充分调动村庄社会资源和社会力量，并将之整合为有效的治理资源成为自治型村庄治理体制的主要工作方式。自治型村庄治理体制实质是一种动员性治理体制，在中西部地区村庄治理中仍然具有存在的必要性。

从适应性维度来看，自治型村庄治理体制在中西部地区仍然具有存续的客观条件。这集中表现在作为自治型村庄治理体制重要制度构成的半正式化村干部管理制度依然具有存续空间，其内含的以误工补贴为村干部主要报酬形式的激励体系对在村村民群体仍存在较大的吸引力，不至于使中西部地区村庄治理陷入无人当村干部或村干部工作动力不足的困境之中。这是因为自治型村庄治理体制中的激励体系与乡村经济空间具有高度的契合性，村干部身份所附着的非行政激励是在村村民群体愿意参与到村干部工作队伍之中的主要动力因素。

近年来，中西部地区农村确实弥漫着村干部的不满和抱怨情绪。政界和学界普遍将村干部的这种不满和抱怨情绪理解为当村干部收入太低、村干部岗位缺乏吸引力。以提高村干部待遇、将误工补贴制改为工薪制为核心内容的村干部专职化改革举措（这是村级组织官僚化改革的重要内容之一）便是这一逻辑的自然延伸。但是据笔者在中西部地区多地农村的调研发现，政界和学界的上述认知存在对客观事实的误判，他们并未真正探究到村干部不满和抱怨心理背后的真实原因。具体来说，这些原因包括两个方面。

第一，过多的行政任务与有限报酬之间的不匹配。以前村干部的工作内容相对较少，以村务为主，自上而下下达的行政任务不多。在处理村干部工作之余，他们还能有充裕的时间从事家庭的生产经营活动。村干部工作带有很强的兼业性。近年来，村庄自身的事务并无明显变化，反而随着人口的大量外流，呈现出减少的趋势。但是，自上而下的行政任务却成倍增加，并且政府提高了对村干部工作的规范化要求，工作程序烦琐化。具有实质意义的工作内容不多。在行政任务增多、工作程序烦琐的情况下，村干部不得不减少家庭生产经营活动上的时间投入，而要花费更多的精力在村干部工作上。有限的误工补贴报酬难以弥补村干部受到的经济损失，这是他们抱怨村干部收入低的一重原因。

第二，治理资源的匮乏进一步弱化了村干部身份非行政激励中的价值性激励。上文曾提到，自治型村庄治理体制作为半正式治理体制的一种实践形式，村干部主要是依靠非行政激励。非行政激励包括三个层面的激励因素。首先是经济价值，即村干部身份的附属利益激励。一方面，较之于普通村民，村干部可获得一部分误工补贴报酬。虽然该部分报酬不多，但也是他们家庭收入的重要补充。另一方面，村干部身份意味着丰厚的社会资本，有利于他们扩大社会关系网络，进而可为他们的家庭经营活动提供便利。其次是社会价值。即当村干部是村民获得村庄社会认可、面子的一条重要途径。最后是自我实现价值。即村干部身份所蕴含的价值激励。这是村干部身份赋予当事人的一种自我价值感和意义体验，具有浓厚的荣誉成分。

村干部专职化改革思路忽视了上述三个层面激励因素对村民参与村干部队伍的吸引力。这三个层面的激励因素也恰恰是村干部能够忍受低报酬而愿意执行上级行政任务和管理村庄事务的主要原因。当前，村干部身份蕴含的后面两个层面的激励因素遭遇了挑战。税费改革后，很多中西部地区农村都成为空壳村。村庄除了每年少量用于村庄基本管理开支的上级转移支付外，村干部缺乏其他可供利用的治理资源。很多自上而下输入的资源也多由行政规定和政府主导，村干部在资源使用的自主权上受到强大的制度约束，由此造成村干部"想为而不能为"的处境，他们很难从村干部位置上体现出自己的公共价值和社会价值。在村干部身份社会价值和自我实现价值这两重激励要素不足的情况下，村干部往往会用村干部身份的直接经济利益替代，于是产生对村干部待遇不满的状况。

因此，针对村干部不满和抱怨情绪弥漫的问题，我们要做的不是从根本上否定原有的村庄治理体制，而是在保留原有村庄治理体制的基础上，有针对性地采取措施予以解决。一方面，可以减轻当前村干部不必要的行政任务负担，尤其是文牍化、形式化行政工作部分应尽量缩减，让村干部的工作重点落实在村庄公共品供给以及农民生产生活秩序的维系上，遵循简约化的工作模式。另一方面，在适当提高村干部误工补贴的基础上，加大以行政村为单位的资源输入，增加村干部可供利用的治理资源，让村干部感受到为村民办实事所带来的成就感和意义感。

第五章　找回"自治"：村庄治理动员性激活的地方探索

　　村级治理行政化改革使作为村庄主要治理主体的村级组织已经无法承担起动员村庄社会、开展村庄自主治理的职能。当前农村基层治理危机主要表现为以村级组织为治理主体的动员性治理结构缺位的危机。村级治理行政化意味着村庄自治面临瓦解，又具体表现为将村级组织进行官僚科层化改造，使之成为行政科层组织，村级组织的治理行为需要在严格的行政框架中展开。税费取消后，随着国家涉农资源向农村输入力度的加大，国家权力同样广泛渗透到涉农资源的分配领域，涉农资源遵循高度技术化、理性化的分配方式，村级组织缺乏自主使用和分配资源的空间。涉农资源的此种分配方式强化了国家行政意志的作用和消解了村级组织自治权力生成的资源基础，它是村级治理行政化逻辑的延续。

　　为此，我国部分地区掀起了为农村基层社会治理需求所推动的重回自治、回归动员性治理的反向运动，并以各种制度创新的形式涌现出来。这从经验层面印证了我国中西部地区村庄治理的主导面向依然是动员性治理。地方政府自主的制度创新实践对国家政策制定也产生了深远影响，2014 年中央一号文件明确提出的"探索不同情况下村民自治的有效实现形式""可以开展以社区、村民小组为基本单元的村民自治试点"即为国家对地方回归以自治为基础的动员性治理模式的肯定。本章将结合湖北省秭归县的"幸福村落"创建、四川省成都市村级公共服务与管理资金制度创新和广东省清远市的涉农资金整合实践，以及浙江省"枫桥经验"等四地的制度创新揭示农村动员性治理的运作机制，并呈现现代化背景下国家与农村社会的互动关系。

虽然清远市和枫桥镇地处东部发达地区省份，但由于这两地的农村具有中西部地区农村的一般特征，即清远市农村和枫桥镇农村的产业形态都以农业为主，村民遵循迁移型城市化路径，其所处的城乡关系类型都为并立型城乡关系。因此，这两地的农村可以纳入中西部地区农村的范畴中理解。

值得提出的是，这些地区制度创新的侧重点存在明显差异。湖北省秭归县的"幸福村落"创建主要是对村级治理结构的创新，四川省成都市村级公共服务与管理资金和广东省清远市的涉农资金整合主要是对国家资源分配方式的创新，浙江省"枫桥经验"则更具有综合性，属于整体治理经验的创新。总体而言，动员性治理最终要达到的目标是通过对村庄社会治理资源的充分撬动和挖掘来实现村庄公平、公正的治理伦理秩序的构建，促成村庄的有效治理。

第一节　村级治理结构重塑：湖北省秭归县"幸福村落"创建①

湖北省秭归县是集老、少、边、穷、库、坝区于一体的山区农业大县。基于农村基层治理的现实困境，2012 年 8 月，该县在此前近十年社区建设经验的基础上开始探索"幸福村落"创建，确立以村落为治理单元，以村落理事会为自治主体，以"两长八员"为服务骨干的基层治理与服务体系，荣获"2013 年全国农村社区治理十大创新成果"。2014 年 11 月，秭归县进一步被农业部、中央农村工作领导小组办公室等 13 部委纳入全国第二批 34 个农村改革试验区之一，以为全国村民自治改革提供可复制、可借鉴和可推广的经验。"幸福村落"创建实践实质上是对村级治理结构的重新构造，它通过在行政村这一治理层级之下新增一个相对独立的以村落为基础的自治

---

①　本部分所用村民皆为化名。

层级，延伸农村社会治理"末梢"①，实现对农村基层社会的动员性治理。村落理事会属于动员性治理体制。经过近几年的发展、完善，"幸福村落"创建取得了良好的治理绩效。

一 "幸福村落"创建及其治理绩效

（一）"幸福村落"创建的缘起及其发展

"幸福村落"创建的直接动力源自湖北省秭归县农村基层治理需求，是地方村民与地方政府针对当地农村普遍面临的产业结构难调、公益事业难办、矛盾纠纷难解、老人孩子难顾、自身权益难保等现实困境主动作为的产物。上述治理困境的出现其实是乡村经济社会发生剧烈变迁背景下村治主体缺位的结果②。对中西部地区农村而言，2000 年前后是重要时间节点。这个时间节点的重要性体现在两个方面：一是中西部地区农村的外出打工潮大致于此时兴起，农村的人财物开始大幅向城市地区流动，以农村空心化、"三留守"问题为表现形式的农村衰败趋势从此时开始出现，村庄内生秩序的自主供给能力严重弱化；二是国家开始于此时推动税费改革，税费改革的启动引发了其他一系列拓展效应，最典型的就是乡村治理体制的再造与重组。然而，乡村治理体制的系列改革举措没有带来乡村治理能力的提升，也无法回应乡村经济社会变迁带来的新的治理需求。具体来说，税费改革后我国中西部地区村庄治理体制主要出现了前后相继且彼此联系的两个时期。

首先是税费改革之初的农村合村并组时期。税费改革的初衷是减轻农民负担，但同时也造成镇村两级财政收入下降。合村并组、裁减村干部以及撤销小组长成为各地方政府应对财政收入匮乏问题的重要举措。秭归县于 2000—2001 年前后开展较大规模的合村并组运动，将之前的 432 个行政村合并为 186 个，并取消了村民小组建制。基于村级治理工作开展的实际需要，村民小组这一治理层级仍为各村所保

---

① 蔡冬梅、王爱平：《幸福村落建设：延伸农村社会治理"末梢"》，《中国社会报》2013 年 12 月 25 日第 4 版。

② 杜姣：《村治主体的缺位与再造——以湖北省秭归县村落理事会为例》，《中国农村观察》2017 年第 5 期。

留，只是小组范围被扩大。合村之后的行政村村域面积及人口规模大幅增加，每个行政村辖区面积平均达 13 平方公里，平均人口约为1700 人。配置的村干部人数并未增加，为 3—5 名。村干部通常只能处理无须耗费太多精力且可规模化处理的关系脱嵌型事务，而无暇顾及数量更为巨大且需要花费更多精力的关系嵌入型事务。合村并组在一定程度上助推了村级组织官僚科层化改革，使村级组织成为正规化的治理组织。

其次是近年来逐步兴起的村级治理行政化改革时期。这一时期，村级组织官僚科层化改革被大力推进，村级组织逐步演化为行政科层组织。与之相配套，是国家对村庄治理规范化要求的提高。村干部在开展治理工作的过程中需要做到办事留痕，做文字档案记录，分类分档。这些都是地方政府对村庄工作考核的重要内容。随着国家下达给农村的任务量的增多，村干部不得不把更多精力用在应付国家行政任务以及随之而来的各种文字档案资料的制作上。这造成的一个结果就是村干部根本无暇顾及村庄内生的系列琐碎的、偶发的治理需求。村级治理行政化背景下对村干部工作方式的规范化要求也不符合农村治理事务的性质，进而带来村干部的无力。

村庄治理体制的上述两重变化说明以村级组织为基础的村民自治已然成为一种形式，"民主选举、民主决策、民主管理、民主监督"的"民主治理"内含不断为系列改革举措冲击，村庄沦为一个为行政力量主导的治理单元。与村民利益密切相关的诸多事务处于管理的真空地带，村庄的生产、生活秩序陷入紊乱。"幸福村落"创建的探索便是这一背景下的产物，可将之视为将村民自治实体化的制度创新实践。

从秭归县的经验来看，在确立"幸福村落"创建模式之前，其还经历了一个社区建设阶段。为了克服合村之后行政村辖区面积过大带来的村级组织无暇也无力处理村民内生需求的困境，从 2003 年开始，秭归县开始探索"一村多社区"的农村社区建设经验，最先在杨林桥镇试点。最主要的做法是在行政村下面进一步细划治理单元，所划定的社区大致相当于合村之前的行政村或村民小组范围。但是，此种社区治理单元的划分方式并没有从根本上克服治理单元过大带来的村民之间利益关联度和社会关联度不高造成的集体行动难题。也因此，这一时期的社区建设实践的成效不大。

基于对近 10 年农村社区建设经验的反思和总结，在经过试点的基础上，秭归县于 2012 年 8 月开始在全县范围推广"幸福村落"建设，从治理单元的科学划分、制度机制和资源配套等多方面完善村民自治的有效实现形式，它是对社区建设经验的进一步完善和拓展。在整个村级治理架构上实现从"'幸福村落'创建工作指导委员会（非常设机构）—社区理事会—村落理事会—村民"向"村级组织—村落理事会—村民"的过渡和简化。"幸福村落"创建工作指导委员会成员由村两委成员和社区理事长组成，村书记兼任指导委员会主任，其他村两委成员兼任指导委员会副主任，社区理事长为指导委员会成员。该指导委员会主要负责"幸福村落"创建工作的相关事宜①。秭归县的"幸福村落"创建主要从以下几个方面展开。

第一，重划自治单元。按照"地域相近、产业趋同、利益共享、有利发展、群众自愿、便于组织、尊重习惯、规模适度"的原则划分村落。每个村落的规模为 30—50 户，地域面积为 1—2 平方公里。全县 186 个行政村共划分为 2055 个村落。以此为划分原则的村落是真正共享相同地缘文化、农耕文化、习俗文化和亲情文化的熟人社会，实现了农村基层的末端治理结构与熟人社会结构的重合。村落治理单元具有突出的共同体属性②。

第二，确立村落组织队伍。每个村落设立"两长八员"职位，即一名党小组长、一名理事长和担任八项职责的村落事务员。那些特长多、能力强的一人可兼多员，每个村落的"两长八员"为 3—5 名。村落"八员"的职责如表 5—1 所示。秭归全县 2055 个村落共推选出"两长八员"10412 人，极大加强了村级治理队伍。

① 苏霞：《层级化网络治理：多层级村庄自治架构及其运行机制——基于秭归"幸福村落"的调查》，《华中农业大学学报》（社会科学版）2014 年第 1 期。
② ［德］斐迪南·滕尼斯：《共同体与社会：纯粹社会学的基本概念》，林荣远译，北京大学出版社 2010 年版。

表 5-1   村落"八员"职责

"八员"名称	"八员"职责
调解员	密切关注家庭邻里关系,主动化解村落内家庭矛盾,调解邻里纠纷,不使矛盾纠纷激化,尽力大事化小、小事化了;面向家庭广泛开展传统美德、家庭道德、责任意识教育,传播和谐理念,促进村落群众和谐相处
管护员	落实村落内山、水、林、田、路、电等公共资源及设施的管护责任,发现基础设施有较大损毁的,及时提请村落理事长组织维修;引导村民提高安全防范意识,做好防火、防盗、防破坏工作,及时消除安全隐患
环卫员	向村落群众宣传环境保护法规,及时报告村落内发生的重大环境污染情况;带头和引导村民积极搞好家庭环境卫生、村落环境卫生整治,营造健康、卫生、整洁、舒适的村落生产生活环境
张罗员	主动为村落群众红白喜事张罗组织,引导村落群众移风易俗,传承良好的传统民间习俗和发展村落文化;组织村落群众开展丰富多彩、健康有益的文化、体育、科普、娱乐等活动,并积极组织参加各级文艺调演及相关竞赛活动
帮扶员	向村落群众宣传各项救助扶贫政策,了解掌握并及时向上报告村落内困难家庭情况,动员村落群众力所能及地为困难村民解决一些实际困难和问题,确保村落内每一个困难村民都能得到帮扶
监督员	负责对村落理事会财务、村落工程项目实施情况的监督
经济员	结合村落实际,引进推广新的种植养殖技术和优良品种,加快村落农业产业结构调整,发展多种形式的产业化经营,推动农民产业化合作;牵头联系农牧产品的销售渠道,实现统一销售交易,让农民合法权益得到保障,让村落群众的收入得到提高
宣传员	向村落群众宣传党和政府在农村的各项方针政策、法律法规,宣传推广农村实用科学技术和致富信息,引导村民树立科学经营、科学种田、科学致富的理念;传承保护村落民风民俗、民间文艺文化

第三,建立相关配套制度。秭归县专门出台《农村基层协商民主实施办法》《村落理事会议事规则》《村落公益事业建设和管理办法》《村落理事会章程》等规章制度,对村落理事会的职责、开展工作的模式进行界定,为村落理事会职能的发挥提供可操作性的准则。

第四,构建"幸福村落"运转的资金保障机制。从 2015 年开始,每年秭归县财政都给该县各村预算"幸福村落"资金2万元，1万元作为村落工作经费拨付到村，1万元给到乡镇作为各村"幸福村落"建设工作的奖补资金，具体由乡镇负责考核。县委还研究出台《村落项目建设管理办法》，该办法规定以村落为单位组织审批项目，并对立项、审批、监管程序进行简化，村落可直接组织实施额度在10万元以内的项目。这些资金的注入极大激发了村落治理的活力，为村落的持续运转提供了条件。

（二）"幸福村落"的治理绩效

经过近几年的建设和发展，秭归县"幸福村落"创建活动取得了良好的治理绩效，村落理事会已经成为当地农村不可或缺的治理层级和常规性的治理机制。村落理事会主要在两方面的事务上发挥重要作用：一是村落内生秩序的自主供给方面；二是国家政策的落实方面。就前者而言，比较显见的成效主要有以下几点。

第一，农村基础设施层面。仅从2012年到2015年底，在村落"两长八员"的带领和组织下，由群众自主筹资酬劳，新修公路656条、1008.4千米，维修公路2048条、7098千米，新修水渠53062千米，维修水渠7743千米，新建水池9291口，架设水管1758千米，极大改善了农民的生产生活。

第二，在村内矛盾纠纷化解层面。截至2015年底，全县在创建"幸福村落"的过程中共收到信访件数1463件，县、乡接待和受理的纠纷数量较2014年下降31%，仅2015年一年，由村落"两长八员"主动化解的各类矛盾纠纷就达1.3万件，有效保证了农村社会的和谐稳定。

第三，村庄的环境卫生状况得到持续改善。村落的环境卫生主要由"八员"中的环卫员负责，各村落每个季度都在本村落范围内进行环境卫生评比，评比的内容不仅涉及房前屋后的环境卫生状况，而且包括农户家庭的室内卫生。此外，很多村落还积极探索公共领域的环境卫生管理机制，比如每个月确定一个时间点组织村落村民集中清理和打扫村落范围内的环境卫生。经过村落"两长八员"的宣传和带动，农村环境卫生状况大有改观，村民的环境卫生意识得到显著提高。

第四,村民的精神文化生活得到极大丰富。自"幸福村落"创建以来,秭归县农村以广场舞为代表的文化娱乐活动空前发展。据统计,截至 2015 年底,全县村落共成立文体活动演艺队 279 个,参与人数达 5930 人。此类文化活动的发展极大净化了乡村社会风气,充实了村民的闲暇生活,也使村庄社会焕发出生机。

就后者而言,村落理事会的建设在既有村级组织的基础上进一步延伸了国家治理向农村社会渗透的触角,提高了国家与农民打交道的能力。国家很多政策之所以在基层执行中遇到诸多困境,一个重要原因就是农民对政策不理解。数量有限的村干部在诸多行政事务以及文字工作的掣肘下缺乏足够的时间和精力对所有利益相关村民耐心地进行政策解释。村落"两长八员"则构成村干部深入群众的重要力量。

一般来说,村落"两长八员"基本是留守在村的精英群体。较之于普通村民,他们具有更强的政策领悟和解读能力。更为重要的是,他们生活于普通村民中间,属于村民中的一员,相互进行着最平凡的日常交往和互动。村落"两长八员"身份的社会性为其联结和沟通国家与农民之间的关系提供了便利,这极大增加了国家政策在农村基层社会的执行效力。从调研的情况来看,村落"两长八员"在政府征地以及养老保险费用收缴等方面都发挥了重要作用,他们会详细向村民解释相关的征地政策,以及根据个人经验对养老保险费用逐年增加的原因进行分析并向村民传达,以解除村民的疑虑。

二 "幸福村落"的运作机理

(一)村落公共治理权威的制度化赋予

村落理事会介入和参与村落公共事务治理的一个重要条件是其要具备公共治理权威。这一公共治理权威由治权与治责两部分构成。治权反映的是村落村民对村落理事会介入村落公共事务的合法性认可,治责反映的是村落理事会对自身所承担公共治理责任的认知与自觉。治权和治责是村落理事会顺利推进村落公共事务治理不可或缺的两个组成部分。就当前来说,村落公共治理权威的正式制度化赋予机制的建设具有相当的重要性。原因是,在我国绝大多数农村中,这种公共治理权威很难依托村庄的自然、自发秩序获得,必须依赖外在力量有意识地构建。

改革开放以来，随着乡村社会的变迁、市场经济以及现代性力量向村庄社会的渗透，农民的思想观念高度理性化，以血缘、地缘为基础的宗族、长老权威等村庄内生的公共治理力量土崩瓦解，村庄社会原子化。在这种情况下，每个个体都只是私人性身份的表达，很难在村庄中自发获得为公众普遍认可的公共权威。村民之间的交往互动也只是私人之间的交往互动，在私人之上缺乏更高层面的公共性关系。在村庄自然、自发的秩序中，像致富能人、产业大户、退伍军人、退伍教师以及村内文化精英等有能力、有思想的村民即使有为村庄做贡献的想法，也会因为无法得到其他村民的认可（甚至还可能被贴上"逞能""多管闲事"的标签），退居到个人生活之中。这部分村庄精英由此处于公共治理的边缘地带。在这种经济社会背景下，很多村庄精英或村庄能人往往缺乏主动承担村庄公共治理责任的意识和自觉。在村庄社会越来越原子化、个体化的情况下，村庄基本不具备将村民组织起来自主参与村庄公共治理的能力。

秭归县的村落理事会本质是政府外力与村庄潜在社会治理力量结合的结果，政府外力起到撬动村庄潜在社会治理力量的作用。政府外力的这种撬动作用主要通过制度化机制的建设实现，体现在对村落理事会公共治理权威的制度化赋予，表现在两个方面。

一是村落理事会治权的制度化授予。村落理事会的创建由政府推动，这意味着村落理事会的治权已经获得政府的认可而具有国家合法性。与此同时，政府还制定村落"两长八员"的产生制度，明确村落"两长八员"的产生原则，即民主推选原则，每户选择一个户代表投票选举产生村落"两长八员"。较之于行政村层面村干部的民主选举，村落层面的民主选举具有更为实质性的意涵。这是因为一方面村落范围较小，村落内的村民之间处于信息对称状态，彼此之间相互熟知和了解，村民能够轻易选出心中的合适人选；另一方面，村民的利益与村落生产、生活秩序具有更为紧密的相关性，且能为村民所察觉，这使他们有足够的积极性去参与村落"两长八员"的选举。也因此，选举产生的村落"两长八员"真正是村落公共意志的表达。民主选举村落"两长八员"的重要性在于，它是村落理事会治权获得村落村民普遍认可的形塑机制。借助这一机制，被选为村落"两长八员"的村民，其身份就实现了从私人性向公共性的转化，由此获得介入村落公共事务的合法性。村民之间的交往在私人关系之上覆盖了一重公共性关系，这是达成村落公共秩序的基础。

二是村落理事会治责的制度化赋予机制。村落理事会作为一种公共治理组织，它其实明确了处于这一组织之中的成员身上肩负的公共治理责任。村落"两长八员"只有具备公共治理责任意识，才会有凝聚、配置资源以开展公共事务治理的意愿和动力。抽象地看，村落"两长八员"的公共责任意识会在政府的督促和村民的期待中不断被激发。这种公共责任意识更需要通过治理任务的明确以及由此带来的治理压力来落实。秭归县政府结合村民的实际需求通过相应的制度建设清晰界定了村落理事会及村落"两长八员"的治理任务，涵盖与村民切身利益相关且在其治理能力范围内的几乎所有事务。只有在明确村落理事会及村落"两长八员"治理任务的前提下，政府才能有针对性地进行督促，村民也才能有针对性地指出村落理事会及村落"两长八员"的不足，进而形成舆论氛围，对他们施加社会压力。

（二）以小事为取向的微自治机制

村落理事会是一种"微自治"机制，其自治功能的有效发挥正是建立在其"微观"属性的基础之上。村落理事会的"微自治"面向主要体现在两个方面：一是其所负责的治理区域范围的微小性，即平均每个村落在 1 平方公里左右，辐射 30—50 户农户；二是其所负担的治理事务的微小性，即它主要处理事关村民切身利益的微小事务。其中，要能及时、有效回应村庄中的琐碎、细小事务又必须以有限的区域范围为前提。从这个角度来说，治理区域范围的细化最终是服务于微小事务的处理。因此，村落理事会的"微自治"面向是以处理微小事务为基本定位的。

村落理事会位于国家治理体系的最末端，它面对的是具体村民。以村落为基本生产、生活单位的村民之间存在相对密切的利益和社会关联，发生着长期而频繁的互动，这构成村落治理事务生成的社会土壤。由此生发出的治理事务是高度微观化的，这可从治理事务的"量"和"质"两个维度理解。

从"量"的维度来说，这些治理事务基本很难形成规模效应，不具备分类的数量基础。即是说，其中的每一类事务都是零星分布，并且它的产生带有突出的偶然性，无规律可循。处理这些事务采取专门化、常规化的正式科层组织不仅不经济，也无必要。

从"质"的维度来说，这些事务往往深嵌于村民的微观关系之中，属于关系嵌入型事务①，带有极强的个殊性。这些事务很难在行政治理的框架中得到解决，因此也属于行政剩余事务。对这些事务的处理需要采取非常精细化的方式，做到具体问题具体分析。由于村落理事会及村落"两长八员"就身处于村民当中，是村民中的一员，高度贴近并融入村民的生产生活之中，这使他们能够灵活、及时地对村落内生发的诸种微观事务给予处理和回应。村落理事会及村落"两长八员"拥有的治理资源，特别是乡土治理资源也足以（当然也只能）使其应对村落内的这些微观治理事务。

在创建"幸福村落"之前，这些事务都由村级组织负责处理。在行政村区域范围扩大以及村级治理行政化的背景下，村干部只能将有限的治理资源和精力投入政府重点考核的突出事项中，这些表面看起来微不足道却又足以撬动村庄社会稳定神经的微观治理事务很难为村干部兼顾。从这个层面而言，村落理事会的出现其实分解了村级组织的部分治理责任。

从秭归县村落理事会的实际运作来看，其作用比较明显的领域也主要在微观治理事务方面。比如村落内矛盾纠纷调解、公共基础设施管护、小型公共基础设施建设、村落文化建设以及政府相关工程项目落地等方面的事务。这些都是需要与村民直接打交道的事务，村民理解与否、顺从与否直接关系到事务能否得到顺利处理。需要提出的是，这些微观事务的处理并不是纯粹依靠村落"两长八员"的力量，而主要是靠村落"两长八员"对村落其他村民的带动，让其他村民也广泛参与到这些事务的处理当中。在这样一种带动机制下，村落中的普通村民就不仅仅是公共服务的被动接受者，而是公共服务的主动提供者。这也是村落自治的内含所在。

---

① 对"关系嵌入型事务"的详细分析见第三章。

（三）村落社会—文化网络的撬动与公共性再造

"社会是一种公共性的存在，需要其成员心存公共精神和公共规则。"① 与之同理，村落社会公共秩序的达成也需要村落成员心存公共精神和公共规则，公共精神的存续以公共规则为保障。中国的绝大多数村庄都具有较长的历史传统，在长时间孕育中形成相对稳定的地缘、血缘关系结构以及相应的文化规范。对村民行为起规范和约束作用的公共规则就蕴藏在村庄的文化规范之中，将文化规范内化于心的村民即是具有村庄公共精神的村民。随着改革开放进程的开启以及市场经济、现代理性观念的渗透，村庄传统文化规范受到前所有未有的冲击，以至于出现散落的状况，村民个人的理性计算意识迅速崛起。在村庄社会日趋个体化的时代，要重新构建村落公共规则、再造村落社会的公共性必须要依托组织的力量。秭归县的村落理事会建设便是将高度个体化和分散的村民进行再组织的一种全新尝试。

具体来说，村落理事会对村落公共性的再造主要通过以下机制实现，即通过对村庄能人或村庄精英等关键群体的吸纳撬动弥散于村落中的社会—文化网络，进而重新将村民之间的利益、文化、社会等多重关系勾连起来，营造集体公共情绪和公共情感，由此形成对不合作者的压制。从当地村落理事会的治理实践来看，常见的做法是积极制造公共场域，将村落村民集中起来各自发表看法，并为其他村民讨论。以笔者调研的秭归县茶村为例，该村部分村落理事会的"两长八员"，特别是村落理事长在遇到较为重大的公共事务且需要村落村民集体协作和配合的时候，就会通知在村村民集中到一个较为宽敞的场所开会，由村民集体商议。在公共讨论场域中，在场的所有村民彼此交换各自的想法和意见。某个人发表的意见有理还是无理，很容易在这个公共讨论场域中被其他村民识别，该个人也会在当场受到极大的舆论压力。最终在此公共讨论场域中形成的决策通常都是村落公共利益最大化的决策，是村落村民公共意志的集中体现。

在会场这样一个公共讨论场域中，村民个体私人利益之间、村民个体私人利益与村落公共利益之间会发生直接碰撞。在碰撞过程中，

---

① 郭湛主编：《社会公共性研究》，人民出版社 2009 年版，第 14 页。

每个村民个体会逐步意识到其个人利益的具体位置。而且，村落中散落的传统文化规范也会在这个场合中借由村落的公正和道德人士之口得以重申，进而被激活并得到重新整合。这可让身处其中的村民充分认识到他们不仅仅是个体化、私人化意义上的村民，而更是村落内的村民，他们与村落其他村民存在紧密的利益、文化和社会关联，个体私人利益往往只有在集体公共利益达成的基础上才能实现。由此可见，村落理事会其实是一种将村落潜在社会资本进行凝聚、配置、整合的组织化机制，使村落潜在的社会资本转化成具有实质意义的治理资源，最终达到村落公共性的再造。

三　村级治理结构重塑

秭归县的"幸福村落"创建活动实际上是在既有已经趋于行政化的村级治理架构的基础上新增一个自治层级，是对村级治理结构的重塑，且主要用来处理村落内部的微治理事务。它也是对村级治理行政化背景下村级治理动员面向缺位这一问题的回应。该自治层级与熟人社会单元高度重合，正是这种重合奠定了村落理事会自治功能得以实质开展的基础，实现了村级治理动员面向的回归。从这个意义上来说，村落理事会属于动员性治理组织。民主选举产生的"两长八员"就如毛细血管一般广泛分布于村落社会的各个角落，发挥着带动群众参与村落治理的作用。从村落理事会的实践运作机制来看，其优越之处就在于它通过组织化的方式实现对日趋个体化的村落社会的再整合，并将因受市场经济和理性观念的冲击趋于散落的村庄传统治理资源及文化资本进行再凝聚，使之成为服务于构建村落公共生产、生活秩序的重要治理力量。

从村落理事会的性质来看，它完全属于社会性的自治组织，其与村级组织之间是一种相对独立的关系。村落理事会不是村级组织的下属层级，不具有承接村级组织相应工作的硬性责任。村落理事会的基本宗旨是以村落内生的治理需求为本位，主要处理与村民利益密切相关的事务。秭归县王村支部书记对村级组织与村落理事会的关系作出了形象且精练的总结，即"村两委对于理事会是'参与不干预，指导不领导，监督不监管'"。只有在这种相对宽松的关系状态下，村落理事会才具有足够的自主治理空间，最大程度地动员社会，而不致成为协助村级组织执行行政任务的工具。

　　从整个行政村的治理视域来看，村落理事会存在两种治理角色：一是主导治理者角色；二是配合治理者角色。两种不同的治理角色针对的是两种不同的治理任务。在村落内生治理事务的处理中，村落理事会是主导治理者角色。比如矛盾纠纷调解、村落小型公共基础设施管护、农村环境卫生管理、农村"三留守"群体维稳与照料等，村落"两长八员"都要发挥主导作用。在国家下达至村的各种大型政策项目等任务中，村落理事会则扮演配合治理者角色，村级组织是这些任务的主导责任主体。村落理事会的配合作用主要体现在协助村级组织做好村民的思想工作，使国家政策与村民顺利对接。比如近几年国家在农村普遍推进的土地确权、美丽乡村建设、土地整治项目以及精准扶贫工作，一方面需要村级组织发挥主导作用，另一方面也离不开村落理事会的协助和配合。由于在村级组织与村落理事会之间并不存在层级隶属关系，所以村落理事会的协助和配合往往需要村级组织以购买村落理事会服务的方式达成。

　　此外，乡村治理中伴随村落理事会的构建所形成的乡镇—村级组织—小组—村落理事会这一村级治理结构在根本性质上已经不同于村级组织仍未科层行政化而保有半正式化特征时期的乡镇—村级组织—小组的治理结构。在村级组织仍保有半正式化特征时期，村级组织兼顾行政性与自治性，其一方面具有承接乡镇下达行政任务的要求，另一方面有回应村民自治需求的责任。村级组织的这种双重复合角色实现了行政与自治的统一。或者说，半正式化的村级组织型构出一个国家与农村社会之间的缓冲和协调地带，行政任务与自治任务可顺利实现转化，行政权力与自治权力也能达到融合，进而可充分调动各类行政治理资源和村庄社会治理资源，提高村级治理的能力和效力。

　　在当前秭归县所形塑的新型村级治理结构中，村级组织成为行政科层组织，其自治属性已极度弱化，自治完全下沉至村落理事会这一治理层级，由此所形塑出来的村级治理结构是一种行政与自治相分离的结构。行政与自治之间的张力与冲突在这样一种村级治理结构中隐性存在，如图 5 - 1 所示。这种张力与冲突最直观的表现就是行政科层化的村级组织对完全社会性的自治组织——村落理事会并不具有绝对的动员能力，以致可能出现村落理事会对村级组织的消极抵抗，比如不配合、不协作。针对这一困境，行政科层化的村级组织通常只能采取购买服务的方式动员村落理事会，这又必然会增加村级治理成本。

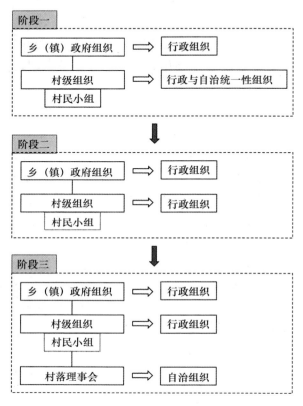

图5-1　秭归县乡村治理结构及其性质的阶段变迁

注："村民小组"的实线框表示村民小组是正式体制建制，虚线框表示村民小组只是实际运转中存在，已经不是正式体制建制。

第二节　资源分配体系重构与村庄治权再造：成都和清远农村制度创新①

2007年6月，成都市被确立为国家级综合配套改革试验区，要求

---

① 本部分所用村名皆为化名。

全面推进各个领域的改革,形成统筹城乡发展的体制机制,促进城乡经济社会协调发展,以对全国改革的深化起到示范和带动作用。成都市综合配套改革涉及统筹城乡规划、建立城乡统一的行政管理体制、建立覆盖城乡的基础设施建设及其管理体制、建立城乡均等化的公共服务保障体制、建立覆盖城乡居民的社会保障体系、建立城乡统一的户籍制度、健全基层自治组织、统筹城乡产业发展等多方面的内容。与之类似,广东省清远市与湖北省秭归县一道于 2014 年 11 月被农业部、中央农村工作领导小组等 13 个部委列为全国第二批农村改革试验区,清远市涉及的改革内容非常广泛,其中最重要的是"三个重心下移"和"三个整合"改革。"三个重心下移"指基层党组织向自然村下移、村委会向村民小组下移和公共服务平台向农村下移,"三个整合"是指农村土地资源整合①、涉农服务平台整合②和财政涉农资金整合。

据实地调研观察,成都市和清远市上述诸多改革中,对农村基层治理产生重要影响并具有显著改革成效的分别要数成都市建立公共服务保障体制中的村级公共服务与社会管理资金的制度创新和清远市的财政涉农资金整合。虽然二者的具体做法有所差异,但它们本质上都是对既有国家财政资源分配体系的变革,重新构建了国家财政资源的民主化分配体制。这不仅直接改善了农村公共品供给状况,而且极大提升了农村基层组织的治理能力和激活了村庄社会。成都市和清远市农村都属于典型的中西部地区农村,农村以农业生产形态为主,务农和务工是农民的主要收入来源。

一 资源分配体系创新的背景、基本做法及其成效

(一)资源分配体系创新的背景:村庄治权弱化

在既有研究中,学者多是将治权与资源相联系,资源是治权的重要生产机制。较早提出治权概念的李昌平主要强调集体经济所有制这

---

① 农村土地资源整合的具体内容是:在村集体统筹下,遵循村民自愿的原则,解决土地细碎化问题。

② 涉农服务平台整合的具体内容是:构建县、镇、村三级社会综合服务平台,在行政村一级建立社会综合服务站,集中开展便民利民的全程代办服务。

一村庄治理的经济基础对村庄治权的影响，认为集体土地所有权的虚置导致乡村治权的丧失，进而造成农民上访的增多①。西方学者吉登斯富有启发性地揭示了权力与资源之间的关联，认为权力依托资源得以再生产，并将资源分为配置性资源和权威性资源。其中，"配置性资源指对物质工具的支配，这包括物质产品以及在其生产过程中可以利用的自然力"，"权威性资源指对人类行动行使支配的手段"②。借鉴吉登斯的资源划分，申端锋将乡村治理资源分为物质性资源和权威性资源。物质性资源主要指乡村组织所拥有的物质和手段，权威性资源指乡村支配农民的手段与制度。乡村治权便是指乡村组织凝聚、配置治理资源从而进行乡村治理的权力③。申端锋的物质性资源即是乡村治权生产的物质工具和手段，权威性资源为乡村治权生产的制度工具和手段。

从李昌平以及申端锋等学者对乡村治权的理解中可以发现，村庄（乡村）治权其实是一种村庄（乡村）相对自主的治理权力，其中资源，特别是具有自主分配权力的物质资源是村庄治权生产的重要条件。一定的村庄治权是村民自治得以有效运转的前提。但是，国家涉农资源向农村投入力度的增加并没有同步增强村庄治权。

税费改革后，我国大部分农村的村集体经济出现空壳化，村级组织的运转经费以及村庄公共品、公共服务资源主要依赖国家财政。国家向农村投入资源的力度基本每年呈增加趋势。就目前来看，国家每年向农村投入的各类"三农"财政资金总量超过了2万亿元。国家财政资源的大量投入在很大程度上缓解了农村资源匮乏的困境。但是，国家资源究竟应如何进村和采取怎样的分配方式却引发了不小争论。从国家治理的角度来看，为了加强对财政资金的规范化管理，国家往往倾向于采取技术化、理性化的分配方式以实现对各方主体的控制和

① 李昌平：《乡村治权与乡村治理》，https：//www.zgxcfx.com/Article/30002.html，最后访问日期：2018年11月20日。

② ［英］安东尼·吉登斯：《民族—国家与暴力》，胡宗泽、赵力涛、王铭铭译，生活·读书·新知三联书店1998年版，第7、8页。

③ 申端锋：《治权与维权：和平乡农民上访与乡村治理1978—2008》，博士学位论文，华中科技大学，2009年。

监督。这实则是弱化村级组织自治权力和村级治理行政化思维的延续。

总体而言，中央及各级地方政府投入农村的财政资金可分为两类：一类是非普惠性资金；一类是普惠性资金。非普惠性资金一般是由各特定部门主管分配，并分为若干项目类别。这类资金不是均匀地分配到每个村庄，而是带有很强的竞争性，其中蕴藏着自上而下的行政意志与自下而上的财政资金争取能力相契合的逻辑。非普惠性资金多采取项目化的分配方式，具有专款专用性质。普惠性资金主要指相对均衡分配到每个具体农户的资金，它包括种粮直补、农资综合直补、农作物良种补贴以及生态公益林补偿等资金形式。这类资金直接采取一卡通的方式发放到农户手中。不论是项目化的分配方式还是直接发放到农户的分配方式，它们都属于技术化、理性化的分配方式，即整个分配过程包括资金使用程序、投入方向等都是事先由制度、规章等规定，呈现出事本主义特征，不具有灵活变通使用的空间。特别是，从村级治理视域来看，村级组织没有财政资金的自主支配权，村庄社会只是带有强烈国家意志的各类公共品、公共服务的被动接受者。也就是说，国家财政资金的技术化、理性化分配方式是高度排斥地方社会的自主性的，村民参与的空间严格受限。

于是，就如多地农村经验所显示的那样，财政资金的技术化、理性化分配方式引发了以下后果。

一是国家财政资金的利用效益不高。财政资金的这种技术化、理性化分配方式实际上构造出来的是一种自上而下的决策体制[1]，非普惠性资金的项目化分配使农民的公共品和公共服务诉求无法得到有效传达，其反映的是基层政府及其职能部门的需求偏好，[2] 由此造成公共品与公共服务的供需错位。普惠性资金这种直接对接到农户的分配，最终落到农户手中的资金数额并不多，这一方面未能实质改善农民的生活，另一方面也未能激发农民的生产积极性，反而造成国家财政资金的分散和稀释，带来国家财政资金的浪费。

---

① 叶兴庆：《论农村公共产品供给体制的改革》，《经济研究》1997 年第 6 期。
② 王小林：《结构转型中的农村公共服务与公共财政政策》，中国发展出版社 2008 年版。

二是村庄治理能力并未同步增强。从国家向农村投入的资源量来看，农村所获得的国家财政投入呈增加趋势，但资源量的增加并没有同步增强村庄治理能力。在技术化、理性化的分配方式下，村级组织主要是协助者和配合者的角色，不具备资源的自主分配权，资源没有实现向村庄治权转化。村级组织甚至还会卷入国家财政资金项目化分配方式所生成的分利秩序①之中而丧失村级治理的合法性。

三是村庄社会的凝聚力并未增加。国家财政资金的技术化、理性化分配方式中，村庄社会（村民）处于缺位状态。在村庄社会日趋原子化的情况下，财政资源的此种分配方式并没有将村民重新关联起来进而撬动整个村庄社会，村庄社会的凝聚力并未增加。

成都市村级公共服务与社会管理资金的制度创新和清远市的"涉农资金整合"制度创新的实践价值需要在上述的这一总体性背景下理解。它们自主探索出一种新型的资源分配方式，即民主化分配方式，充分将村级组织以及村民的主体角色纳入进来。这不仅极大提高了国家财政资金的使用效益，而且起到了强化村庄治权和激发村庄社会活力的效果，实现了村民自治精神的回归。

（二）成都市与清远市资源分配体系制度创新的基本做法及其成效

成都市村级公共服务与社会管理资金的制度创新伴随系列体制与机制配套。具体来说，主要包括以下几方面的内容。

第一，建立持续性的资金保障机制。自2009年起，成都市委、市政府就明确规定，将村级公共服务与社会管理资金纳入财政预算，由市、区（市）县两级财政负责为每个村提供不少于20万元的社会管理与公共服务专项资金，并要求村级公共服务和社会管理资金的增长幅度要高于同期财政收入增长幅度。据笔者2015年在崇州市农村的调研情况，当年当地各村的村级公共服务和社会管理资金达到了50万元。这部分资金主要用于村庄小型公共基础设施建设和管护、村庄环境卫生管理以及其他文体方面。

第二，构建村级公共服务与社会管理资金的组织承接机制。这主

---

① 李祖佩：《分利秩序：鸽镇的项目运作与乡村治理（2007—2013）》，社会科学文献出版社2016年版。

要体现在村组议事会的建设上。从 2009 年开始，成都市就逐步探索村组议事会制度，并向全市农村推广，目前已基本实现全覆盖。村组议事会属于常设议事决策机构，受村民代表会议委托，在其授权的范围内行使村级事务的议事权、决策权和监督权。村民委员会是村民自治事务的决策机构，由此实现了决策权和执行权的分离。村组议事会不同于湖北省秭归县的"村落理事会"，"村落理事会"是一个相对独立的自治层级，村组议事会则是村级权力分化的产物，是一种权力分化机构。村组议事会成员由民主选举投票产生，首先是产生小组议事会，每个小组民主推选 3—5 名村民组成小组议事会。其次从每个小组议事会成员中选举产生 2—3 名组成村级议事会。村级议事会负责人由村党支部书记兼任，负责审查议题和组织召开村级议事会。村组议事会的职能主要是代表村民服务于村级公共服务与社会管理资金的管理、监督与使用。

第三，制定民主议事决策程序，集中体现在"六步工作法"的制定。"六步工作法"是对村级公共服务与社会管理资金使用的整个运作流程的规定，尤其强调群众参与和群众意愿的表达。"六步工作法"包括宣传动员、收集民意、梳理讨论、议决公示、实施监督、评议整改六步。以项目为核心，"六步工作法"涵盖项目提议、项目商议、项目决议、审核备案、组织实施、项目监管等六个运作环节。所有环节都在村级组织的统筹安排下进行，村民议事会的作用贯穿始终。群众公共品需求的表达和最终形成主要体现在收集民意和梳理讨论这两步，也就是项目提议和项目商议这两个环节。具体的操作方法是，村级组织以及村组议事会成员将《公共服务和社会管理项目民主提议表》发放到每户农户，由农户自主提议 2—3 项公共服务事项，小组议事会成员对本组农户提议的公共服务事项进行合并同类项予以统计，将提议次数最多的前三项公共服务项目上报到村议事会，村议事会成员再对村民小组提交的备选项目逐项讨论，综合村庄整体发展规划、平衡小组之间的关系以及轻重缓急等原则决议出当年开展的公共服务项目，然后表决公示，具体如图 5-2 所示。

广东省清远市根据涉农财政资源的性质分为两种不同的整合方式，一种是针对非普惠性资金的整合，一种是针对普惠性资金的整合。

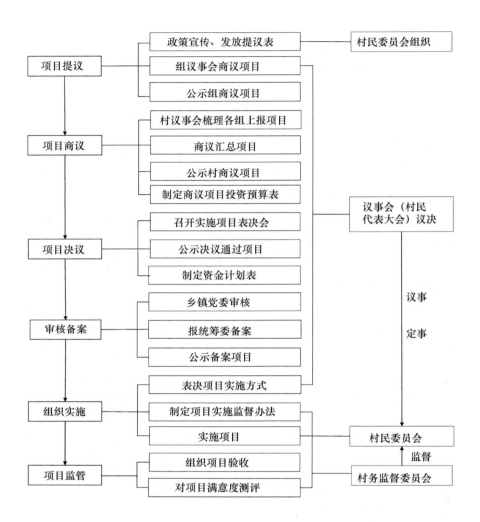

图 5 - 2　成都市村级公共服务和社会管理规范化运行流程

资料来源：刘成良：《四川省崇州市 L 镇 L 村调查报告（2015 年 9 月 24 日—10 月 14 日）》，未刊稿。

　　针对非普惠性资金，清远市建立了"一池一库六类别"的资金管理模式。"一池"指资金池，将原来分散于各个部门的资金统一注入一个资金池；"一库"指项目库，各县（市、区）根据当地农业农村发展规划，组建项目库；"六类别"指按照农业综合发展、农业生产发展、水利发展、林业改革发展、农村社会发展和扶贫开发六个类别安排资金和实施项目①。由此形成资金从资金池流出，按照六个类别要求流向项目库的这一连续性的资金运作流程。这一做法在一定程度上克服了项目制度下各个部门分别负责相应的公共品领域以及由此导致的部门之间协调、沟通和衔接不畅，进而可能引发的工程项目重复投入以及资金的细碎化等资金使用效率低下的问题，增强了国家财政资金投入的有序性和针对性。

　　非普惠性资金的整合主要是县（市、区）一级的改革和调整，实施主体是县（市、区）政府，与村级治理关系的直接性不强。对村庄治理以及村民具有直接影响的是针对普惠性资金的整合。在普惠性资金整合中，村级组织发挥总体统筹和安排的作用，村民是参与主体。具体做法是，在村两委组织的组织下，以小组或自然村为单位，由小组或自然村理事会牵头，采取村民自治的方式将一卡通发放到农户的农业综合补贴、生态公益林补贴等普惠性资金整合为村（组、自然村）集体公共资金，用来开展村庄公共基础设施及其公共事业建设。按照村民自治的方式获得村民同意，签订资金委托协议之后，向政府申请并审批，最后委托银信部门以代扣代发形式将财政部门直接发放到农户个人账户（或一卡通）的涉农财政资金划入其所在村小组（自然村）的集体账户，如图 5 - 3 所示。自实行涉农资金整合改革以来，截止到 2016 年 10 月底，清远市"资金整合"总计 15. 67 亿元，其中整合的非普惠性资金为 12. 62 亿元，普惠性资金为 3. 05亿元②。

　　成都市和清远市对资源分配体系的改革创新取得切实成效，村庄生产、生活条件得到持续改善，村民的民主参与积极性也得到极大提高。以笔者亲自调研的崇州市万村为例，该村共有 26 个村民小组、878 户 3066 人。仅 2011 年一年，该村就完成 11 座垃圾房的修建、各村民小组修路和铁桩堰淘淤工作、道路维修和铺碎石工作，还有 1、

---

　　①　代兰兰：《广东涉农资金整合优化试点显成效》，《中国财经报》2017 年 8 月 15 日。
　　②　桂华：《村级"财权"与农村公共治理——基于广东清远市农村"资金整合"试点的考察》，《求索》2018 年第 4 期。

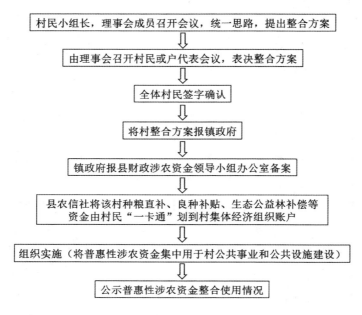

图 5-3　清远市普惠性涉农资金整合工作流程

2、8、9、12、18、20 组打机井、大春抽水设备配置，4 组洗井、7 组修桥和 15 组修臭水沟等工作。笔者在清远市阳山县下面的姜自然村调研的一个案例则典型体现了当地资金整合的改革效果。该自然村仅有 45 户 260 人，它是较早进行普惠性资金整合的自然村。该村每年整合农户的农业综合补贴和生态公益林补贴在 5 万元左右，加上上级的资金补助，该村顺利建成了花费近 30 万元的村文化活动中心和 1.2 公里的进村公路。这种依托整合普惠性资金建成村庄公共基础设施的案例在当地村庄并不少见。村庄生产、生活条件的改善促发了村民参与的效能感，并进一步激发了村民民主参与的动力，村庄社会的凝聚力空前增加。

二　资源分配体系制度创新的实践机制

与国家财政资源的技术、理性化分配方式中对村级组织和村民角色的忽视不同，成都市村级公共服务与管理资金的制度创新和清远市的涉农资金整合的制度创新所确立的财政资金的民主化分配方式突出了村级组织和村民的主体地位，使村级组织和村民获得了资源的自主支配权力，实现了资源对村民自治的激活①。在这个过程中，国家资源真正转化成了村庄资源，生成了村级"财权"②。具体来说，这些目标主要是通过村级组织的资源统筹机制、村民利益的关联机制以及村民的民主参与机制的型构达成。

（一）村级组织的资源统筹机制

税费改革之后，村集体丧失了从村民手中汲取资源的权力，村集体经济出现空壳化。在这一背景之下，虽然国家向农村的资源投入力度不断增加，但是在资源规范化管理以及村级权力约束的思想指导下，国家竭力通过各种制度手段架空村级组织，不让其直接染指资源。这带来了一个重要后果，即村级组织完全沦为维持会，不具备积极主动作为以及回应村民需求的能力，村级组织供给村庄社会生产、生活秩序的功能无法得到有效发挥。从这个角度来说，让村级组织拥有一定的资源调动和分配权力便具有相当的重要性，这是其有力开展村庄治理工作的前提，也是村民自治能够得以有效运转的条件。村级组织对资源的调动和分配权力并不是指资源可任由村级组织随意使用，它主要是指村级组织对资源的整体统筹权，这也是村级组织在国家财政资源分配中的主体地位的体现。从成都市村级公共服务与管理资金和清远市的涉农资金整合的制度创新实践来看，村级组织对资源的统筹权主要表现在以下几个方面。

首先，资源的使用预算主要在村一级制定和完成。成都市各级地方政府投入每个村庄至少20万元的公共服务资金都是在村域范围内自主商讨如何使用，政府只是总体规定这类资金的大致使用方向，并且只有10万元以上的项目才需经过公开的招投标程序，10万元以下的项目可由村级组织直接实施。这说明这部分资金的使用鲜少附带政府的行政意志，主要是村庄意志的表达。清远市经由村民同意而整合

---

① 杜姣：《资源激活自治：农村公共品供给的民主实践——基于成都"村级公共服务"的分析》，《中共宁波市委党校学报》2017年第4期。

② 桂华：《村级"财权"与农村公共治理——基于广东清远市农村"资金整合"试点的考察》，《求索》2018年第4期。

的普惠性资金的统筹权也主要为村（组、自然村）集体掌握，上级政府只是承担对资金使用的最终审批权，并不干涉资金的具体使用走向。村（组、自然村）全程参与到这些资金的整个使用过程当中。

其次，村民分散的公共品需求主要在村一级进行筛选和整合。一般来说，村民的公共品需求多样且复杂。在村民需求的表达过程中，甚至可能出现很多无理诉求。比如笔者调查的成都市崇州市下属的万村就有村民提出将村级公共服务与管理资金分掉的提议。在成都市各村村级公共服务与管理资金以及清远市各个村（小组、自然村）的普惠性资金整合后的资金有限的情况下，即便是村民的很多合理诉求也无法一次性获得满足。于是，这之中会涉及小组与小组之间关系的处理问题、是先修路还是先修沟的问题等。这就需要村组集体充分发挥统筹村民需求的作用，对村民公共品需求的优先次序进行排序。

较之于普通村民，村组干部、理事会成员以及村组议事会成员一般是村中的精英群体，他们具有公共性的身份，也更具有全局观念和大局意识，对村庄社会的情况也更加了解。因此，他们能够对既有的公共品供给面貌形成精准判断，并能综合全局利益，根据公共品事项的轻重缓急等因素筛选出利益最大化的项目。另外，不论是成都市的村级公共服务和管理资金还是清远市的普惠性资金整合后的资金，都具有可持续性。这有利于村民形成稳定的心理预期，即当年无法满足的需求总会在接下来的几年中得到满足。所以，从这个角度来说，村级对村民公共品需求的整合能力实则是村集体资源统筹权力的延伸。

（二）村民利益的关联机制

人民公社体制解体后，家庭联产承包责任制的实行在一定程度上推动了农民利益的个体化，村级组织对村庄公共事务的总体统筹能力趋于弱化。农民利益的个体化主要体现在其日常生产、生活的很多需求都可以通过个体的力量获得满足，无须诉诸集体协作。特别是在改革开放以来，村庄外部市场得到充分发育的情况下，农民可以采取向市场购买服务的方式满足很多日常生产、生活需求。以江汉平原农村的水利灌溉体系为例，当地村民为了避免与其他村民合作共建与共管水利设施的交易成本，基本倾向自己在自家的责任田中开挖堰塘，并购买抽水泵灌溉农作物。当越来越多的村民运用此种方式满足农作物的用水需求时，整个村庄农田的大灌溉体系便因为无人使用和无人管护而处于瘫痪状态[①]。农民利益的个体化意味着农民之间利益关联性的降低。农民之间的利益关联又是他们之间社会关联、文化关联等得以形成、维系和再生产的基础条件，它们彼此之间还具有相互强化作用。农民之间利益关联性的弱化以及随之而来的社会关联性、文化关联性的弱化，必然会影响村民在面对村庄公共事务时的集体行动能力。

村民之间的利益关联可通过增加村集体共有资源的方式构建，村集体共有资源是形成村庄利益共同体的重要条件。家庭联产承包责任制的实行以及后来的土地全部分配到户削弱了村级组织可供掌握的集体共有资源。而在税费改革后国家向农村投入大量财政资源的背景下，财政资源的技术化、理性化分配方式又使国家财政资源无法向村集体共有资源转化，进而无法重新构建村民之间的利益关联纽带。财政资源的技术化、理性化分配方式中，村民都是以个体的身份相对独立地与国家财政资源对接。也就是说，国家是直接与分散的农户打交道。在这种情况下，当国家资源以公共品项目的形式下达到村庄时，当遇到需要占用村民土地或移除其农作物的情况时，就会出现村民扯皮现象，甚至可能出现要挟国家并向国家漫天要价的钉子户。由于在这个过程中，"刁民"与国家是主要的利益博弈主体，与其他村民没有直接的利益关联，其他村民往往持一种"事不关己，高高挂起"的看客心态。最终的博弈成本都由国家承担，其他村民的利益不会受到直接损失。

成都市公共服务与社会管理资金和清远市的涉农资金整合的制度创新实践则有效克服了上述困境，其中最关键的机制是这两种制度创新有效实现了村民之间利益关联的重建，财政资源的国家属性转变为村庄共有属性。资源的村庄共有属性体现在村级组织和村民对该资源使用取向的充分参与性，不论是成都市的公共服务与社会管理资金还

---

① 贺雪峰：《熟人社会的行动逻辑》，《华中师范大学学报》（人文社会科学版）2004年第1期；邢成举：《农村水利的困境——来自鱼米之乡江汉平原的案例》，《社会观察》2011年第6期。

是清远市经过整合后的涉农资金（主要是普惠性资金），它们的分配都主要在村域范围内完成。比如2015年成都市各村就出现了"公共服务资金今年50万，群众说了算"这样的宣传标语。

于是，国家财政资源技术化、理性化分配方式中的国家与村民之间的关系就演化为村民之间的关系，村民之间成为利益高度紧密的群体。在这类资源分配和使用的过程中，任何钉子户或赖皮户的出现都会造成其他村民产生利益的相对剥夺感。这种相对剥夺感会积累成强烈的集体情绪，进而成为一种压制和边缘化钉子户的集体力量，村民也由此形成强大的集体行动能力。因国家财政资源输入农村所型构出的村民之间深度的利益关联，又会为村庄传统公共规范的激活和调动提供载体，进而强化村民之间的社会关联和文化关联。村庄社会活力由此被充分激发。

（三）村民的民主参与机制

在此类资源的分配过程中，要实现村民的有序参与还离不开完善的民主参与的组织机制建设。成都市主要依托村党支部领导下的村组议事会组织机构的设置，清远市主要依托自然村或小组理事会的建设。成都市农村村组议事会的产生充分保证了议事会成员的代表性，比如村议事会是在小组议事会的基础上产生，保障每个小组都有村议事会成员，起到均衡小组权力的作用。还特别规定议事会成员中的村、组干部不得超过50%，以防止出现村组干部权力过大的情况。村组议事会作为村民意志的代表机构，一直贯穿于村级公共服务与社会管理资金使用流程的始终。

一般来说，村级公共服务与社会管理资金的使用主要包含三个关键环节：首先是农民需求的表达环节；其次是农民需求的整合和统一环节；最后是项目实施过程的监督环节。这三个环节分别关系到村级公共服务与社会管理资金的投入方向以及投入效率。村组议事会在村党支部的领导下，负责收集农民分散的公共品需求，综合各方面因素对公共品实施项目进行筛选，由从村议事会中产生的村监督委员会进行工程项目监督。村民自治中的"民主决策、民主管理、民主监督"的村民民主参与原则得到集中体现，并实现有序开展。截至2009年底，成都市的2048个行政村和701个涉农社区普遍成立了村级议事会和小组议事会①。

　　同理，为了更好地实践涉农财政资金整合（主要是普惠性资金整合）和有序开展村庄公共事业，清远市所辖农村在地方政府的引导下基本都在自然村（小组）一级成立理事会。这些理事会成为村民民主参与的主要组织载体。发展至今，清远市农村仍保有突出的宗族特征。自然村（小组）几乎都属于单姓村，且都有宗族祠堂，宗族观念较重，以宗族为单位的村民凝聚力较强。一般来说，村理事会的成员由各家族中有威望的人担任，这部分人一方面在本宗族内部享有极高的号召力，另一方面具备强大的对外沟通和交流能力，社会关系网络分布较广。涉农资金整合（普惠性资金）决议的达成主要由他们完成，村民的公共品需求也主要向村理事会传达，并在村理事会内部作出最终的项目投入决策。截至 2015 年底，清远市共有 16412 个自然村（村民小组）成立理事会，由其组织开展的各类公益事业建设达 22887 宗②。村理事会成为清远市村民民主参与的有效渠道，村民自治的民主参与原则在村理事会的运转中得以落实。

　　成都市和清远市以国家财政资源大量向农村输入为契机而进行的村民参与机制的构建说明，村民仅有民主参与的意愿和动力不足以使村庄社会达成强有力的公共秩序，村民民主参与的有效实现需要有内生于村庄社会的组织作为载体，以避免村民民主参与的无序化和低效化。这一组织载体的重要性就在于它能在分散的、个体化的村民之上形成一种公共场域和空间，村民个人的意志以及个人利益必须以村庄公共利益的最大化为前提。在这一基本前提下，该组织能够最大限度地聚合村庄潜在的社会资本、文化资本，进而形塑出强大的公共意志，防止村庄公共利益因个体利益走向瓦解。

三　财政资源的民主化分配与村庄治权再造

　　税费改革后，农村基层组织能力弱化已经成为学界共识。按道理

---

　　① 任中平：《成都市构建新型村级治理机制的经验与价值》，《党政研究》2014 年第 5 期。
　　② 桂华：《村级"财权"与农村公共治理——基于广东清远市农村"资金整合"试点的考察》，《求索》2018 年第 4 期。

来说，随着国家向农村输入的涉农财政资源的增多，农村基层社会的治理状况理应有所改善。实际的情况却是农村基层社会治理状况不仅没有改善，反而还出现了一些新的问题，一个典型表现就是伴随国家资源投入的增长，农村社会中"刁民"大量滋生，并成为扰乱农村基层治理秩序的一股重要力量。这反映出农村基层组织的治理能力并未因国家对农村资源投入力度的增加而得到提升，反而使村级组织悬浮于村庄社会之上。这说明农村基层组织的治理能力与资源数量的多少没有直接关系，关键在于这些资源是采取何种方式进行分配或者输入。

上文提到，国家投入农村的涉农财政资金主要分为非普惠性资金和普惠性资金两大类。从当前的情况来看，非普惠性资金主要采取项目化的分配方式，普惠性资金主要采取直接打到农户一卡通的方式发放到个体农户。这两种资源分配方式都带有强烈的技术化特征。在技术化的分配方式下，下达至村的国家财政资源附带有明显的行政意志，村级组织在这类资源的分配过程中只是配合者和协调者的角色，不具备资源的控制权和支配权。农村基层组织的治理能力与其拥有的治权有关，可供村级组织掌握的治理资源特别是物质资源是生产村庄治权的重要条件。由技术化分配方式主导的国家财政资源并没有转化为村级组织的治理资源，税费改革以来村级治理因村集体经济缺乏所带来的村级治权弱化困境没有得到根本解决，这极大影响了村干部的治理动力。因此，从这个角度来说，有必要重构一种有别于技术化分配方式的国家财政资源的分配体系。成都市村级公共服务与社会管理资金的制度创新以及清远市的涉农资金整合的制度创新是这方面的重要探索。

成都市和清远市制度创新的重要意义在于它们突破了既有的资源分配体系，重构了一种国家财政资源的民主化分配体系。在这种分配体系中，村庄的主体性地位被凸显出来，村级组织更是享有这部分资源的总体统筹权力，由此实现了村庄治权的再造。这具体体现在以下两个方面。一是村级组织具备回应村民相应公共品与公共服务需求的能力。它可以利用这部分资源有针对性地解决村民日常生产、生活中遇到的各类问题。正是在回应和解决村民日常需求的过程中，村级组织在村民当中的合法性和权威不断增加。这又会进一步向村级组织的日常治理能力拓展和延伸。二是村级组织具备调动村民参与村庄公共事务管理的能力。国家财政资源的民主化分配意味着这部分资源已经成为村集体共有资源，村民之间的利益关联因为这部分资源的集体共有性勾连了起来，村民也由此获得了参与这部分资源分配的权利。村级组织可利用这部分资源所形塑的村民之间的利益关联机制将分散且高度个体化的村民给动员起来，使之成为服务于村庄公共事务管理以及村庄公共事业建设的有力力量，这部分财政资源的民主分配意涵在这之中得到了集中展现。从这个意义上来说，以国家财政资源为基础的村级治权可从村级组织回应村民诉求能力和调动村民能力的增加两个方面理解。

利用国家财政资源大量向农村输入的契机，构建民主化的资源分配体系，突出村级组织和村民的主体角色，充分激发和释放村庄社会活力，使村民自治实体化是成都市村级公共服务与社会管理资金制度创新和清远市涉农资金整合的制度创新的重要启示。这两个地方的制度创新实践也充分说明我国广大中西部地区农业型村庄治理的主导面向是动员性治理，有效的国家资源分配方式能够起到激活村庄社会的作用。反之，动员性治理中被充分调动起来的村庄社会也是促成国家资源使用效益提升的重要力量，它们能够形成对村级组织行为的有效监督，保证资源的合理使用。从村级治理的角度来看，国家资源的分配只有将村庄社会吸纳进来，与村民整体进行结合，才能真正起到增加村庄公共福利、改善村级治理状况和重建村庄社会公共性的效果。这也是国家与村庄社会形成良性互动格局的重要体现。

第三节　综合治理经验创新："枫桥经验"的实践启示①

自 20 世纪 60 年代浙江省诸暨市枫桥镇管制和改造四类分子的做法被毛泽东同志发现并向全国推广之后，便形成广为人知的"枫桥经

---

① 本部分所用村名皆为化名。

验"。随着时代的变迁、乡村面临的国家及其经济社会形势的变化，"枫桥经验"也在不断深化和发展，并且一直走在全国前沿，引领着全国的乡村治理。发展至今，"枫桥经验"已经成为辐射乡村治理各个领域的综合性治理经验。虽然"枫桥经验"涉及的治理机制繁杂多样，但其背后所内含的逻辑却具有共通性。这一共通性表现在它们充分保证了村级治理的社会面向，强调对乡村社会资本的调动和对村民的动员。从这个角度来说，"枫桥经验"是一种动员性治理经验。

枫桥镇位于浙江省诸暨市东北部，镇域面积 165 平方公里，下辖 28 个行政村、2 个社区。虽然该镇是中国名品衬衫之乡，但当地的外来人口并不多。2013 年的调查数据显示，该镇 9.6 万总人口中，外来人口不足 2 万人。该镇农村的工业化程度普遍不高，仍然带有突出的农业生产属性。因此，当地农村社会的性质和治理事务与中西部地区农村并不存在实质差异，仍是以本村人口为主的农业型村庄社会的治理。所以，以当地乡村社会为基础的"枫桥经验"探索对我国中西部地区的乡村治理是具有借鉴意义的。只是，与中西部地区农村大量人口向外流出的情形不同，该镇具备一定数量的工业企业，这使当地农村人口基本能在本地实现就业，于是在相当程度上保证了村庄人口结构的完整性，村庄社会资本更为丰富。

一 "枫桥经验"的历史演化与本源内含

历史地看，"枫桥经验"大致经历了三个发展阶段：第一个阶段是 20 世纪 60 年代初到 70 年代末，"枫桥经验"是改造"四类分子"的样板；第二个阶段是 20 世纪 80 年代初到 21 世纪的前 10 年，"枫桥经验"是社会治安综合治理的典范，其内容拓展到民事调解领域；第三阶段是从 2010 年开始至今，"枫桥经验"逐步成为社会管理综合治理的范例[①]。从上述三个发展阶段可以看出，"枫桥经验"的适用领域根据不同历史时期乡村社会面临的主要矛盾和问题不断得到更新和拓展。但是，自 20 世纪 60 年代"发动和依靠群众，坚持矛盾不上交，就地解决。实现捕人少，治安好"的"枫桥经验"确立以来，

---

① 卢芳霞：《"枫桥经验"50 年辉煌成就》，《观察与思考》2013 年第 10 期。

这一精神在后续的发展中都得到了秉承，并成为识别"枫桥经验"的基本标志。

具体来说，"枫桥经验"的这一精神反映了中国乡村治理的两个基本特征。一是基层性，即"基层"不仅是地理区划概念，而且是治理责任单元，承担辖区范围内事务的管理和治理责任。这就是"坚持矛盾不上交，就地解决"的意义指涉。"枫桥经验"中蕴含着简约治理的乡村治理逻辑。二是群众性，"发动和依靠群众"反映出群众是乡村治理可供依靠的重要力量，在发动群众的同时教育群众。这是党的群众路线工作传统的重要体现。

（一）"枫桥经验"与简约治理

"简约治理"概念最早由黄宗智提出，用来形容中华帝国时期中国地方行政实践广泛使用半正式的行政方法，依赖由社区提名的准官员进行县级以下治理的形态，并认为这一来自中华帝国的简约治理遗产有一定部分还持续存在于民国时期、毛泽东时期和现今的改革时代[1]。可以从两个维度理解"简约治理"：首先是治理成本维度，它是一种低成本的治理；其次是治理有效性维度，它是契合乡村社会特性的治理。"简约治理"模式得以实践的制度基础为基层治理组织的非政权属性，即基层社会并非依靠正式的科层化官僚制的组织形式进行管理，而主要依托半正式的组织形式充分运用乡土资源和遵循乡土社会逻辑进行治理。以此为标准，我们会发现不同历史时期的基层治理体制都具备这一特征。不论是中华帝国时期的"双轨政治"体制还是大集体时期人民公社制度下的大队治理体制，抑或是改革开放以来的以村民自治制度为基础的"乡政村治"体制，与乡村社会直接对接的最末端治理组织都不是一级政权组织，国家正式行政力量在这一层级中只是有限渗透，基层治理逻辑表现为突出的社会性而非行政性。

基层治理逻辑的社会性体现在基层治理主体在治理工作开展过程中，主要从包括矛盾纠纷、公共品供给在内的治理事务的社会根源着

---

① ［美］黄宗智：《集权的简约治理——中国以准官员和纠纷解决为主导的半正式基层行政》，《开放时代》2008 年第 2 期。

手，采取具体问题具体处理的特殊主义方式来修复社会关系和重塑村庄公共利益与村民个人利益的关联，从而实现基层社会公共性的重建和再生产。这实则是关系嵌入型事务的处理思路。以此为基本特征的简约治理模式的社会基础是中国乡村经过长期历史发展所形成的稳定的血缘和地缘关系结构，它们既是诸多乡村治理事务得以生成的社会土壤，同时也是治理事务得以解决的社会场域。因此，乡村事务的治理逻辑即为沿着其生成的社会土壤而最终回归到乡村生活的轨道之上，并让内生于乡村社会包括人力资源、规则资源以及相应的物质资源在内的治理资源的效能得到最大程度的释放。以此为基础的乡村治理会衍生出两条治理原则：一是尽可能地避免乡村社会性事务的行政化和政治化，最大限度地减少国家行政力量和政治力量的介入，避免乡村事务的复杂化；二是将国家下达至乡村的行政事务社会化，充分构建行政事务与村民的利益、责任关联，使该类事务深度嵌入乡村社会的运转逻辑之中。

上述展现的乡村治理模式是极度简约的。一方面，整个乡村治理过程的展开主要依托乡土化的组织形式和乡土治理资源，而非依靠国家供给的行政科层组织和治理资源。因此，这种治理模式是低成本的。另一方面，乡村治理依循的社会化逻辑与乡村社会基础具有高度的契合性。因此，这种治理模式又是治理有效的。诞生于20世纪60年代且一直处于发展中的"枫桥经验"承继了沿袭自传统帝国时期的简约治理传统，"简约治理"成为"枫桥经验"的本源内含之一，体现在"枫桥经验"作为乡村治理经验，其亦主要遵从社会治理逻辑来处理乡村事务。

20世纪60年代初"枫桥经验"是通过调动村民力量，采取讲道理、说服等方式处理"四类分子"问题，从思想上将"四类分子"划归到社会主义阵营中进行矛盾的"敌我"转化。此种做法在实现政治公共性的同时，也使"四类分子"能够回归到村庄生活中并重构他们与村庄其他村民的社会关联，进而达到村庄社会公共性的再造。

20世纪八九十年代以"综治"为核心的"枫桥经验"，针对各类矛盾纠纷，也主要遵照社会治理思路，着重从矛盾纠纷产生的社会根源入手，以修复矛盾纠纷主体的社会关系为根本指向，最终达到村庄社会公共秩序的重建和村庄生活共同体的重构。针对因各种历史、现实原因无法彻底解决的且已经带有明显"偏执型"色彩的上访户，"枫桥经验"改变一般的稳控思路，通过恢复他们家庭关系和社会关系的方式让他们退出上访，使之回归到正常的家庭生活和村庄生活中。一般来说，这部分上访户群体的家庭关系和村庄社会关系几乎完全破碎，他们的生活意义和价值在很大程度上是通过上访过程实现，其诉求能否得到解决的重要性已极度弱化。以"综治"为核心的"枫桥经验"都尽可能避免矛盾纠纷最终进入以程序主义为本质特征的法律途径和截然的是非对错的逻辑中。

新时代的"枫桥经验"在其应用领域上得到大幅拓展，除了在传统的矛盾纠纷领域继续发挥作用外，还包括村庄其他公共服务和公共事务的管理领域，比如拓展到红白喜事等移风易俗活动之中，成为社会管理综合治理的总体经验。随着国家意志向乡村的全面渗透，"枫桥经验"在国家向乡村下达的行政事务领域中扮演着越来越重要的角色，生动体现了"简约治理"模式中将行政事务社会化的乡村治理原则。

就当前而言，针对乡村社会，国家意志主要表现在乡村振兴战略的提出。为了响应这一战略，浙江省向各地方政府下达了"五星创建""三A达标"的乡村建设要求，村庄环境卫生、农户家庭环境卫生是其中的一项重要内容。以该镇道村为例，针对农户家庭环境卫生管理，该村不是采取行政强制手段对每户农户家庭的环境卫生状况进行监督和考核，由村级组织直接承担管理职责，而是通过设定以自然村为单位的竞争评比机制充分激发每户农户家庭的集体荣誉感，由此形成规范农户家庭彼此行为的内生于村庄内部的舆论压力，达到规范他们行为习惯的目的。具体的操作办法是，该村每个季度都会从各自然村随机抽取若干农户家庭代表该自然村参加全村的农户家庭环境卫生评比，排名靠前者村庄会给该自然村的每户农户家庭发放一份奖励，排名靠后者不奖励也不惩罚。一般来说，环境卫生不达标的农户通常会遭到本自然村其他农户家庭的议论和指责。这对其他农户家庭起到了警示作用。该案例集中展现了将国家行政事务转化为村庄内部事务，让其深度嵌入农民生活逻辑之中的乡村治理原则。

虽然各个时期"枫桥经验"对应的事务领域有差异，但本质上都秉承了沿袭自中华帝国时期的简约治理传统，也反映出"小政府、大社会"的乡村治理格局和治理思路。

（二）"枫桥经验"与群众路线

群众路线作为党的根本工作路线，它是党在长期的革命和建设实践中得以形成和不断发展完善的，已经成为中国本土化的制度资源，体现了中国社会主义的国家性质①，构成了中国国家治理的社会主义传统的重要组成部分。群众路线由两个相互联系和相互支持的部分组成，分别为群众观点和群众方法。群众观点规定了党的工作目标和价值取向，即"一切为了群众"，为了最广大人民群众的根本利益。这是中国共产党区别于其他政党的一个显著标志。群众方法是践行群众观点的做法和方式，是群众观点的具体化，"一切依靠群众"即是群众方法的抽象概括。这说明群众也是服务自身的有效力量。群众观点与群众方法相辅相成、缺一不可。从实际情况来看，贯彻群众路线的难点往往不在于群众观点的习得，而主要在于群众方法的运用。"枫桥经验"的另一本源内含便是它在坚持群众观点的基础上找到了切实有效的将群众观点落实的群众方法，充分显示了群众路线在乡村治理工作中的巨大能量，并成为乡村社会的重要治理机制。

"枫桥经验"在不同历史阶段对群众方法的运用比较重要的有两点。第一，以党的先进价值和理念武装群众，把握群众运动的基本方向。在实践中表现为基层党组织在"枫桥经验"的不同发展阶段中都是撬动群众的主导主体，以达到贯彻党政意志的目标。第二，充分剖析群众结构，将群众进行先进群众、中间群众和落后群众的类型划分，利用先进群众带动中间群众进而改造落后群众。只是，在不同时期，群众分类依托的标准有差异。20 世纪 60 年代的"枫桥经验"划分群众的标准主要是阶级标准。20 世纪八九十年代及之后的群众划分标准则主要是社会标准，比如社会威望、学识水平以及在乡村生活

---

① 吕德文：《群众路线与基层治理——赣南版上镇的计划生育工作（1991—2001）》，《开放时代》2012 年第 6 期。

中的行为表现等。对群众结构的剖析和群众分类为群众方法的展开提供了有力抓手。

"枫桥经验"中，群众方法主要有以下两种具体的实践形式。首先是对群众进行集中动员，比如开群众会。在村庄公共决策领域，采取开群众会这种集中动员群众的方式，能够使群众意见得到充分表达，形成讨论的公共场域。在公共场域中，无理的意见或诉求会为集体抑制，生成强大的公共意志，最终达成决策共识。村庄尖锐矛盾和难点问题都可通过这种集中动员群众的方式得到解决。其次是对群众进行分散动员，这主要用来处理村庄中的某些个殊问题。比如针对个别钉子户或是村民间的私人纠纷，村干部利用村庄中德高望重之人或是与他们关系要好的亲属朋友等来进行有针对性的解决。根据村庄事务的性质，恰当运用不同的群众方法、释放群众智慧，乡村治理通常会取得事半功倍的成效。

"枫桥经验"作为乡村社会治理经验，其内含的群众工作方法高度嵌入乡村熟人社会结构中，群众之间因亲属、朋友、同学、邻里等各类社会关系相互发生关联。此种社会关联在党政组织的引导下，进一步增强了群众方法在乡村治理中的效用。群众路线这一党的根本工作路线与乡村社会结构具有天然的亲和性，能够充分实现以上述社会关联为基础的社会资本的调用。而且，由于群众方法能够深入乡村社会的毛细血管之中，这使其在处理占据乡村治理事务绝大部分的琐碎、细小、分散、不规则等这些为行政科层手段和法律手段解决不了、不好解决或是解决成本较高的行政剩余事务和法治剩余事务①具有极大的优越性。

（三）乡村社会活力的充分释放

"枫桥经验"内含的简约治理和群众路线工作精神的根本点在于，它们都不是完全倚仗国家正式行政资源、制度以及法治等形式化治理力量和手段，而是依靠充分释放基层社会活力，将之转化为有效的治理资源，实现基层社会活力的再生产。这与农村公共事务以关系嵌入

---

① 桂华：《论法治剩余的行政吸纳——关于"外嫁女"上访的体制解释》，《开放时代》2017 年第 2 期。

型事务为主导的现实相契合。关系嵌入型事务的处理离不开对村庄社会内生治理资源的动员，与之相匹配的也应是动员性治理机制和体制。而基层社会活力主要源自乡村社会基于稳定的血缘和地缘关系内生出来的结构性力量。

需要提出的是，中华人民共和国成立以来，经过国家的社会主义改造和市场经济等现代因素的冲击，我国乡村社会活力得以凝聚、整合和利用的传统组织载体已趋于消解，比较典型的如宗族组织结构。与之相应的是以国家权威为基础的现代乡村公共组织在乡村社会的建立，这在当下的代表是村两委组织。村两委组织对基层社会活力的释放起着重要作用，并在"枫桥经验"中得到了明显体现。具体来说，村两委组织释放基层社会活力的作用主要表现在三个方面：一是其为村庄有力群体参与村庄事务提供正当性和合法性，使他们的行为具备公共性；二是其为基层社会活力的指向提供正向引导，使之按照公共目标和公共利益的方向发挥作用；三是其在整体层面实现潜在社会治理资源的整合和吸纳。村级组织的这三个作用的达成，尤其是实现社会治理资源的整合和吸纳作用，需要建立在其半正式特征的基础之上。这是乡村社会活力能够得到充分释放的前提条件。

较之于大集体时期，甚至是税费提取时期，税费改革后的乡村已经发生巨大变迁。特别是 2000 年以来，我国中西部地区农村经历了大规模的人、财、物的外流过程，村庄社会资本不断流失，基层社会活力锐减。但是，中国的城市化进程并不能在短期内完全实现。农村依然是市场竞争中的弱势群体、进城失败以及暂时无法进城农民的退守之所。从在全国多地农村的调研经验来看，农村中常年在村的群体多为老年人以及因各种原因无法进城务工或是不想进城的中青年群体，他们构成农村中的主要生产、生活主体，也是农村生产、生活秩序维系的关键人群。这说明，对我国绝大部分农村来说，一方面其依然保持了乡村社会的基本底色；另一方面其依然还存在有一定量的社会资本。这些都是"枫桥经验"内含的"简约治理"和"群众路线"的治理精神仍能发挥作用和具有适用性的基础性要件。

二 "枫桥经验"治理机制的当代发展

在党的十九大上，习近平总书记提出中国特色社会主义进入新时代的重大论断，社会主要矛盾转化为人民群众日益增长的美好生活需要与不平衡不充分的发展之间的矛盾是新时代的主要特征。在这一总体背景下，乡村社会面临的治理需求也在发生变化，这对乡村社会治理机制的创新提出了要求。"枫桥经验"自从为毛泽东同志发现以来一直都保持着时代敏感性，不断更新其适用领域和创新治理机制。但是，"枫桥经验"在治理机制层面的发展创新是在坚持或不改变简约治理和群众路线这两个本源内含的前提下进行的，它们只是对简约治理和群众路线实践形式的发展创新，具体表现为新型治理技术、治理手段等新型治理元素的使用。

我国乡村治理面临的两方面的变化尤其值得关注。一是国家与农村关系的变化。税费改革后，国家力量开始以资源输入为载体向农村全面渗透。随之而来，乡村承接的行政事务增多，以及诸如法律、法规等制度性要素增加。二是乡村社会因为市场经济和城市化进程的冲击所引发的自身的变化，包括人口结构、乡村矛盾纠纷形态和类型的变化等。国家整体目标导向和乡村社会本身的变化共同形塑着乡村治理环境，再造乡村治理的事务结构、规则结构以及农民的观念结构等。针对乡村社会治理形势的新变化，新时代的"枫桥经验"主要通过乡村事务的分类处理机制、群众的组织化机制以及多元治理规则的整合机制等治理机制的构建来最大限度地激活"简约治理"和"群众路线"的治理效能，从而推动乡村治理现代化目标的实现。

（一）村庄公共事务的分类处理机制

税费改革以来，随着服务型政府理念的提出、国家与农村关系的变化，乡村治理表现出突出的国家规划性色彩。与之相应，国家下达至乡村的行政事务增多，改变着乡村的事务结构。在很多学者看来，国家下达行政事务的增多构成地方政府将村级组织行政化的主要动力，最明显的举措是实行村干部坐班制，将村级组织正规化、村干部

村庄治理现代化的实现路径

专职化，确立地方政府对村级组织的绝对行政支配权力。这一做法实则是对"乡政村治"制度的破坏，以及对以"乡政村治"制度为基础的乡村简约治理精神的瓦解，由此带来"行政消解自治"①的治理后果。

国家下达至村的行政事务同样可划分为关系脱嵌型事务和关系嵌入型事务。特别是，在国家治理现代化的背景下，行政事务中的关系脱嵌型事务呈逐步增加的趋势，包括各种办证工作、相关保险费用的收缴工作以及各类政策咨询类工作等为民服务事项。这类关系脱嵌型事务具有标准化、规则化等特征，可按照相应的程序标准统一操作。相对而言，行政事务中的关系嵌入型事务则往往是阶段性的，且多以中心工作的形态、采取运动式治理的方法进行处理。这类关系嵌入型事务往往涉及村民个体利益以及村庄公共利益，高度嵌入村庄复杂的利益关系和社会关系之中，具有难以标准化和不规则性等特征，表现出很强的特殊性。各类工程项目落地以及资源分配工作都属于关系嵌入型事务。关系嵌入型事务是完全以法律、制度为基础的规范化行政手段无法有效应对的，它需要动员性治理体制遵照乡村社会的逻辑、充分动员村庄社会力量来进行处理。

针对行政事务中关系脱嵌型事务的性质以及数量的增加，当地通过构建"组团式服务"模式分解村庄公共事务中的关系脱嵌型事务。具体来说，当地乡镇政府通过打造统一服务窗口，建设镇级层面的为民服务大厅实现乡镇不同职能部门的集中办公。同时，充分利用互联网等科技优势开通网络服务平台，提高为民服务事项的办理效率，增加农民的获得感。需要提出的是，为民服务大厅是建设在乡镇一级，而非下沉至村，且主要由乡镇工作人员承担。这极大减少了村干部的行政工作荷载，充分保证了村级组织在关系嵌入型事务中的处理空间和优势。以乡镇为单位整合为民服务事项，也能充分释放关系脱嵌型事务处理的规模效应。

由此可见，村级组织并不是国家行政事务中关系脱嵌型事务的承

---

① 赵晓峰：《"行政消解自治"：理解税改前后乡村治理性危机的一个视角》，《长白学刊》2011 年第 1 期。

担者，这部分事务主要由乡镇层面的为民服务大厅承接，村级组织主要负责下达至村以及内生于村庄社会的关系嵌入型事务。这种村庄事务的分类处理机制使村级组织的半正式特征能够得以保持，这是其能有效应对关系嵌入型事务的基础。"枫桥经验"内含的简约治理精神得到了延续。

（二）群众的组织化机制

作为"枫桥经验"本源内含之一的"群众路线"的一个重要含义就是充分依靠和动员群众参与乡村治理，充分发挥群众在乡村大量存在的行政剩余事务和法治剩余事务中的作用。中国城市化进程的长期性决定乡村社会仍存在一定的社会资本，这些社会资本包括因各种原因无法或不想外出务工而以乡村内部的经济机会为主要收入来源的"中农群体"，和家庭经济条件比较宽裕且已经完成建房、子女成家等人生任务的"负担不重的老人"，他们是乡村社会"群众"的主要组成。但是，乡村社会传统关联机制的弱化或解体使乡村既存的社会资本处于散落状态，乡村缺乏组织群众的内生动力。因此需要重新构建新的群众组织机制，创新群众路线的实践方式。枫桥镇在这方面作出了有益探索。

在当地镇党委政府和村两委的组织引导下，该镇各村针对与群众利益密切相关的事务几乎都成立了相应的群众组织，比较常见的有乡风文明理事会、邻里纠纷调解会，这些组织主要负责处理村庄红白喜事等移风易俗事务以及村庄矛盾纠纷调解。群众组织成员主要是村庄中的老党员、老村干部、退休老教师以及就近就业的部分中青年群体。这部分群体一方面有足够的时间参与村务管理，一方面也熟谙村庄生活规则且在村民中间享有较高的威望。这些与群众利益密切相关的村庄社会组织实现了对村庄闲散资本的整合和群众的再组织，做到了群众事务群众自主管理。

需要提出的是，上述各类将群众组织起来的社会组织都是非实体化组织，具有非正规性。群众组织的实体化主要表现为组织形式的正规化，组织成员间的关系由正式的规章制度规定，组织成员与非组织成员之间存在明确的身份界分，具有比较清晰的组织边界。群众组织实体化后可能会朝两种方向演变。一种是演化为专门为村民提供服务的第三方社会组织，成为一个相对独立的利益实体。在这种情况下，实体化后的群众组织与村民之间的关系就变成服务提供者与服务消费者的市场化关系，服务成本多由政府、村级组织以及村民承担。另一种是可能演化为村级组织的下属机构。在当前村级组织承担的各项事务日益增多，且地方政府对村级组织的考核压力越来越大的形势下，村级组织潜在地存在将这类群众组织吸纳进来以让其分解部分村级事务的动力。为了激发该组织成员的动力，村级组织可能采取目标责任考核以及发放补贴工资的方式，使之成为承接村级组织下派的各项村级事务的常规性的实体化组织。

群众组织实体化后的一个重要后果是其所内含的"群众性"被剥离。从"枫桥经验"的实践来看，包括乡风文明理事会、邻里纠纷调解会等在内的群众组织，其核心特征就在于它们的非正式性、非正规性。正是这种非正式和非正规性模糊了组织成员与村民群众的身份边界，保证了他们对群众生活的深入性以及对与群众利益密切相关问题的高度敏感性。从这个角度来说，此类群众组织既不是独立于群众、具有自身特殊利益追求的第三方社会组织，也不是分解村级组织治理任务的下属组织，而是与群众融为一体的"群众自治组织"。因此，群众组织的关键是实现群众的组织化，使群众成为一股可随时调动和利用的服务于自身利益的有效力量。它表达的是一种将群众力量激活的状态，是村庄公共性的表现。社会组织的非正规性是其群众性能够得以保持的基础，其工作模式是"因事而动"。这也是"枫桥经验"精神内核的体现。在村级治理体制的探索中，要警惕群众组织的实体化思维，保证群众组织的"群众性"。群众性是动员性的重要表现。

（三）多元规则资源的整合利用机制

在乡村社会转型的新时代背景下，乡村社会内生的治理事务在发生变化，比较典型的是乡村矛盾纠纷类型和性质的变化。具体来说，当前乡村纠纷的类型主要有三种，即乡土纠纷、非乡土纠纷和混合型纠纷。

乡土纠纷属于传统纠纷类型，它们多在乡村场域中产生，内嵌于乡土生活逻辑之中，比如村民之间因为频繁互动以及生活出现过多交集而生发的纠纷。一般来说，法治力量对这类纠纷的介入程度不深，此类纠纷主要通过地方性的方式处理。非乡土纠纷是现代要素进入乡村之后的产物，属于现代纠纷形式。从一定程度上来说，非乡土纠纷脱离了乡土生活场域，也超越了依托地方性方式等乡土处理方式的解决能力。法治力量对这类纠纷的介入程度较深。因此，这类纠纷的解决对掌握法律知识的专业化力量存在较高的依赖。从在全国多地乡村的调研情况来看，这类纠纷的典型表现是交通事故纠纷。混合型纠纷是介于传统乡土纠纷和现代非乡土纠纷之间的纠纷类型。从纠纷产生的根源来看，其呈现出突出的乡土性，它是因乡土原因而起。从纠纷的表现形式来看，这类纠纷的一方主体确实存在与现代法律规定相悖的行为。这类纠纷通常处于乡土生活秩序与国家规定秩序之间存在张力的地带。从在诸暨市枫桥镇、店口镇和大唐镇等乡镇的调研经验来看，农户房屋违章举报纠纷占据该类纠纷的大部分。

在 2012 年前后，浙江省开始在全省推行"三改一拆"政策，试图在乡村建设绝对的、统一的无违建秩序。在此之前，农村的房屋建设多处于法治管理缺位状态。在之前被乡民认可和被地方政府默认的房屋建设秩序如今成为不合法的秩序。从具体的实践来看，二者之间仍存在一定的模糊领域，即基于社会稳定的考虑，地方政府通常对那些违法较轻、违法特征不明显或者存在执法难题的房屋予以保留，持"不举不究"的态度。也正是这一模糊领域成为村民乡土之气的发泄窗口，即村民的乡土之气通过举报与其有过节的村民房屋存在违建问题的方式表现出来。这类纠纷交织着各种传统乡土、现代法律等多重元素，其无法完全通过法治的办法解决，比如直接将违建者的房屋拆除。这一做法必然会进一步激化双方矛盾，而没有彻底消除双方矛盾产生的根源。最终可能需要综合运用法治和乡土的办法处理，既要回归到法治治理的轨道按照法治要求处理，同时也要回归乡土生活的轨道梳理双方矛盾产生的历史根源，沿着乡土生活逻辑对双方破损的社会关系进行修复，以达到纠纷的彻底化解。

由此可见，不同纠纷类型的解决所依托的规则资源是存在差异的。针对乡村矛盾纠纷类型的新变化，枫桥镇通过构建有效的调解体系对法治性、乡土性等多元规则资源整合利用，起到了较好的化解效果。比较重要的有两项举措。一是强化以村级组织为主体的调解责任，规定村书记担任村调解主任。与此同时，充分调动村庄精英，利用其熟谙乡土规则的优势将乡土类纠纷最大限度地在村域范围内化解，做到"小事不出村"。二是构建镇级层面的大调解体系，包括司法调解体系和人民调解体系，且各调解体系内部的人员可打通使用，人民调解队伍通过采用与司法所合署办公的方式吸收司法队伍中的专业人员。镇级层面以法官为代表的法律工作人员以及乡村社会精英都被整合进上述调解体系中。较之于村域范围调解体系较强的乡土底色，镇域范围的大调解体系是以法治规则为基本底色。枫桥镇人民调解体系中的老杨调解室和娟子工作室中的工作人员，都具备一定程度的专业法律知识素养，并且依法调解构成他们最基本的调解准则。在此基础上，灵活运用乡土社会的情面等乡土规则，实现法治规则与乡土规则的有效结合。镇级层面的大调解体系有效应对了现代非乡土纠纷和混合型纠纷，做到了"大事不出镇"。枫桥镇的上述举措，一方面充分发挥了村级这一自治单元和群众组织在化解乡土纠纷中的作用，另一方面综合运用了法治、德治手段在化解乡土纠纷、非乡土纠纷和混合型纠纷中的优势。并且，当地对法治手段或法治资源不是完全按照形式化的法治思维运用，而是力图将法治理念和法治思维用乡民能够理解的生活化语言转化到他们的生活逻辑之中，做到法治与乡土、法治与群众的结合。经过这一转化，苏力研究中提出的"法治及其本土资源"①中的"法治"已经成为一种本土资源。此外，该镇多元规则资源整合和利用的方式也充分体现了"枫桥经验"内含的简约治理和群众路线的核心精神，成为新时代"枫桥经验"的重要组成部分。在整个治理过程中，社会治理思维而非形式化的法治或制度治理思维、依靠和动员群众的做法贯彻始终。

三　组织群众与动员社会："枫桥经验"的实践启示

国家与农村关系的变化以及乡村社会本身的变化共同推动乡村治理转型。国家意志、市场力量、现代科学技术、法治与制度、地方性

---

①　苏力：《法治及其本土资源》，北京大学出版社 2014 年版。

规则与规范等各种现代与传统元素在当前的乡村场域中实现前所未有的碰撞与交融，乡村治理的复杂程度空间增加。新时代的"枫桥经验"是地方政府与地方民众在此种乡村治理形势下自主探索和创新的产物。但是，早期"枫桥经验"的简约治理和群众路线的本源内含一直都有得到延续和贯彻。这两重内含的实质都是充分组织群众与动员社会，深入到乡村社会的逻辑中进行相应事务的处理，它们是动员性治理的典型表现。

新时代的"枫桥经验"通过对简约治理与群众路线精神内含的秉承，促进了乡村社会活力的充分释放，使之成为一股重要的治理力量。在此基础上，其借助乡镇层面的为民服务大厅建设分解国家大量行政任务下乡背景下村庄公共事务中的关系脱嵌型事务，保证村级组织在关系嵌入型事务中的治理优势，避免关系脱嵌型事务对村庄动员性治理空间的挤压。此外，"枫桥经验"还通过群众组织化机制的构建强化乡村自治面向，提高乡村社会自主解决内生治理事务的能力，保证地方治理的自主性。而多元规则资源的整合利用机制的建设构成乡村治理活动得以顺利展开的丰富的规则资源储备。各种传统和现代的治理元素在各种治理机制中都发挥了各自的优势并实现了有序结合。

在新时代"枫桥经验"各项治理体制和机制的探索中，我们可发现，在绝大多数情况下，诸如法治、制度等现代治理资源，传统乡土文化规范等传统治理资源以及互联网等现代技术都只是作为一种可供运用的治理手段，而都不具有本体性地位。其中尤为重要的是要防止技术手段对"乡政村治"这一治理格局下自治型村庄治理体制这一动员性治理体制的消解。渠敬东等人通过对中国40年改革历程的梳理发现，改革前的总体性支配权力已经为一种技术化的治理权力所替代，集中表现为行政科层化治理改革的全面推行，以及以法律、程序、规则为基准的行政工作逻辑的确立。这种技术治理的形成虽然迎合了时代发展要求，但也带来了政府职能过重、行政成本过高、社会空间发育不足的矛盾①。从农村基层治理的角度来看，技术治理不仅表现为乡村治理组织或机构的行政科层化，而且表现在网络技术、互联网平台等现代科学技术在乡村治理中的广泛运用。这一系列现代技术手段的运用最终带来的后果是乡村关系的实质行政化，是对乡村治理组织或机构行政科层化的补充以及强化。

　　就如新时代"枫桥经验"所显示的，技术手段与村庄动员性治理面向并不是完全相悖之物，关键之处在于技术手段是与乡村社会力量结合还是与政府行政力量结合，是激活村民自治还是消解村民自治。与乡村社会力量结合和激活村民自治的技术手段没有从根本上改变村庄治理的动员性。因此，新时代"枫桥经验"的一个重要启示是，技术手段在乡村治理中的运用需要同时考虑到两点：第一，它是否从根本上改变了"乡政村治"制度，对"乡政村治"制度的改变又以乡村关系的实质行政化为表现形式；第二，它是否提高了技术的工具效率。比如镇级层面的为民服务大厅以及为民服务网络平台，一方面避免了国家行政任务中关系脱嵌型事务下沉至村后对村庄动员性治理空间的挤压，保证了"乡政村治"制度的完整性；另一方面充分释放了其在为民办理行政事务类事项中的工具效应，提高了其工具效率。因此，在现代技术比较发达的情况下，新时代"枫桥经验"为我国中西部地区农业型村庄的治理如何有效运用技术手段、实现与村庄治理动员面向的融合提供了有力借鉴。

第四节　小结：找回"自治"与动员性治理的回归

　　与国家自上而下推动的村级治理行政化改革不同，我国部分农业型地区在地方民众和地方政府的自主探索下开启了向动员性治理模式的回归运动，并进一步影响着国家政策，承担着启示其他地区村庄治理体制改革的政治要求。本章主要以湖北省秭归县、四川省成都市、

---

① 渠敬东、周飞舟、应星：《从总体支配到技术治理——基于中国30年改革经验的社会学分析》，《中国社会科学》2009年第6期。

广东省清远市和浙江省枫桥镇的制度创新为表述对象,分析这些地区制度创新的实践机理。虽然这四个地方取得较好成效的制度创新点以及制度创新的侧重点有所不同,但其内在的逻辑却高度一致,即试图找回"自治"以实现向动员性治理的回归,如表5-2所示。

表5-2　　　　　　**各地方动员性村庄治理制度创新概览**

地区	代表性创新制度	制度创新侧重点	核心经验
湖北省秭归县	"幸福村落"	村级治理结构重塑	新增"自治层级"
四川省成都市	村级公共服务与社会管理资金制度	资源分配体系创新	财政资源的民主化分配与村庄治权再造
广东省清远市	涉农资金整合		
浙江省枫桥镇	"枫桥经验"	综合经验创新	组织群众与动员社会

湖北省秭归县的"幸福村落"创建是对村级组织科层行政化背景下村级治理动员面向缺位问题的回应,通过在既有已经趋于行政化的村级治理架构的基础上新增一个自治层级,对村级治理结构进行重塑。四川省成都市村级公共服务与社会管理资金制度创新和广东省清远市涉农财政资金整合制度创新通过对国家财政资源民主化分配体系的构建有效克服了技术化资源分配体系带来的农村基层社会的系列治理困境。国家财政资源在农村的民主化分配体系通过对村级组织资源统筹权的授予和村民广泛参与权的赋予实现村庄社会活力的激发,突出了村庄的主体性地位。新时代的"枫桥经验"作为辐射乡村治理各个领域的综合性治理经验,则充分保证了村级治理的社会面向,强调对乡村社会资本的调动和对村民的广泛动员。因此,这些地方的相关制度创新形塑出来的都是一种动员性治理模式。

这些地方的相关制度创新所取得的良好治理成效在很大程度上也是对主张村级行政化治理的学者所持经验预设的否定。它们从经验上有力证明了两点。一是我国广大中西部地区的农业型村庄仍然具有动员性治理需求,表现在村庄中依然存在大量无法用以制度、法律法规为基础的行政治理手段来予以解决的事务,这些村庄公共事务集中体现为关系嵌入型事务。这类事务在农业型村庄的公共事务中占据主导地位。二是我国广大中西部地区的农业型村庄仍然具有开展动员性治理的社会基础。而且，与陌生化城市社区治理中大多所持的培育社会资本的路径不同，农村社会的治理关键不在于借由外力培育社会资本，而在于通过组织化的方式对散落的村庄社会资本进行凝聚和再整合。这些散落的村庄社会资本即是农业型村庄开展动员性治理的社会基础。这说明农村社会资本没有完全瓦解。

这可从两个方面来分析。一方面中西部地区农村城市化进程的渐进性意味着农村中的大量人口无法在短期内实现向城市转移，村庄仍旧是他们重要的生产、生活场所。村庄中仍附着有一定数量的人力资本，并没有完全空心化。另一方面农村以小农为主的农业生产体系为村民利益关联以及社会关联的生发提供了孕育土壤，以此为基础，相互之间存在的农业生产上的互助需求可以起到维系和再生产农村熟人社会关系的作用，村庄社会资本不会完全消解。从这个角度来说，以小农为主的农业生产体系构成了当前农村经济、社会以及政治生活的活力之源。但是，从当前的情况来看，在农业现代化背景下，以小农为主的农业生产体系随着资本的大量涌入而趋于瓦解，农业企业等资本化的市场主体逐步取代小农成为农业的主要经营者。村庄中的留守群体（比如老人、妇女）只是在获取一定数量土地租金的前提下以农业工人的角色参与到农业生产当中，个体化地与企业打交道，村民之间的横向关系无法生成。在这种情形下，小农生产所附有的社会性在市场资本的介入下不断被剥离，村庄社会资本缺乏孕育的土壤和实践载体。因此，从村级治理的角度来说，防止市场资本对农村农业的过度介入，确保小农在农业生产中的主体地位仍具有相当的重要性。

综合本章内容，我们可发现村庄治理体制特别是中西部地区农业型村庄治理体制改革的突破口是如何最大限度地激发村庄社会活力，并在此基础上实现国家意志与村庄社会的衔接，促进国家与村庄社会的良性互动。

第六章　延伸讨论：东部发达地区村级治理行政化实践[*]

　　东部发达地区处于中国改革开放的前沿地带，经济、社会、政治发展的各方面对全国其他地区都具有引领性。这些地区同时是各种制度包括农村基层治理制度创新的中心阵地，也是村民自治制度实行后进行村级治理行政化改革的发源地，对我国中西部地区形成了很强的示范效应。近年来，中西部地区农村基层治理普遍推行的行政化改革在很大程度上都是以东部发达地区农村为蓝本。本章将继续承接第三章从城乡关系的视野理解村庄治理的思路，剖析东部发达地区村级治理行政化生成的内在逻辑。

　　改革开放以来，随着国家总体性支配格局的解体，我国各地经济、社会活力都得到充分释放。与此同时，由于地理区位以及国家政策倾斜程度的差异，城市经济的发展程度以及农村社会的经济、社会基础都发生了巨大分化，大体形成了三种城乡关系的理想类型，即吸附型城乡关系、融合型城乡关系和并立型城乡关系，特定的城乡关系类型决定了村庄治理的基本目标。吸附型城乡关系和融合型城乡关系都有将村级治理进行行政化改革的需求，对应着东部发达地区的村庄治理。这些地区的村庄治理都带有突出的城市属性。我国广大中西部地区则主要表现为并立型城乡关系（详见第三章）。通过不同地区的经验对比，有利于我们精确掌握各地区的空间定位，同时厘清政界和学界对行政化村级治理的适用性存在的认识误区，也更能让我们认识到中西部地区村庄治理的特殊性。

　　下文，笔者将分别以上海、珠三角和苏南地区的村庄治理实践为

---

　　[*] 本部分所用乡（镇）名、村名皆为化名。

例对东部发达地区村级治理行政化的生成逻辑展开分析，与前文刻画的中西部地区村庄治理形成对照。

第一节　村级治理行政化的实践表达

上海是我国首批沿海开放城市，GDP居中国城市第一位。珠三角、苏南地区属我国乡村工业化程度最高的地区。20世纪八九十年代，在国家的提倡和鼓励下，全国掀起了乡村工业发展的高潮。到20世纪90年代后期，由于乡镇企业的小散乱、产权不清晰以及全国市场从卖方市场向买方市场的转变，中国大部分地区的乡村企业都走向了萧条。但是，珠三角、苏南地区的乡村工业化进程由于其特殊的地理区位、政策倾斜等优势而得以延续。这三个地区都处于我国经济最为发达的地带，不仅经济社会发展走在全国前列，而且包括村庄治理体制在内的各项政治、经济、社会制度在全国都具有极强的示范性。对产生于该地区的相关制度的经验场景进行还原，辨析其可推广价值便具有相当的必要性。经过多年的发展变迁，当地农村已经形成比较成熟的行政化村庄治理体制，其中又以村级组织的官僚科层化为主要表现形式，具有村级治理行政化的一般特征。因此，本节将延用第二章对村级组织官僚行政化的分析维度来勾勒上海、珠三角以及苏南地区村级治理行政化的实践形态。

一　工薪制、坐班制与村干部职业化

上海、珠三角和苏南地区三地的村干部都实行工薪制，而非误工补贴制。村干部工资由基本工资和考核工资两部分组成，具体数额因各村集体经济状况的不同而存在一定的差异。就上海农村来说，当地集体经济发达村的村书记工资能达到15万—16万元/年，集体经济薄弱村村书记的保底工资有9万—10万元/年。上海一般将村集体年收入少于70万元的村作为经济薄弱村，并通过转移支付的方式弥补此类村庄治理资源的不足。其他村两委干部的最低工资待遇也有7万—8万元/年。再比如珠三角地区中山市元村，该村村书记、村主任的基本工资为4800元/月，副职干部为4400元/月，一般两委干部的基本工资为 4000 元/月，绩效奖励工资一年为 3 万—5 万元。村干部的年收入都能保证在 10 万元左右。苏南地区村干部的工资水平普遍处于 10 万—20 万元/年。由此可见，村干部的收入远高于一般务工人员的工资，其收入在当地村庄中也都属于中上水平。

此外，这三地的村干部都有数额不低的退休金保障。苏南地区政府直接将村干部纳入镇保范围。与村干部不低的工资收入相对应，政府对村干部提出了脱产化要求，实行严格的坐班制，为村民提供全日性服务。这三地的村庄都建设了标准化的办公场所，设置村民服务大厅，设置各类服务窗口。村干部的工作时间严格以正规的上班时间为标准，乡镇政府会对村干部的坐班情况进行不定期检查，并将坐班情况纳入村干部的考核当中。村级组织的工作模式常规化、正规化了。村干部成为一份体面的职业。这彻底打破了自治型村庄治理体制中以兼业化、误工补贴制为表现形式的半正式化村干部管理制度。

二　分工、层级与村级组织科层化

上海、珠三角和苏南地区三地都形成了"村两委干部＋条线工作人员"的条块化治理架构。这一治理架构集中体现了村级组织横向的职能分工与纵向的权力分层。村两委干部相当于"班子成员"，是村庄权力的中心，承担村务决策和村庄统筹管理职责。条线工作人员是事务性工作队伍，接受村干部的工作指导。其中村书记又是绝对的权力领导核心，其他村两委干部都对村书记负责。上海每个行政村村两委干部的配备数量为 3—5 人，既有书记、主任一肩挑，也有书记、主任分设的情况。珠三角地区每个行政村村两委干部数量为 5—8 人，村两委交叉任职。这三地的村两委干部中，除了书记、主任对村庄工作总体全面负责外，各行政村会根据村庄治理需要对其他村两委干部进行相应的职务配置，分管相关工作，对应各个条线。各个条线又会根据工作量的大小和复杂程度配备数量不等的工作人员，并受分管各条线村干部的工作指导。虽然，各行政村因为村庄大小以及村庄具体事务的不同在具体条线内容的设置上存在差异，但是"村两委干部＋条线工作人员"的条块配置是这三个地区村庄治理架构的基本构成。

比如上海的城郊农村，由于有厂房出租、企业入驻等工商经济以及大量流动人口，村庄治理事务数量多且门类繁杂。这类村庄多设置有调解、司法、工会、治安、科普、社保、农建、卫生、工商等条线，远郊地带的一般农业型村庄主要是调解、卫生、农建、民政等基本条线。除了特别重要的条线是由专人负责外，其他多是一个村干部负责多个条线。村里的条线工作人员分为两类。一类是村庄自主招聘的条线工作人员，工资由村集体承担，接受村干部的工作指导。环境卫生、电工条线就属于这一类型。一类是由乡镇统一招聘并向各村分配的条线工作人员，工资由乡镇财政承担。村里的综治协管员、助残员和就业援助员就属于此种类型，他们直接接受乡镇的业务指导，同时也受村干部的管理。

珠三角中山市元村，除了书记、主任是主持全面工作外，其他村干部都需要分管相应的条线工作（见表6-1），负责条线工作中的人事安排和工资考核。村两委分管的各条线工作都是有实质内容并需要切实落实的，比较重要的条线会专门设置办公室。元村两委下面就专门设有招商办、企业办和市场办。其中招商办有5名工作人员，主要负责村庄物业的招商工作；企业办有3名工作人员，主要为入驻商家、工厂和企业等提供执照协办、水电缴费等在地服务；市场办有3名工作人员，主要负责农贸市场的收租和日常管理。全村由村干部以及包括保安、环卫等条线工作人员在内的所构成的整个村庄管理队伍有100余人，可见数目之庞大。再比如东莞市岗村除了村两委干部这一权力核心外，也分化出众多条线工作，包括治安、消防、新莞人服务、城建、经贸、环境卫生等。

表6-1　　　　中山市元村村两委干部的条线工作分工情况

职位	分管工作
书记、主任	主持全面工作
副书记、副主任	国土、财经、协管治安、协管环卫、协管工程招投标

续表

职位	分管工作
两委委员	宣传文化、民兵、教育、体育、元汉农贸市场、信访、医疗、卫生、办公室、统侨
	环保、绿化、工会、城建、水电站、村公共事务
	组织、纪检、计生、妇联、社会事务
	治安、调解、安全生产、劳动与社会保障、综治、外来人口管理、司法、城管、交通
	农业、统计、档案、物价、工程招投标
村委委员	经营管理、团支部、社工委、关工委、志愿服务

　　苏南地区苏州市夏村，除了 5 名村两委干部外，还有 5 名专门负责村庄环卫安全、民政社保、物业管理、联防治安等方面工作的条线负责人。上海、珠三角以及苏南地区所有条线工作人员都是专职化的，一年收入为 3 万—5 万元，也都有明确的坐班要求。在横向有职能分工、纵向有权力分层的"条块化"村级组织架构下，村庄日常工作的开展采取以专业条线分工为主和以块为中心的整体动员参与为辅的条块结合的工作模式，权责职能边界清晰。从村庄治理架构中的权力关系来看，这三个地区村级组织内部形成的都是制度化的权力分配格局，包括村书记、主任在内的村干部权威都属于行政性权威，而不是充满个体性色彩的社会化权威。正式行政资源是村庄治理的动力机制。

三　村干部职位流动与晋升

　　"民主选举、民主决策、民主管理、民主监督"是村民自治制度的核心内容，其中又以民主选举的关注度最高。民主选举被视为最能体现基层民主价值的关键环节，它确定了村干部的民选特征和村干部权威来源的社会性。村庄选举中的竞争性和动员性更是被看作基层民主的重要表现形式。而上海、珠三角和苏南三地的地方政府都通过制度化村干部选任制度的构建弱化民主选举，使民主选举形式化，增强乡镇意志在村干部选任中的作用。在这种情况下，村干部演变为一种稳定且具有流动和晋升空间的职业体系，村干部与乡镇干部以及乡镇事业单位工作人员之间保持着较高的流通性。

上海各乡镇于 2004 年启动后备干部制度。后备干部制度的启动标志着上海进入包括村书记、村主任在内的村干部的制度化培养和选任阶段。后备干部的选拔与村庄选举的时间序列一致，基本是每三年一次。当然，乡镇可根据村干部的队伍配备情况对后备干部的选拔时间进行灵活调整。后备干部制度作用的发挥是通过村书记助理、主任助理的设置实现的。书记助理、主任助理由镇组织部门公开招聘，需经过笔试、面试等环节，对报考人有严格的年龄和学历要求，其中书记助理职位没有明确的户籍限制。年轻化和高学历是后备干部选拔的方向，也是村级治理队伍的建设方向。

调查发现，从 2004 年之后当选为村书记、主任以及一般两委成员的工作经历来看，他们一般是通过后备干部制度进入村级治理体系，遵从助理、委员再到村主职干部的晋升路线，书记助理、主任助理工作为他们提供了熟悉村庄工作以及熟悉本村村民的机会。经过多年实践，书记助理、主任助理是村书记和村主任的后备人选已经成为村民默认的共识。

后备干部同村里其他工作人员一样都是专职化的，工资待遇是村书记的 55%，一年最少有 5 万元，与一般的外出务工人员收入基本持平。后备干部有稳定的职业晋升预期，这对刚毕业的大学生具有相当的吸引力。

珠三角和苏南地区同样通过构建村干部的制度化选任机制弱化"民主选举"，加强乡镇对村干部的选任权，削弱村干部权力来源的社会赋权性，强化其制度赋权性。大概在 2003 年，中山市元村所在镇就开始通过招考大学生村官来培养村干部，该村现任副书记就是 2003 年第一批到村任职的大学生村官，2005 年正式进入村两委班子，并在村庄各条线接受锻炼。大学生村官的选拔，由镇党委书记、组织委员和副镇长主持面试，由镇人事办统一发布招聘信息。

苏南地区农村在实行选聘高校毕业生到村任职的制度同时，还形成了颇具特色的"书记流官化"制度。"书记流官化"制度产生于 21

世纪初的合村并组时期，乡镇为了保证村庄权力格局的稳定，对因行政村减少而多出的村书记进行安置。一般来说，多将他们安置在镇政府相关部门，实现股级平调。在此基础上，乡镇根据各村的实际状况配备村书记，没有必须是本村人的要求。因此，当地普遍出现了村书记跨村任职和流动的状况。此后，村书记的跨村任职和流动成为惯例在当地延续下来。

上述制度使有村干部职位的村民对自己的职业生涯都存在稳定预期，并与乡镇政府存在紧密关联。这同时强化了村干部权力来源的制度属性。进入村干部队伍的村民的整个职业生涯，包括流动和晋升都是在政府设定的科层渠道中进行。村级组织成为乡镇的下属层级。

四　结果、过程并重考核制与规则之治

与中西部地区农业型村庄不同，珠三角和苏南地区农村依托村庄工业都有较为雄厚的村集体经济。上海地区处于城郊地带的农村集体经济也较为发达。20 世纪 90 年代末在全国农村普遍建立的村财镇管制度对集体经济雄厚村具有更为实质的意义。村财镇管制度实现村集体财权向乡镇的转移。在这种情况下，村集体资源属性实现从村庄小公性质向政府大公性质转换，村集体资源的公共性不断扩大，形成了地方政府以资源为基础对村级组织的管理权力。在村财镇管的制度框架下，村干部的工资以及奖励虽然都来自村集体收入，但其标准是由乡镇统一规定和审批的。以此为基础，乡镇通过设置相应的制度化激励机制加强对村干部的管理和控制。

比如珠三角地区中山市元村所在镇就通过与基本工资持平的绩效工资制度激发村干部工作的积极性，使其工作符合乡镇的考核要求。苏南地区根据村干部任职期间的工作情况以及工作年限等综合因素有选择地让优秀村干部转成事业编制。这一系列制度都极大增加了村干部对乡镇权力的依附性。上海地区绝大多数村庄是集体经济极为薄弱的农业型村庄，其村级治理资源包括村级工作人员的工资、村庄的日常管理和建设费用等几乎全部依靠上级政府的财政资源输入。村级治理资源对政府的强依赖性，更是强化了上级政府对此类村庄治理的管理权力。

村集体财权以及村级治理资源为政府掌握的特点意味着政府有制定资源使用和分配规则的权力。为了保证资源的合理使用，政府通常会采取相应的制度手段以及考核手段对村干部的治理行为进行规范，并提出档案备份、办事留痕等工作要求。村级治理对政府权力的强依赖性也使村干部有贯彻上级输入的各项制度和规则的动力。以上海农村"四议决策法"的执行情况为例。虽然很多中西部地区的农村也有"四议决策法"以及村务监督委员会等事务决策和监督制度，但很多没有得到有效执行，而是沦为摆设和墙上制度。该制度在上海农村却得到了较好的贯彻。上海每个农村都设有村务监督委员会，其成员由村民代表大会产生，村监督委员会主任和村两委干部一道参与村庄相关事务决策。村庄重大事项基本都会经过村支部提议、村两委商议、村党员大会审议和村民代表会决议的"四议"程序。

对政府来说，各项制度是规范村干部行为的手段。为了使村干部在开展村庄治理的过程中贯彻和使用政府要求的各项制度、程序和规范，政府便将村务的规范化管理一并纳入对村干部的考核中，由此形成对村干部治理行为的过程和结果并重的考核机制。对上海村干部来说，在较高工资保障的前提下，根据目标管理责任制的要求，按照政府的规定行事是一种免责机制，他们任何破坏上级规则的行为都可能带来失去村干部职位的风险。此外，充裕的行政治理资源也使村干部无须过多倚重社会动员、人情、面子以及其他非正式化的手段进行村庄治理，村庄事务在行政框架内就能得到较好的解决。因而，上海、珠三角以及苏南地区三地地方政府借助对村级治理资源的管理权力，强化其向村庄输入制度和规则的能力，进而形成政府在村庄中的强大基础能力。村庄也实现了以制度、规范、程序等为依据的规则型治理。

第二节　吸附型城乡关系与村级治理行政化： 以上海经验为基础

一　吸附型城乡关系的内含与建构

同我国大部分地区一样，20 世纪80—90 年代，上海经历了一个村庄工业由盛而衰的过程。目前，除了少数临近小城镇的村庄拥有以厂房和商铺出租为主要形式的租赁经济外，绝大多数农村基本回归到了农业型村庄形态，村级治理的运转经费主要来自政府的财政转移支付，外出务工是农民收入的主要来源。经过40多年的发展，上海形成了以大都市为核心，同时辅以多个小城市和乡镇带动的城市经济发展模式和庞大的城市经济体系，总体呈现为"大都市、小农村"的城乡分布格局。

根据上海市"十三五"规划纲要（草案），上海市未来五年的总目标是建成"四个中心"和社会主义现代化国际大都市。城市发展仍然是上海市党委和政府工作的重心。但是，随着城市经济的进一步发展，上海面临的资源、环境、人口等方面的瓶颈日益突出，既有的城市空间难以满足城市经济发展、市民休闲娱乐等各方面的要求。因此，上海客观上存在强烈的将农村土地资源、农业资源以及空间资源等进行整合以吸纳到城市体系的需求，让农村成为服务城市发展的一个功能板块，由此形成一种吸附型城乡关系形态。在这种吸附型城乡关系中，乡村附属于城市而存在，乡村建设的系列举措在很大程度上是为了满足城市的经济社会发展需求。上海近年来先后推行的现代农业和都市农业建设、郊野公园建设以及低效建设用地减量化等项目或措施都是吸附型城乡关系的具体实践形式，如图6-1所示。

图6-1　吸附型城乡关系

注：圆圈为城市与乡村的空间边界。

吸附型城乡关系在上海之所以可能，除了有雄厚的公共财政做支撑外，更为重要的原因是，农民剥离了附着于农村之上的各种利益关系、社会关系甚至价值关系，与市场完成了对接。农村实现了去"三农"化，其从原来与农民有紧密关联的经济社会空间转变为一个资源属性更为突出的物理空间。上海可以按照城市发展的逻辑对农村进行规划和改造，而不用考虑农民问题。这使得当地客观存在的吸附型城乡关系需求能够成为现实，农村可以成为城市部分功能的实践载体。

（一）农民的离农化

土地是农民生产生活的基本要素，关系到农村社会秩序和国家治理秩序的稳定。土地从来都不是单纯的生产要素，而是资源属性、社会属性和制度属性等三重属性的集合体①。在中国城市化还未完成的阶段下，土地收入仍是农户家计收入的重要组成部分，土地也承担着农村老人养老等社会功能。因而，以土地为基础的农业不仅仅是农业问题，还是农民问题。依托庞大的城市经济体系对农村剩余劳动力的强大吸纳能力，上海农民的离农化程度很高。经过多年的城市经济发展，当地农村的土地经历了一个不断剥离其社会功能和演化为纯粹生产要素的物化过程。这又体现为农民与农业生产经营的分离过程。

追溯上海农村改革开放以来的发展历史，我们发现农业生产的经济功能在农户家庭中的角色是不断弱化的，这与上海城市经济以及乡镇工商业的发展程度紧密相关。上海农民与农业的关系大致可分为两个阶段。

第一阶段是20世纪80年代初到90年代中后期，可称其为半工半耕阶段。在这一时期，村办企业和乡村工业从起步走向繁盛，农村劳动力开始向非农产业转移，但半工半耕中的"耕"在农户家计安排中仍占有比较重要的地位。只是农业经营项目较之于大集体时期出现了明显变化，工商经济的发展带动了农村副业的勃兴。比较典型的是20世纪80年代中后期到90年代初期农村养兔产业的兴起，农业经济发展形式趋于多元化。

第二阶段是20世纪90年代中后期直至今日，可称为农民的完全离农化阶段。在这一时期，村办企业和乡村工业都有所衰落，城市经济大幅崛起，成为推动农民离农化的主要力量。非农就业机会的增多

---

① 杜鹏：《土地调整与村庄政治的演化逻辑》，《华南农业大学学报》（社会科学版）2017年第1期。

使其几乎能够完全吸纳本地的中青年劳动力，即使是五六十岁的老年人也基本能够实现非农就业，从事保安、环境卫生清理等工作。农民开始自发将土地流转，由从上海周边省份流入的农业人口耕种。之后，为了解决土地耕种问题，村集体借 1998 年土地二轮延包的契机采取"两田制"的办法，即除了给农民分配少量的口粮田之外，大部分土地以"责任田"的形式收归村集体所有，并按照农民的意愿由村集体统一发包。村集体的这一举措进一步促使农业生产经营中外地农民对本地农民的替代，由此形成典型的"农民农"现象①。

发展到第二阶段，上海农民大多已脱离农业生产，离农化过程基本完成，这主要得益于上海充裕的非农就业空间以及当地农民就地务工的便利性。据笔者 2015 年对在上海一个远郊村随机抽取的 59 户农户的村民小组的情况统计，该村民小组的健全劳动力都实现了非农就业，就业半径近至镇域、远至市域。五六十岁以上的农民要么从事村庄涵养林看护、环境卫生清理、工厂保安等简易工作，要么处于退休状态。直接从事农业生产经营的农户全村不到 10 户。再比如调查组调研的上村，户籍人口为 3278 人，劳动力就业人数为 2136 人，其中国家机关与事业单位 63 人、集体企业 168 人、民营企业 987 人、个体企业 377 人，在村委工作的人员 84 人，自由职业 457 人。农民与土地的关联不再是直接的生产经营性关联，而是以租金为载体的货币化关联。在这个过程中，土地逐步物化为纯粹的生产要素。这为政府依照城市经济社会发展需要对农村土地或农业进行统筹性规划提供了条件。

（二）村庄空间社会性的弱化

一直以来，村庄都是农民生产、生活、娱乐的空间。费孝通用"乡土社会"来分析村庄的空间属性，农民"生于斯、长于斯、死于斯"②。农民通过历史感和当地感的构建将个体生命与村庄融合在

①　黄仲怀、邓永平：《都市里的小农：城市郊区"农民农"现象及其成因——基于上海浦东 Z 镇的实证分析》，《华东理工大学学报》（社会科学版）2013 年第 2 期。

②　费孝通：《乡土中国　生育制度》，北京大学出版社 1998 年版，第 9 页。

一起①，村落熟人社会是农民自我实现的"社会文化场"②。村庄是一个社会关系密集、价值意义密集的社会性空间。随着改革开放的深入、打工经济的兴起，村庄的社会边界逐渐被打破，村庄空间的社会属性因为村庄人口和资源的外流而呈现出弱化趋势。但是，由于区域经济发展水平差异，不同地区村庄空间社会性的弱化有时间早晚和速度快慢之分。上海作为我国一线城市，当地村庄经历了一个较之于其他地区更为彻底的去社会化过程。主要表现为村民之间以村庄空间为基础的经济社会关联趋近解体、原子化程度增加。村民的生产、生活以及价值都表现为突出的外向性。这与上海比较彻底的城镇化有关。

农民城镇化大体包括两方面内容：一是农民就业的离农化；二是农民居住场所向城镇转移。它反映的是农民"离土又离乡"的状态。依托城市经济的快速发展，上海较早就开始了自主城镇化过程。农民从农业生产经营环节的退出对村庄的影响主要体现在：它直接瓦解了村民之间以土地为基础的利益联结，以及由此生产出来的互助交往甚至是冲突性的社会关系；村民之间的关系松散化，他们的利益主要在村庄之外的市场中获得。就第二点来说，大概在 20 世纪 90 年代末，上海远郊农民就开始在城区或城镇购置房屋。当时较低的房价以及农民较强的经济增收能力使很大部分农民基本能在相应的城区或城镇安家，城市较多的就业机会和远较乡村更优的教育、医疗等条件构成本地农民城镇化的重要推力。

上海农民的城镇化具有两个特征：一是不可逆性；二是城镇化地点的梯度迁移性。城镇化的不可逆性是指，即使户籍未从农村迁出的农民，他们已实质切断与农村的经济、社会、文化、价值等各类关联，农村对他们而言只是残存在记忆中的"乡愁"，或是年老时退养的场所。城镇化地点的梯度迁移性是指，相当部分农民走的是从小城镇到城区，再到上海市中心城区的城镇化路线，房产的巨大增值空间使农民的财产具有较强的积累性。上海农村人口、资源持续性地向外

---

① 杨华：《女孩如何在父姓村落获得人生归属？——村落"历史感"与"当地感"的视角》，《妇女研究论丛》2013 年第 2 期。

② 王德福：《做人之道——熟人社会里的自我实现》，商务印书馆 2014 年版，第 20 页。

流出，使村庄内生建设动力严重不足，村庄发展处于相对停滞状态。

即使是还未完全在城区或城镇定居的农民，他们的就业、生活以及价值观也是城市面向的，村庄只是暂时的居所。从当前上海大部分村庄的常住人口来看，基本是老年人。对这部分老年人来说，村庄也只是退养场所。以上村为例，该村有95%的家庭在镇区有商品房，1/3的农民在城区有商品房，60岁以上的老人是村庄内住房的主要居住人群，村庄常住户仅为20.7%，60岁以上的老人所占比例为67.7%。由此可见，上海农民的就业、生活以及价值面向都已跳出村庄，深度镶嵌在城市体系之中，村庄空间的社会性基本瓦解，变为纯粹的物理空间。村庄空间的物理化，同样为政府满足吸附型城乡关系中乡村服务城市经济发展的需要提供了巨大空间，政府可以直接将村庄建设或规划放置在整体的城市系统中考虑。

（三）比较完善的社会保障体系与村庄退守功能的消解

以上海雄厚的公共财政和强大的政府执行能力为依托，上海建立了覆盖城乡所有居民的完善的社会保障体系。对农民来说，比较重要的是农村社会养老保险和职工保险。上海市在1987年就开始实行农村养老保险试点，到1992年，农村养老保障面扩展到56个乡镇。1996年，上海市正式颁布《上海市农村社会养老保险办法》，实现了农村人口社会养老保险的全面覆盖。据笔者2015年在上海连镇农村的调研，当地农民每月的养老金有近800元，农村户籍福利同城镇户籍福利的差距大幅缩小，基本实现了城乡养老保障水平的均等化。高标准的养老保障水平，在一定程度上消解了家庭和土地的养老功能。农村年轻人和老年人都从对土地的依赖性关系中完全解放出来。政府兜底替代了土地的社会保障功能，农村土地的生产要素属性被更彻底地释放出来。

在完善城乡养老保障的同时，上海还建立了比较完善的职工保险体系。以职工医疗保险为例。2000年，上海市正式实行《上海市城镇职工基本医疗保险办法》（第92号令）。2013年，上海市根据2010年以来国家相继颁布的《中华人民共和国社会保险法》《实施〈中华人民共和国社会保险法〉若干规定》等法律法规的精神重新制定了《上海市职工基本医疗保险办法》（以下简称"新办法"），并废止了《上海市城镇职工基本医疗保险办法》（以下简称"旧办法"）。"新办法"在上海市政府的强力推动下得到了较好的执行。较之于"旧办法"，"新办法"的一个重大调整尤其值得注意，即它扩大了"旧办法"的适用范围。"新办法"适用于上海行政区域内的企业、事业单位、国家机关、社会团体、民办非企业单位和有雇工的个体工商户。其中的"企业"不再限于"城镇企业"，这说明"新办法"将上海所有企业及其职工都纳入了职工基本医疗保险制度，扩大的适用范围涉及原参加小城镇综合保险的上海郊区用人单位及其从业人员、原参加综合保险的外来从业人员以及有雇工的个体工商户及其帮工。"新办法"适用范围调整的重要性在于它实现了上海几乎所有非农产业的正规化，所有从事非农产业的农民退休后都能拿到一定的保障金。

社会保障体系的完善进一步割断了农民与农村、农业的关联。从这个意义上来说，农民已经实现实质市民化，其生活完全融入城市发展体系中。这同时助推了当地农民城镇化的不可逆性，村庄的退守功能逐步瓦解。

二 吸附型城乡关系下村级治理行政化的生成逻辑

村级治理行政化本质上反映的是村级组织与政府治理系统之间的行政隶属关系，政府可通过行政化手段对村级组织进行管理，并部分掌控村级组织的人、事、财和行事规则。政府对村级组织的行政管理权力需要以村干部的职业化为前提，以形成村干部与政府之间的制度化利益关联。吸附型城乡关系下产生的外力驱动型村级治理行政化，是指在村民自治制度背景下，以兼职化村干部为治理主体的自治型村级治理向行政化村级治理的演变不是来自村庄自主发展和内生需求的推动，而是地方政府意志主导下的产物。时至今日，上海农村形成了比较成熟的行政化村级治理模式。从产生的内在动力和发生学基础来看，上海行政化村级治理属于外力驱动型，这与当地吸附型城乡关系中农村服务于城市经济社会发展需要的功能定位有关。

（一）乡村建设的城市功能定位与乡村行政化关系的构建需求

城市不仅是人才、科技、产业等元素高度聚集的经济发展空间，同时也是消费、休闲、娱乐等生活功能齐全的生活空间。随着城市经济的发展以及人口的增多，城市通常会面临严峻的空间瓶颈，以致市民部分生活需求无法在有限的城市空间中获得满足。对上海这一超大型城市来说，更是如此。在农村人口持续外流的背景下，将城市空间的部分功能向农村转移以形成城乡有效互动以及优势互补便成为上海市政府重要的工作任务。上海庞大的城市经济体量和"大都市、小农村"的城乡分布格局使上海有需要，且能够对本地农村进行全域性的统筹。在乡村建设的城市功能定位下，上海乡村没有因为人口的外流而废弃，而是处于以城市功能定位为导向的规划和建设中。上海乡村建设的城市功能定位主要体现在两个方面。

一是都市农业定位。前文多次提到，随着农村劳动力向非农产业的充分转移以及社会保障体系的兜底，农民普遍脱离了农业和土地，农业不再承担农民就业和社会保障功能。这为农业其他功能的拓展提供了空间。据2017年上海统计公报显示，该年上海市生产总值为30133.86亿元，其中第一产业增加值为98.99亿元，第一产业占比仅为0.33%。可见，农业对上海市经济体量的贡献可忽略不计。上海市政府更注重本地农业的社会效益和政治效益，并始终对耕地保有量、粮食保有量以及农产品特别是蔬菜保有量有严格要求。2016年颁布的《上海市现代农业"十三五"规划》明确规定，在划定永久基本农田基础上，建设80万亩粮食生产功能区，规划保持50万亩蔬菜生产能力，稳定213万亩绿叶菜种植面积。上海农业主要发挥"粮袋子"和"菜篮子"的保障性功能。

大约从2005年起，上海市各级地方政府就逐步介入农业领域，全方位加强对农业的规范化管理。概括来说，政府对农业的管理主要包含以下方面的内容。第一，将土地通过委托给村集体或者乡镇土地流转服务平台的方式进行统一流转，然后再发包给农业企业、家庭农场等经营主体。2016年，上海农村土地流转率达75%[①]。第二，强化对农业整个生产过程的服务供给和监管。比如政府统一提供种子、农

---

① 《上海农村土地流转情况：流转率全国最高　部分区土地流转费用超3000元》，https：//www.tuliu.com/read-42162.html，最后访问日期：2018年11月15日。

药以及水利等服务，对农业生产提出高标准要求。第三，政府对农作物的种植类型以及农田休耕或耕种比例进行规划。政府管理的每个环节都有相应的资金补贴。上海农业呈现出比较强的行政主导特征。

二是乡村空间的城市休闲功能区定位。上海市地域面积为 6340平方公里，截至 2017 年，常住人口为 2418.33 万人，人口密度约为每平方公里 3814 人。面对如此庞大的人口数量，有限的城市空间很难完全满足市民的娱乐、休闲需求。上海市农村离上海城市的就近便利性使之成为城市休闲功能的最佳拓展地带。针对城市人口巨大的休闲娱乐需求，结合本地土地整治项目，上海市政府于 2012 年在全市打造 21 座郊野公园，平均每个公园的面积为 21 平方公里左右。以笔者调研的连镇为例，镇域总面积为 48 平方公里，下辖 12 个行政村、2 个居委会。郊野公园的规划面积为 21.4 平方公里，占镇域总面积的近 1/2，共涉及 8 个行政村，可见其辐射面之广。到 2018 年，上海已完成 6 座郊野公园的建设。郊野公园建设的目的是缓解上海城市功能不断提升过程中所面临的土地资源约束和生态游憩空间缺乏问题。乡村空间的景观性、生态性凸显出来，乡村分解了城市部分功能。整个乡村空间的规划都是在政府的主导下完成。

乡村建设的城市功能定位以及政府由此产生的系列举措最终都会转化为行政村范围内的治理事务。在行政村依然是我国乡村基本治理单元的背景下，以村两委为基础的村级组织自然成为承接政府主导型乡村建设所生成的行政事务的最优载体，以克服政府直接与分散小农户打交道所存在的交易成本过高难题。由此，地方政府有将以村民自治制度为基础、以村级组织为主要治理主体的自治型村庄治理体制加以改造，将村级组织吸纳到政府行政管理体系之中，以构建行政化乡村关系增强政府对村干部的指导、管理和动员能力的需求。

（二）政务的大量创生与村庄事务的类型构成

1. 政务的大量创生与村庄事务的数量结构

在上海乡村建设城市功能的定位下，伴随着各地方政府对农村包括土地资源、农业资源以及空间资源等的整体规划和改造工作，农村成为服务城市发展的一个功能板块。这必然带来村庄范围内行政事务的大量创生，村级组织又是这些行政事务在村庄中的执行主体。由此，上海村庄事务的数量结构便表现为以下两点特征：一是村庄事务数量的繁多性；二是在村庄事务数量增多的基础上形成的村庄事务的分化性。就前者来说，以兼业化村干部为治理主体的自治型村庄治理体制的半正式性难以应对行政事务密集且大量乡村建设资源注入的治理需求，进而需要对村干部进行职业化改造和正式化管理，使村级组织常规化。而后者则对村级组织的职能分工提出了要求，上海各村级组织形成的管水员、电工等农业条线都是村级组织职能分工的典型体现。

以政府对农业的管理为例。在各级政府的推动下，上海农村大致形成了三种农业经营模式，它们分别是以嘉定外冈镇为代表的集体经营模式、以松江家庭农场为代表的家庭经营模式和以金山现代农业园区为代表的企业经营模式[①]。在这三种农业经营模式中，村级组织都直接或间接地扮演着管理、监督和协调者的角色，对接政府下达的各项资源、服务以及各项要求。集体经营模式中，农民将土地返租给村集体，由村集体提供农资，聘请田间管理员统一经营。村集体作为责任主体介入耕种、收割、运输等几乎所有生产环节中。家庭经营模式中，村级组织主要作为家庭农场主与政府间的对接者角色，负责将政府统一配备的种子、农药、其他社会化服务以及相关农业补贴等工作落实到位，还包括将政府对农业生产的时间安排等要求传达下去。村级组织还需要聘用专门的管水员以保证家庭农场经营的用水需求。农业企业经营模式中，一般规模较大的农业企业大多将土地再次转包给小农户（主要是外地农民）。企业直接承担对接政府项目、农业安全监测、档案资料填写、小农户生产行为的监督等工作。虽然企业是主要的责任主体，但村级组织仍然需要协调和配合。

仅农业一块，上海就形成了高度密集和专业化的管理队伍。以连镇为例，全镇 3 万亩耕地，下辖 12 个行政村。镇、村两级常年由财政支付工资，专门从事农业治理的行政、半行政人员就有 140 多人[②]，

---

① 王海娟：《土地整治与上海农业发展调研报告》，未刊稿，2015 年。
② 王海娟在《土地整治与上海农业发展调研报告》中有对之进行统计：乡镇一级农业部门有 4 个，其中农技站人员 20 多人，主要负责传统农业生产；农业园区人员 12 人，主要负责现代农业发展；农业办公室 3 人，主要负责休闲旅游农业；连镇金土地发展有限公司若干人，主要负责土地流转。12 个行政村，每个村按照 8 名农业管理员计算，总共有 96 人。

其中村一级专门从事农业管理的工作人员平均有 8 人左右，包括分管农业的农业主任（由村干部兼任）、电工、水利管理员以及农业安全协管员等。可见农业一块工作量之大和细致程度。

村级组织除了要承接政府对农业管理的相关任务外，诸如郊野公园建设中涉及的土地整理、沟渠路建设等项目落地问题都需要村级组织配合和协调，高标准的村庄环境卫生管理、村庄道路等日常管护工作同样需要村级组织来完成。总体来说，以城市需求为导向、由政府主导的乡村建设不仅标准高、资源流量大，而且事务繁杂、细致和琐碎，这都需要职业化以及受政府管理的专门队伍去完成。村级治理行政化是上海市政府基于城市经济社会发展需求对乡村进行统筹、规划和改造等这一理性设计逻辑自然延伸的结果，村级组织事实上成为政府在村庄的派出机构。

2. 村庄事务的类型构成：以关系脱嵌型事务为主导

从农村经济形态来看，上海绝大多数村庄与中西部地区村庄不存在实质差异，都属于农业型村庄。与中西部地区不同的是，上海农村依托高度发达的城市经济形成了紧密的城乡关系，这对上海农村的村庄社会基础产生了深远影响。不同的城乡关系形态也是造成上海农村村庄社会基础与中西部地区农村村庄社会基础不同的关键因素。较之于中西部地区的农村，上海农村的城市化水平更高，绝大部分农村人口已成功实现向城市地区转移，城市成为他们生产、生活的场所，村民的人生意义和价值也主要在城市中实现。村民与村庄在生产、生活以及价值意义等各方面的关联都被割裂。在快速城市化的过程中，留守于村庄中的人口剧减，相伴而生的便是村庄社会交往密度和关系密度的急剧降低。

由于上海城市经济的快速发展，地方政府有将农村规划为城市的一个功能板块的客观需求。当地农村村庄内生事务虽然随着人口的不断城市化而大幅减少，但是因地方政府对农村的规划需求所形成的下达到农村的行政事务却大幅增加，村庄公共事务仍然具备一定的数量基础。但是，上海农村村庄社会关系稀薄化以及在土地由村集体乃至乡镇所统筹、村民之间以土地为基础的利益关系被割断的情况下，政府下达至村的行政事务由于缺乏厚重的村庄社会关系和利益关系的吸附而很难向关系嵌入型事务转化，属于带有纯粹物化属性的关系脱嵌型事务类型。由此可推论出，公共事务以关系脱嵌型事务为主导类型的村庄往往是情感密度较低、共同利益面小以及交往关系浅层化的村庄。行政化村庄治理体制下以制度、政策和程序为主要准则的规则型治理契合了上海村庄以关系脱嵌型事务为主导的村庄事务的质性结构。这意味着，村级治理行政化与上海地区吸附型城乡关系下政府对农村的全面规划和改造需求以及村庄公共事务结构高度契合。因而，村级治理行政化在上海地区农村具有相当的合理性。

三　村级治理行政化逻辑下的村庄治理困境：行政内卷化及其超越

虽然村级治理行政化在上海农村具有相当的合理性，但是在实践中，上海农村却出现了治理目标或治理定位的错乱，陷入了资源软约束下行政化治理逻辑强化的处境之中。依托雄厚的公共财政资源以及强有力的正规化村级治理体系，上海各级政府不断向农村输入各类公共服务活动、提高各方面的治理标准和增加对村庄各项创建活动的要求。与此同时，还采取物质激励和精细化考核的方式激发村级组织的工作动力。以创建活动为例，在上海市强大的自上而下的目标管理责任制的考核压力下，各级政府都有强烈的争优创先动力，这不仅影响工作排名，而且与绩效工资挂钩。具体到村庄，乡镇各条线对村干部都有提出创建要求，并附带细致的考核，且都是硬考核。就我们调查所涉及的村庄来说，基本上每个村每个月都有不下五六次的创建活动。

中村是上海一个远郊镇的远郊村，全村人口1600多人，村里的年轻人以及中青年劳动力都外出务工，除了少数在乡镇工作的村民每天回村外，其他都长期居住在工作地点。因此，村里常年在家的多是老年人。根据乡镇要求，该村每个月都会举办一次睦邻点活动，这类活动主要是在村里安排几个宅基地点，每月去一个睦邻点，以服务老人为宗旨，活动内容主要是包饺子以及陪老人聊天，上级政府会给每次活动拨付125元的经费。每次活动，都需要村干部去慰问以及拍照留证。每次参加活动的老人也就七八人，但是服务人员和包括村干部等来访人员就有十几人。整个活动的筹备也需要由专人负责。除了这类的常规性活动外，村庄还会根据节假日等举办相应的活动，比如暑假期间就有十来次针对小朋友的各类活动。还有上级条线部门要求的文艺活动、乡村运动会、共青团活动、宣传活动、红色教育活动、计生方面的活动等。村庄常年在村人口有限，且多是老年人，这经常造成人员组织困境，以致出现由村级工作人员充数的情况。

这些活动与村民实际需求并无太大关联，造成了行政内卷化的治理后果。行政内卷化指在一定的治理单元内投入了过量的治理资源，治理效果却没有显著提高，进而造成治理资源无效耗散的状况。它包括公共服务供给在内的大量治理内容与村庄实际的治理需求严重不符。巨量的公共服务供给超出了村庄既存人口量所能承载和接受的能力，形成政府对村庄的过度治理。村庄亦陷入治理体系膨胀、空转和治理悬浮的困境之中。从这个角度来说，上海需要对此种现象有所警惕。在保证不断空心化的农村基本秩序的基础上，将村级组织的职责主要定位为承接政府改造和规划村庄的行政职能，促使行政化村级治理的有效运转，提高其治理绩效。

第三节　融合型城乡关系与村级治理行政化：以珠三角、苏南经验为基础

一　融合型城乡关系及其表现

"城乡融合"概念是"城乡一体化"概念的延伸，其在马克思思想中有深刻的体现，表达了人们对现实中突破城乡二元对立关系的理想追求。从目前学界对"城乡融合"概念的理解来看，它主要指城乡之间各种制度性壁垒被打破、城乡各要素互通有无、自由流动以及农民同等享受经济、社会、文化发展成果，城乡各方面的差异缩小甚至是消除。在此基础上，本文提出"融合型城乡关系"概念，用来表达乡村的经济、社会以及文化形态与城市之间的差异不断缩小乃至趋同的城乡关系状态，如图 6-2 所示。在"融合型城乡关系"中，乡村已经成为城市带的一部分，发挥着城市功能，城市的生产要素、生活元素以及相应的关系形态显见于乡村中，城乡之间的界限模糊

214

化。珠三角、苏南地区就属于"融合型城乡关系"类型，它的形成与当地较高的乡村工业化程度有关。

图6-2　融合型城乡关系

　　在改革开放的大潮下，珠三角和苏南地区是我国较早开启乡村工业化进程的地区，呈现出乡村与城市同步发展的格局，乡村高度融合于城市经济的发展系统之中，城乡各方面都表现出一体化的趋势，且已经成为城市带的重要组成部分。其外在形态表现为，珠三角、苏南地区实现了以乡村地域为基础的"在地城市化"，乡村场域内形成了完整的类城市生产体系、生活体系以及空间格局，由此发展为一种融合型城乡关系。从这个意义上来说，融合型城乡关系以乡村的"在地城市化"为前提，而城市化或城镇化表达的是人口、地域、社会经济关系、生活方式由农村型向城镇型转化的过程[1]。
　　我国大体存在两种城市化类型：一种是农村人口向城市聚集的"迁移型"城市化；一种是以乡村地域为基础的"在地城市化"。历史地看，这两种城市化类型的分化主要出现在改革开放后乡村工业与城市工业并行发展时期。立足于苏南地区农村的发展经验，费孝通提出了"工业下乡"的以小城镇为基础的农民在地城市化模式[2]。20世纪90年代，虽然全国各地普遍发展乡村工业，但农民最终实现在地城市化的多集中在苏南、浙北以及珠三角等地区。全国大部分地区的农村，包括上海农村走上的是一种"迁移型"城市化道路。

_____

①　谢文蕙、邓卫：《城市经济学》，清华大学出版社1996年版。
②　见费孝通为《城乡协调发展研究》一书写的后记。周尔鎏、张雨林：《城乡协调发展研究》，江苏人民出版社1991年版。

从珠三角、苏南地区乡村"在地城市化"的经验来看，其具体体现在土地的城市化、人口的城市化和空间的城市化三个方面。

（一）土地的城市化

土地城市化（或土地城镇化）概念的正式提出是在 2007 年陆大道和姚士谋一份名为《关于遏制"冒进式"城镇化和空间失控的建议》的国务院发展咨询报告中，报告提出土地城镇化速度太快并大大快于人口城镇化的重要论点。此后，土地城市化成为学界独立的研究命题。从既有研究来看，虽然对"土地城市化"概念的界定莫衷一是①，但基本有两点共同内含：一是土地利用形态的非农化；二是土地产权属性的国有化。土地产权属性的国有化指土地必须经过国家征收程序，变成国有土地。

然而，土地城市化的这一内含无法囊括 1998 年《中华人民共和国土地管理法》颁布之前乡村工业普遍发展时期大量转变为非农使用的集体经营性建设用地。这部分主要是农村集体兴办乡镇企业使用的土地。从土地权属来看，其依然是村集体所有而非国有。从目前相关政策来看，国家已经通过允许集体经营性建设用地的使用权的流转和入市来解决这部分集体建设用地的合法性问题②。从一定程度上说，乡镇企业发展时期用于非农使用的集体经营性建设用地实质上已经具备与国有土地同等的权能。因此，这部分土地同样属于城市化了的土地。珠三角和苏南农村的大量土地就属于此种情形。

珠三角和苏南地区农村土地的城市化肇始于 20 世纪 80 年代初，二者采取的都是集体开发模式，村组集体是责任和管理主体。二者的差异在于集体经济初始形态的不同，珠三角地区一直依靠地租和物业经济，苏南地区以 20 世纪 90 年代中期的集体企业转制为节点，经历了从村办企业经济到地租、物业经济的转变。

---

① 吕萍、周滔、张正峰、田卓：《土地城市化及其度量指标体系的构建与应用》，《中国土地科学》2008 年第 8 期；潘爱民、刘友金：《湘江流域人口城镇化与土地城镇化失调程度及特征研究》，《经济地理》2014 年第 5 期；崔许锋：《民族地区的人口城镇化与土地城镇化：非均衡性与空间异质性》，《中国人口·资源与环境》2014 年第 8 期。

② 关于集体经营性建设用地的研究详见夏柱智《土地如何"城市化"——关于集体经营性建设用地制度的研究》，博士后研究工作报告，华中科技大学，2017 年。

珠三角地区农村工业化起步于改革开放以来的"三来一补"和"大进大出"的加工贸易。为了迅速对接大量涌入的外资、促进地方经济发展，20世纪八九十年代，珠三角地区启动了市、镇、村、组四级主体同等招商引资的齐头并进发展模式，俗称"四个轮子一起转"。此时的村组集体通过出租土地、自主建造厂房以及出租与之相配套的店铺、宿舍和商业大楼的方式吸引外资。经过近20年的发展，村集体土地基本为各类工业厂房覆盖，土地和物业租金成为村组集体收入的主要来源。当地普遍形成了村、组两级经济的发展格局。郭镇是东莞市下辖的32个镇区之一，2016年全镇GDP为120多亿元，在东莞所有镇区之中处于中等水平。该镇户籍人口4万多人，外来人口10多万人。白村为该镇的一个行政村，辖区面积2.75平方公里，户籍人口3500人，957户，共有5个村民小组，外来常住人口有2.5万人。1984年，该村引进第一个外资厂。随后，其他外资厂陆续被引进。到2016年，该村村一级集体收入和小组一级集体收入分别为1000多万元和3000多万元。村集体土地的利用形态在很大程度上已经非农化，成为集体经营性建设用地。农村整体上实现了土地的城市化。

苏南地区的农村工业化发端于村集体自办企业。早在人民公社时期，苏南各地农村便在集体副业的基础上兴办了一批社队企业，用来为本地农民提供简单的生产资料和生活资料。笔者调研的无锡市南社区的前身南村，1958年产生第一个村办企业——中桥轧花厂，此外还有很多其他以加工原料为主的零散作坊。20世纪70年代，很多社队企业逐步发展为农机具厂，集体制造农机具。

随着党的十一届三中全会召开，在地方政府政策和资金的支持下，依托上海的经济辐射，加上当时的短缺经济，苏南地区的村庄工业迎来了发展的黄金期。在兴办村办企业初期，乡镇或村集体会筛选社会关系广以及对市场熟悉的人员拓展销售市场，同时借助熟人关系聘请上海退休的技术工人、管理人员和信息人员组成村办企业的人才队伍。到20世纪八九十年代，南村办起了彩印厂、中桥化工厂、中南管道公司、摩托车附件厂等企业，都取得了良好的收益。

这一时期，村集体收入主要是村办企业收入。也是在这一时期，苏南地区农村确立了土地的基本利用格局，相当部分土地都建设了厂房，成为非农化土地，基本实现了土地的城市化。随着20世纪90年代中后期买方市场的形成以及市场竞争程度的加剧，村办企业走向没落，并纷纷转制，村集体收入来源从原来的村办企业收入转化成物业租金收入，但是土地的非农化使用格局和土地的城市化状态已经完全确定下来，基本没发生改变。未实现非农化的土地，也多在村组集体统筹下用于向外来种地户发包。这些土地只是作为一种增加集体收入的手段，与用于出租建厂房的土地无异，农业脱离了传统农业的属性。

（二）人口的城市化

人口城市化是衡量城市化水平的重要维度。按照国际标准，人口城市化是以某一地区城市人口占该地区总人口的比例来确定的，并根据户籍来计算城市人口。对乡村的"在地城市化"这一城市化类型来说，虽然人口仍是农村户籍，但他们的生产、生活方式以及附着在户籍上的福利和保障已经接近于甚至同等于城市户籍人口。从这个意义上说，可称这部分农村人口为隐性的城市化人口，他们与传统的农村人口截然不同，与土地之间的关系是城市化人口与农村人口的本质差异所在。在"在地城市化"的城市化类型中，人口的城市化直接体现为人地分离，这可从两个方面理解：一是农村人口实现了本地就业的非农化；二是养老方式的社会化。这意味着农民无须通过直接参与农业生产释放劳动力和获得基本的养老资源，珠三角和苏南地区农村人口的城市化与当地乡村工业的发展程度有关。

改革开放后，珠三角地区借助"三来一补"政策吸引了大量外资。这些外资快速进入农村，本地乡村社会主要为外资提供廉价的土地和劳动力。为了更好吸引外资，村组集体开始强化对农民土地的统筹权力，对村庄统一规划，用于土地出租，还有工厂、商铺、宿舍的建设和"三通一平"的基础设施建设。以中山市元村为例，该村村集体于1995年开始对农民土地进行集中管理，这在解除农民税费负担的同时，释放了农民家庭劳动力。也是在这个意义上，农民与土地的直接生产经营关系彻底被剥离，转化为租金分红关系。绝大部分农民广泛参与到本地的务工市场中，获取远比农业经营更为丰足的务工收入。在发达的本地工商经济吸纳作用下，不论是全劳动力还是半劳动力都能找到工作机会，实现就业方式的非农化。

此外，村集体还为村民承担每月参与养老保险、医疗保险的费用。2008年初，元村集体就为村民买了农村基本养老保险、医疗保险。到2010年，村集体又投入一笔资金将"农保"转换为"城保"，并承担村民应交的参保费用。达到退休年龄，村民每月可享受近1400元的退休待遇。调研组在中山、东莞多地农村调研，发现几乎所有村庄都采取此种模式，差异仅在于村集体收入的多少带来的其为村民承担保险费用的比例不同，农民的养老等保障都已经实现社会化。村集体在其中发挥了主导作用，这与当地依托土地产生的集体经济收益属于村民的共有财产有关。

与珠三角地区农村相似，苏南地区乡办企业和村办企业的快速发展吸纳了本地农村的大量劳动力，农村劳动力基本实现了就业的非农化。与珠三角地区农民自由选择进入务工市场的市场化配置方式不同，在乡村自主兴办企业时期，苏南地区农村劳动力进厂工作带有福利性和分配性。特别是在乡村企业兴起之初还不足以吸纳农村所有劳动力的时候，尤为突出。到20世纪80年代末90年代初期，随着乡村企业的进一步发展，农村劳动力基本实现了非农就业，但非农就业机会本身的福利性和分配性没有发生改变，村集体承担对本村劳动力进行统一安置的职能。农村劳动力非农就业的市场化出现在20世纪90年代中后期的乡村企业改制之后，村集体从直接经办企业的角色中退出。也是在此之后，当地乡镇开始进入引进外资以及开发工业园区的工业发展模式。农村劳动力同全国其他地区的劳动力一样，同等地参与到本地的务工市场中。

自村办企业兴起以来，苏南地区乡镇政府和村集体就不断地对土地进行统筹，虚化农户的承包经营权，交由村集体统一安排。以苏州曹镇为例，其下辖的7个行政村在1985年前后就将农户的责任田收回。二轮延包之后，当地政府又逐步引导农户放弃土地承包经营权，以土地换社保的方式将农民纳入社会保障体系，割断农民与土地之间的关系，让农户与村集体签订自愿放弃土地承包经营权的协议，交由村集体经济合作社管理，整个过程目前已经基本完成。当地的这一土地操作模式在苏南地区具有相当的普遍性。与珠三角地区是村集体发挥主导作用不同，苏南地区的政府占据着支配性地位，各个村集体依托土地工业化产生的集体收入在政府的强大统筹下转化成了政府公共财政，而珠三角地区的集体收入是以村社为单位的村民共有财产。这增强了苏南地方政府的再分配能力，也为其给当地农民提供全覆盖式的社会保障奠定了基础。

由此可见，珠三角和苏南地区都依托本地发达的工业经济实现了农民的非农就业，同时又通过对土地的集体统筹和为农民提供社保的方式割断了农民与土地的关系。农民的就业和社会保障等方面与城市居民已经趋同，进而成为未转成城市户籍的隐性城市化人口。

（三）空间的城市化

空间的城市化在既有研究中多被理解为城市规模和外延的扩张，直观表现是城市数目的增加和城市建成区面积的扩张[①]。但是，空间城市化所内含的实质内容在这一界定中并未得到呈现。在乡村"在地城市化"的城市化类型中，空间城市化体现为整个乡村地域空间同城市地域空间一样，已经成为一个各项功能完备的综合性实体，集非农经济生产、生活消费、娱乐休闲功能于一体。而传统的乡村地域空间是以农业生产为基础，承载的功能比较单一，农民的很多现代化的消费需求、休闲娱乐需求只能到城市获得满足。

珠三角和苏南地区乡村工业发展的一个直接后果是人口的急剧增加。这使当地具备一定的人口基础，并衍生出一系列的需求。为了增加本地区对外资及外来人口的吸引力，乡镇政府以及村集体会进行相应的生产、生活设施配套，比如商店、商业街、餐饮、农贸市场、体育馆、电影院等的建设，村域空间具有明显的居住区、工贸区等功能分区。生活于乡村地域空间的人们无须再依赖县市城市空间，其基本的需求就能在地化满足。从珠三角、苏南地区农村的调查经验来看，它们基本形成以镇域为基础的独立的城市功能体系，各行政村也分解

---

① 姚震宇：《空间城市化机制和人口城市化目标——对中国当代城市化发展的一项研究》，《人口研究》2011 年第 5 期；胡滨：《人口城市化、空间城市化与社会风险——对我国当代城市化发展的一项剖析》，《社会科学》2012 年第 5 期。

了部分城市功能。在这个过程中，乡村工业经济起到了村落空间集镇化、集镇"市镇化"、县城及小城市的"大都市化"[①] 的梯次升级效应。

二 融合型城乡关系下村级治理行政化的生成逻辑

融合型城乡关系下村级治理行政化具有内生演化型特征，具体指在全国统一的村民自治制度背景下，自治型村庄治理体制向行政化村庄治理体制的演变是村庄自主发展和内生需求推动的结果。经过多年的发展演化，珠三角、苏南地区农村形成了完整的行政化村庄治理体制。从产生的内在动力和发生学基础来看，珠三角、苏南地区行政化村级治理属于内生演化型。这与融合型城乡关系下，村庄已经成为一个类城市功能体且成为地方城市经济体系的重要组成部分紧密相关，村级治理事务、村庄治理属性以及对乡村关系形态的要求都与以农业生产为基础的农业型村庄有根本不同。

（一）城乡融合与乡村行政化关系的构建需求

乡村行政化关系主要体现为乡镇政府通过加强对村干部的管理实现对村级治理的管控。融合型城乡关系中，村庄已经成为一个类城市功能体，同时，村庄经济也是地方城市经济的重要组成部分。也就是说，村庄的经济社会发展已经高度嵌入在地方城市的经济社会发展的体系脉络中。在这种情况下，村庄的经济社会发展状况对整个地方都有重大影响，其各项发展指标直接关系到地方政府的考核状况。这与中西部地区城市与农村之间经济社会以及空间边界相对清晰的并立型城乡关系不同。中西部地区的农村是与城市相对独立的经济社会体系，这决定其治理体系也相对独立于城市治理体系。在融合型城乡关系中，地方政府需要将村庄纳入城市经济社会体系中，按照整体的城市经济社会体系的要求对之管理和规划，产生地方政府将村级组织进行官僚科层化改造、构建行政化乡村关系的需求。只有如此，地方政府意志才能有效且全面地向村庄渗透，进而保证城乡建设的一体性。

此外，此类村庄都有庞大的集体经济体量，集体经济收益在很大

[①] 周大鸣、郭正林：《论中国乡村都市化》，《社会科学战线》1996 年第 5 期。

程度上由村社范围内的村民分享，这极有可能形成以行政村为单位的紧密利益共同体。在集体经济资源的润滑下，村庄会表现出极强的自主性。特别是基于地方整体利益和发展需求，地方政府需要吸纳和统筹规划村庄资源（尤其是土地资源）而与村民集体利益相悖时，以行政村为单位的利益共同体便可能成为潜在的抵抗政府意志渗透的力量。

村民自治制度会起到进一步增强村庄自主性面向的效果。这是因为庞大的集体经济体量会强化村民自治的向内指向性。其内在的具体机制为，村集体经济与村民个体利益存在关联，特别是像珠三角地区农村农民以股份分红的方式分享集体收益的情况下，这种关联性会更加直接。村民自治制度作为农村基层社会的一项治理制度，当落实到具有庞大集体经济体量的村庄中时，便会沦为村民通过民主决策的方式使以土地为基础的集体经济收入和自身分红收益最大化的工具。

2000 年后，国家普遍开启工业园区化的土地开发模式，并对村庄开发土地权利严加控制，其中必然会伴随大量的征地拆迁运动。在农民具有稳定土地分红预期以及对土地价值有强烈想象的情况下，其必然会尽最大努力与地方政府博弈。珠三角等地农民在分享土地收益上存在的利益一致性所型构出的"共享的利益分配"模式，会极大强化村民的集体意识，使之成为一种集体性对抗政府的力量，这会极大提高地方经济的发展成本。而且，村民这种基于集体经济收益共享所形成的集体意识会向其他事务迁移，进而可能影响政府其他目标向村庄的进入。

因此，在珠三角、苏南等地区村庄工业化程度较高且具有庞大集体经济体量的村庄，需要强化政府的制度化干预权力，抑制村庄因集体经济润滑带来的自主性过大问题，防止自治消解行政后果的出现，保证国家行政的统一性。也就是说，地方政府需要强化村干部的"代理人"身份，使之从村庄集体化利益团体中脱离出来，弱化其社会性，并借助相应制度手段将村级组织吸纳到乡镇的行政隶属关系之中。

（二）村庄事务的自主创生与村庄事务的类型构成

1. 村庄事务的自主创生与村庄事务的数量结构

与上海地区村庄公共事务主要因政府对村庄整体改造和规划需求

而产生的逻辑不同，珠三角、苏南地区大量村庄事务的出现是伴随当地村庄工业化发展而自主创生的结果。从珠三角、苏南地区的经验可知，融合型城乡关系的形成以乡村工业发展为基础，村庄已经基本去农化。

较之于以农业生产为基础的农业型村庄，工业型村庄的治理事务更为繁多，且更具多样性和常规性。围绕工业生产，村庄地域内还会分化出各类与之相关的配套事务体系，比如安全生产管理和监督、工厂工人的生活服务配套以及外来务工人员的管理等。也就是说，与工业经济相伴随的是一个治理事务的扩张体系。此外，在珠三角、苏南等地区是以村集体为责任主体分享村内工业价值剩余的情况下，村集体还承担有重要的村集体增收的经济职能。当地需要专职化的村干部队伍以及职责分工相对明晰的村级组织结构承载村庄存在的庞大治理需求，以应对村庄工业化背景下村庄治理事务的扩张。

从珠三角中山市元村的发展历程中，我们可清晰看到村级组织的职能分化过程，这一职能分化过程是在地方政府的主导下完成的。元村村级治理架构的历史演化其实就是一个不断突破传统治理架构和治理模式的过程，体现在两个方面：一是职业化村干部队伍的形成；二是村级组织条线的扩充。该村村庄工业化的进程开始于1989年。这年，该村引进第一笔外资进驻村庄办厂，村集体从中获得土地租金收入。也是从这时开始，村干部逐渐成为全职村干部，脱离生产，全部投入村集体经济的发展壮大事业中。此时，村干部的主要职责有二：一是筹措资金，建设村庄基础设施、厂房等，改善村庄投资环境。二是招商引资。随着外来资本的陆续入驻，村级治理事务不断增加，该村扩充了村干部队伍。据了解，20世纪八九十年代，该村仅有5名村干部，其中有3名支委、5名村委，支委、村委交叉任职。到2000年前后，该村村干部增加至8名，其中7名支委、8名村委，支委、村委交叉任职。

除村干部之外的其他村庄管理队伍也在不断壮大，并且都是拿稳定工资的专职工作人员。比如2004年，该村建成布匹批发市场和国家服装批发市场，对外招租，由此新设了市场管理办公室，治安队伍由之前的1支增加至2支。2010年，为了充分发挥村庄剩余农地的经济价值，该村专门成立了一个花卉苗木基地，相应配备了一定数量的工作人员。2016 年，随着该村的综合商业大楼落成运营，又设立了招商办。诸如市场办、招商办等专业办公室的主任均由村干部担任，并配备几名专业的事务工作人员。为了提高村级组织服务本村人口、外来人口的水平，在乡镇的要求下，该村改建了村委大楼，设置村级公共服务大厅，分设治安岗、文书岗、水电费岗、民政岗等服务性岗位，每个岗位都有专人负责。

苏南地区农村经济形态虽然经历了一个从村办企业经济到地租和物业经济的转变过程，但在村庄工业化背景下，其与珠三角地区农村的村级治理事务生成逻辑和基本类型高度相似。20 世纪 70 年代末 80 年代初，苏南地区农村就逐渐开办各类企业，企业厂长及其他负责人基本由村干部担任。随着企业经营性事务的不断增多，当地的村干部逐步职业化，专职负责村庄事务。

由此可见，珠三角和苏南地区将村干部专职化不仅是地方政府形成村干部与乡镇之间制度化利益关联、强化乡镇对村干部的制度化控制权力的结果，同时也是村庄工业化背景下村级治理事务自然生长所推动的产物。

2. 村庄事务的类型构成：以关系脱嵌型事务为主导

第三章曾提到，一项村庄公共事务到底属于关系脱嵌型事务还是关系嵌入型事务在很大程度上是由事务本身的特性与其所处的村庄社会基础共同形塑。其中，村庄社会基础是影响村庄公共事务类型的基础变量。具有不同社会基础的农村，其村庄公共事务在关系脱嵌型事务和关系嵌入型事务的分布比例上亦会存在差异。

较之于以农业经济形态为主的村庄，以工业经济形态为主的珠三角地区以及苏南地区村庄的公共事务更为密集和复杂。这是因为工业是一个内部分工更为复杂的生产体系。当然，这只是对工业型村庄公共事务的量化判断。从村庄公共事务类型这一质性角度而言，工业型村庄的公共事务以关系脱嵌型事务为主导。原因是工业经济形塑的村庄社会是一个横向交往关系密度降低、村民关系镶嵌程度趋弱的、不断走向陌生化的社会，传统的村庄关系为高度市场化和现代化的关系替代。具体而言，工业经济形态主要从以下两个方面瓦解传统村庄社会关系结构和重构现代化村庄社会关系结构。

首先，村民就业方式的非农化。这意味着村民被卷入高度工商业化的生产、生活体系之中，村民主要与市场、国家打交道，并从与市场、国家的关系中实现需求满足。市场理性交换规则以及现代国家公共规则成为村民互动和交往所依循的基本规则。村民对村庄内关系，特别是传统村庄关系的依赖度降低，以传统村庄规则为基础的村民间的横向互动关系逐渐趋于解体。这造成的一个直接后果就是村庄社会的情感密度和关系密度都大幅下降，村庄关系稀薄化。

其次，村庄工业化的发展吸引了大量外来人口。大量涌入的外来人口多依托当地村庄生产、生活和消费。相对于本地社会关系，外来人口的涌入带来的是外部社会关系。这一外部社会关系向村庄社会关系的嵌入会在很大程度上稀释本地社会关系，从而改变当地村庄社会关系的构成形态以及村庄行为规则。一般来说，当地长期形成的地方性行为规则和规范缺乏对与本地人口不具有共同历史记忆的外来人口的约制力。要达成有序的治理秩序，必须引入超越于地方性规则和规范之上的更为一般化的市场规则和国家公共规则。这二者是现代化力量的集中代表。在此情形下本地村民也必须按照这两重现代规则行为。村庄基于传统规则所形成的深度交往和嵌入关系随着现代力量的进入，逐步为以遵照现代规则为基础的浅层交往关系所替代。

工业经济形态对村庄社会基础的上述两重影响机制说明，以珠三角地区和苏南地区为代表的工业型村庄已经褪去传统的乡土底色，高度现代化了，村民间的交往和互动模式也已经类城市社区化。村民的深度交往和互动关系缺少具体的实践载体，很难形成高强度的情感和情绪累积，以及高度重合的利益。在这样的村庄社会基础之上，相当部分进入村庄中的行政事务以及村庄内生的公共事务无法为村庄稀薄的关系所吸附，进而呈现出人事分离的状态。这类村庄公共事务就是纯粹的事务，当地村庄公共事务的类型主要表现为关系脱嵌型事务类型。行政化村庄治理体制下以法律、制度、规章等为准则的规则治理方式在这些地区的村庄具有极高的适用性，这是这些地区村级治理行政化改革举措的合理性表达。

第四节　小结：村庄治理的城市属性与
村级治理行政化

　　通过上文的分析可看出，上海、珠三角以及苏南地区的村庄治理都带有突出的城市属性。只是，上海和珠三角、苏南地区村庄治理城市属性的生成逻辑以及具体表现有所不同，它们分别是吸附型城乡关系和融合型城乡关系下的产物。这三个地区雄厚的政府财政以及发达的村集体经济为它们能够构建起带有资源密集型特征的行政化村庄治理体制奠定了经济基础，不致陷入中西部地区因地方财政硬约束导致的村级治理半行政化困境之中。

　　得益于城市经济的快速发展和城市经济对农村劳动力强大的吸纳能力，上海农民较早且迅速进入城市化进程中。在完善社会保障体系和政府兜底的背景下，上海农民能够脱离与农业、土地的关系而完全投入市场中，并且有能力规避市场风险。这强化了他们的城市生活面向。人口的持续流出带来村庄的快速萧条，村庄缺乏内生的自主建设需求。随着城市经济扩张和城市人口膨胀，城市资源和空间限制日益突出，进而构成城市部分功能向农村延展的推动力。农村成为城市的一个规划板块，并形成吸附型城乡关系。在村庄内生性治理事务有限的情况下，村级组织主要承接政府对村庄进行规划建设所生成的行政事务，村级组织成为政府行政层级在村庄的延伸。上海农村的村级治理或乡村建设定位主要不是立足于村庄内生性需求（在农村人口已经大量向城镇流入的背景下，村庄内生性需求也是极其有限的），而是面向城市的经济社会需要，遵循理性设计路径。因此，农村功能的城市定位意味着上海农村治理带有突出的城市属性。

　　较之于纯粹农村治理秩序相当程度意义上的自然生成性，城市治理秩序表现出较强的人为规划性。在农村中不属于村级治理事务的内容都会被纳入城市治理事务的范畴，行政事务的数量和复杂性都会成倍增加。因此，不论是城市社区治理空间还是城市街头治理空间，它们都需要一个事务分工清晰、责权明细的专业化和职业化的工作队伍以及存在将之纳入行政管理体系的需求。在韦伯的科层官僚制理论中，科层官僚制产生的一个重要原因就是伴随工商业的发展，行政事务复杂性的增加①。

上海农村治理的城市属性主要指农村治理功能的城市导向性，具体体现在两个方面：第一，村庄管理和建设目标的城市导向，即村庄管理和建设主要服务城市经济社会发展体系的功能需要；第二，作为第一点的延伸，村庄管理和建设标准的城市导向，比如农业生产管理、村庄空间打造以及环境卫生管护等都是按照城市治理要求展开的。在吸附型城乡关系的宏观背景下，上海农村功能的城市定位必然会带来村级治理事务，特别是政府下达至村的行政事务的大量创生。这构成上海村级治理行政化生成的内在逻辑。

改革开放以来，依托于特殊的地理区位、国家政策倾斜等多方面优势，珠三角和苏南地区成为我国工商经济最为发达的地区之一。当地农村也被卷入其中，全面开启村庄工业化进程，高度融合到地方城市经济发展的体系之中，型构出融合型城乡关系类型。在土地、人口和空间全方位实现"在地城市化"过程中，农村实现"去农化"而仅成为"名义"上的农村。村庄经济基础、社会状态以及空间形态都已经与城市趋同。当地农村治理已经不是传统上以农业生产为基础的农村治理，而是以工业经济为基础的城市治理。

一方面，它说明当地村庄经济社会发展高度嵌入地方经济社会发展体系的脉络中，村庄经济社会发展状况对整个地方都有重大影响，其各项发展指标直接关系到地方政府的考核状况。地方政府必须将当地村庄视为城市经济社会体的一部分对待，强化对当地村庄治理的干预。将村级组织官僚科层化使之成为乡镇政府在村庄中的下属层级，构建行政化村庄治理体制以及行政化乡村关系便是实现这一目标的重要举措。此类村庄都有庞大的经济体量，且集体经济在很大程度上由村社范围内的村民共享。这极易形成以行政村为单位的紧密利益共同体，从而塑造出强大的村庄自主性。过大的村庄自主性极有可能成为消解政府行政目标和意志的力量。这构成地方政府进一步加强其权力

---

① ［德］马克斯·韦伯：《支配社会学》，康乐、简惠美译，广西师范大学出版社2010年版，第31—36页。

向村庄中渗透，构建行政化村级治理格局的另一重重要推力。

　　另一方面，它还说明当地村庄公共事务是衍生自工商经济体系，且这些事务存在专门化、分类化的数量基础。这是珠三角、苏南地区村庄治理城市属性的又一重要表现。在这种情况下，当地的村庄治理需要专业化、职责分工清晰、职业化程度高的村级组织架构和村干部队伍与之匹配，满足以工业经济为基础所产生的庞大事务的治理需求。由此可见，珠三角、苏南地区村级治理行政化是当地村庄自主发展、内生需求推动和政府不得不加以行政介入的结果，遵循内生演化路径。

　　从上海、珠三角和苏南地区三地村级治理行政化的生成路径中，我们可发现它们村级治理行政化格局形成的共同机理。第一，这三地的城乡关系形态都对政府积极且全方位介入村庄治理提出了要求。不论是吸附型城乡关系还是融合型城乡关系，其中的农村都是积极地与城市产生联系，并且被高度吸纳到城市的经济、社会乃至生活体系之中。在这种情况下，政府需要将村庄统筹至城市系统中进行整体性安排。这是三地需要构建行政化乡村关系，使村级治理行政化的基本前提。第二，与第一点相关，这三地的村庄事务结构特征对行政化村庄治理体制建设提出了要求。一方面，从村庄事务的数量结构来看，不论吸附型城乡关系中村庄事务主要由政府行政创造还是融合型城乡关系中村庄事务主要由工业经济体系自主生成，它们的数量都极为庞大，且高度常规化。在庞大事务数量结构基础上又出现了事务类型的分化。另一方面，从村庄事务的质性结构来看，这三地的村庄事务都以关系脱嵌型事务为主导。村庄事务结构的上述特征决定这三地农村需要一个正规化、有明晰职责分工、有专职化村庄治理队伍以及以制度、规章、法律等国家统一性现代公共规则为治理原则的行政化村庄治理体制。

　　上述两点构成这三地与中西部地区的根本差别，这一根本差别决定它们对村庄治理体制建设方向要求（行政化方向或自治方向）的基本差异。中西部地区形成的是并立型城乡关系类型，农村与城市是两个经济、社会以及空间边界都相对清晰且独立的系统。其中，村庄治理的功能定位是保持村庄社会基本的生产、生活秩序和村庄社会稳定，发挥其稳定器与蓄水池的作用。从这个角度来说，当前中西部地区村庄治理的要求与传统农村治理无本质差异。在这种情况下，政府只需保持底线式的介入即可，无须贯彻过多的政府要求和突破村庄自有的生产、生活秩序。此外，在村庄事务主要为关系嵌入型事务的状况下，中西部地区村庄更多依靠相对自主且主要依赖村庄社会治理资源、采取动员性治理方式的自治型村庄治理体制。

不同的城乡关系类型决定了相应地区以村庄治理体制建设为核心内容的村庄治理现代化实现路径的差异。这意味着忽视具体情境地直接将我国发达地区村级治理行政化改革抽象地向中西部地区农村迁移往往会带来严重的水土不服，并可能引发新的乡村治理危机。

第七章　结语

第一节　研究结论与创新点

  基于对当前在广大中西部地区农村普遍推行的村级治理行政化改革举措的反思，本研究要回答的是中西部地区农村以村庄治理体制建设为核心内容的村庄治理现代化的实现路径问题。针对中西部地区村级治理行政化改革实践中对东部发达地区农村治理制度简单移植的倾向，本研究提出用"城乡关系"的分析框架厘清中西部地区与东部发达地区村庄治理逻辑的差异，得出以村民自治制度为基本构成的自治型村庄治理体制仍然是中西部地区村庄治理现代化的发展走向，行政化村庄治理体制与中西部地区村庄存在严重的不匹配。

  综合各地农村经济形态、地方城市经济发展水平、城市化速度等多重要素，本研究对我国城乡互动状况进行了分类，并提炼出并立型城乡关系、吸附型城乡关系和融合型城乡关系三种类型的城乡关系形态。广大中西部地区普遍属于并立型城乡关系类型，上海地区是吸附型城乡关系的典型代表，融合型城乡关系类型主要集中在村庄工业化水平较高的珠三角和苏南地区。上海、珠三角和苏南地区都处于东部发达地区，中西部地区村级治理行政化的诸多改革举措多是从这些地区习得。

  借助城乡关系分析框架，本研究着重探讨处于并立型城乡关系类型下中西部地区村庄治理目标定位、地方政府与村庄的关系（政府是底线介入还是积极介入）、村庄公共事务结构特征等影响村庄治理体制建设走向的诸多元素，分析行政化村庄治理体制在中西部地区村庄中的实践困境，揭示中西部地区村庄治理的基本原理，深度剖析自治型村庄治理体制在中西部地区村庄治理中的适用性，并结合多地"找回自治"运动的具体案例对自治型村庄治理体制在中西部地区村庄治理中的存续合理性给予进一步论证。在此基础上细致考察处于吸附型城乡关系下的上海地区和处于融合型城乡关系下的珠三角、苏南地区村庄治理逻辑和行政化村庄治理体制在这些地区的合理性，将处于这两种城乡关系下的村庄治理与并立型城乡关系下的村庄治理进行比较，得出它们以村庄治理体制建设为核心内容的村庄治理现代化实现路径的差异。

综合前面几章分析，本研究主要得出以下结论。

第一，以村级组织官僚科层化改造为核心的行政化村级治理是需要强大公共财政作支撑的资源密集型治理，包括专职化村干部队伍的工资成本、相应硬件设施配套成本，以及各种现代规章、制度的建设和运转成本皆由政府承担。中西部地区村级治理行政化改革由于受到严格的地方财政约束，很难构建起完全的村级治理行政化格局，只能实现村级治理的半行政化。在当前中国仍处于发展中国家的阶段下，中央财政也不具备承担各地方村级治理行政化改革成本的能力。村级治理半行政化的局面不可能在短期内改变。村级治理半行政化表达的是村级治理行政化的不完全实现状态，村级组织官僚科层化改造不彻底，政府权力只能对村庄治理实现部分渗透，乡镇政府与村级组织完全的制度性控制关系无法确立。与之相应，政府建立的各项规章制度、行政规范也会因为乡镇政府对村级组织正式约束能力的缺乏而难以得到有效贯彻。村级治理陷入责权利平衡的行政原理无法实现，而原有以动员社会资源为主的责权利相对均衡的村庄治理体系又被打破的困境之中，村级治理能力未升反降。

第二，自治型村庄治理体制在处于并立型城乡关系下的广大中西部地区村庄中仍具有存续的合理性，自治型村庄治理体制是一种动员性治理体制，高度契合中西部地区村庄治理的动员性特征。并立型城乡关系下的中西部地区村庄治理的目标是以村庄生产、生活秩序维系为主的保底目标，政府权力对村庄是以保底目标为基础的底线介入，村庄公共事务衍生自以小农经营为主的农业生产体系，事务数量稀少且呈现为不均质分布状态。此外，以关系嵌入型事务为主要类型构成的村庄事务质性结构从根本上决定了中西部地区村庄治理的动员性，行政化村庄治理体制与中西部地区村庄存在严重的不匹配。而且，自治型村庄治理体制与中西部地区的经济社会特征具有高度的亲和性。

第三，行政化村庄治理体制在对中西部地区村级治理行政化改革产生重要影响的上海、珠三角和苏南地区村庄存在合理性。与处于并立型城乡关系下的广大中西部地区不同，分别处于吸附型城乡关系和融合型城乡关系下的上海和珠三角、苏南地区的村庄客观存在构建行政化村庄治理体制的需求。原因有二：一是处于这两种城乡关系类型下的地方政府都有积极且全面介入村庄治理的需要；二是处于这两种城乡关系类型下的村庄公共事务结构需要引入高度正规化、行政科层化的村级组织。

第四，各地区经济社会发展的不平衡性以及由此带来的村庄治理逻辑的差异性决定中国不存在一个放之四海而皆准的普适性的以村庄治理体制建设为核心内容的村庄治理现代化实现路径。在村庄治理现代化路径的探索中，处于经济社会发展欠发达地区的中西部地区村庄通常为处于经济发展前沿地带的东部发达地区的各项制度创新所主导，而丧失对本地实际情况和客观现实的基本观照。因此有必要对这些地区村庄治理情境进行还原，寻找有效的解释框架。只有这样，我们才能对各地的村庄治理处境给予清晰定位，从而找到切合各地实际，尤其是切合中西部地区实际的村庄治理现代化路径。

本研究主要有以下几个创新点。

第一，研究视角的突破。既有研究普遍缺乏区域视野，存在将中国农村等同化的状况。但中国是个巨型国家，不同区域农村，甚至是同一区域的不同农村的差异都很大。鉴于此，本书引入区域视角研究村庄治理，以弥补上述研究视角的不足。本书引入区域视角的目的不在于对各地区村庄治理作全面的呈现，而主要是在区域中更加清晰地定位中西部地区的村庄治理，着重回答中西部地区村庄治理现代化的实现路径问题。这是因为较之于东部发达地区，中西部地区如今正陷入以村庄治理体制建设为核心内容的村庄治理现代化应向何处去的困扰中。需要指出的是，本研究的"区域"不纯粹是地理意义上的区域概念，而是治理逻辑意义上的类型概念。

比如，本研究涉及的典型案例中，虽然溧水区农村、清远市农村以及枫桥镇农村都地处我国东部发达地区省份，但由于其村庄产业形态、城市化类型以及所处的城乡关系类型与中西部地区农村不存在本质性的差异，以致这些农村的治理逻辑与中西部地区农村的治理逻辑具有高度一致性，因此这些地区的农村仍然可纳入中西部地区农村的理解范畴。

第二，研究方法的创新。现有文献多是碎片化、切割式地对当前我国村庄治理的经济、社会基础进行解读，尤其是对其中的很多关键信息缺乏深度认知，以致出现对村庄很多事实的误判，并且普遍存在将属于不同区域或不同类型农村的经验相互牵引和移植的现象，容易造成认知的混乱。本研究在区域类型划分的基础上，以区域为研究单位，并辅以区域中典型个案村庄进行佐证，达到对不同区域村庄治理的经济、社会基础的整体性把握，厘清各种现象之间的关联，形成对村庄治理的经济、社会基础的完整理解。

第三，研究框架的转换。区别于乡村治理研究中广泛运用的"国家与社会"二元分析框架，本研究提出"城乡关系"的分析框架，以适应改革开放以来中国农村出现的巨大分化的现实，奠定对中国村庄进行划分的分类基础，提炼出三种不同的城乡关系类型，剖析中国村庄治理的差异化实践。

第二节 乡村治理研究框架的转换

一 从"国家与社会"二元分析框架到"城乡关系"分析框架

民主发展理论、国家政权建设理论和多元治理理论是中国乡村治理研究比较常用的经典理论，它们本质上都是对"国家与社会"二元分析框架的运用，分别遵循从社会、国家以及国家与社会（市场）分权角度切入的研究进路，蕴含着国家与社会对立与分离的前提预设。国家与社会二元分析框架构成了包括公共管理、政治学、社会学等在内的多个社会科学领域的经典研究范式。基于对"国家与社会"二元分析框架的反思，学界有发展出类型多样的三层分析框架。但是，三层分析框架仍然只是"国家与社会"二元分析框架基础上的简单修正，而未实现实质性的超越。

"国家与社会"二元分析框架中，内含着"权力"与"权利"对抗的认识思路。回归到乡村治理研究当中，该分析框架指向的乡村治理体制建设本质是各个主体之间纵向权力关系的反映，即涉及国家、乡镇政府、村级组织以及村民等各纵向主体之间的权力分配与分割问题，容易陷入理念先行的规范主义研究路径中，进而推导出一个放之四海而皆准的普适性治理制度或治理体制。

不论是民主发展理论下国家向社会放权让村庄回归"自治"的认识，还是国家政权建设理论下加强国家对村庄治理管理和管控的主张，抑或是多元治理理论下试图通过引入外在于村庄的行政、市场和社会（专业社会组织）等多元化的公共事务供给机制的村庄"去自治化"的诉求，无疑都带有突出的理论先行的规范主义研究特征，乡村（村庄）治理赖以存在的经济社会基础这一实然处境被忽视，中国村庄治理实践的区域差异也无法在这一分析框架中揭示。中国国家的政治体制、社会的性质和发育情况与西方欧美国家有本质不同，这进一步加剧了源自西方社会的"国家与社会"的二元分析框架在中国运用的困境。

鉴于此，立足于中国本土经验，本研究提出"城乡关系"分析框架，并在此框架下揭示中国村庄治理的区域差异。改革开放以来，随着国家总体性支配格局的解体，我国各地的经济、社会活力都得到了充分释放，地方治理的自主性空前增加，中国农村的均质状况被打破。与此同时，由于地理区位以及国家政策倾斜程度的差异，中国各地区村庄的经济形态、城市经济的发展程度、城市化速度以及相关的城乡制度都发生了巨大分化，由此形成了城乡互动的多种实践形态，呈现出多种城乡关系类型。

村庄治理为特定的城乡关系类型所形塑。在不同的城乡关系类型下，村庄治理目标的功能定位、政府与村庄的关系、村庄事务结构等都会表现出突出的差异，由上述多重因素决定的村庄治理体制要求也必然有所不同。这说明不同城乡关系类型下以村庄治理体制建设为核心内容的村庄治理现代化的实现路径也是差异化的。因此，较之于"国家与社会"二元分析框架，"城乡关系"分析框架能够更好地契合中国经验，将中国村庄治理的空间复杂性揭示出来。从城乡关系角度审视当前普遍向全国农村推行，特别是向中西部地区农村推行的村级治理行政化改革，便能得出不一样的认识和结论，也能找到发端于上海、珠三角和苏南地区等东部发达地区的村级治理行政化改革推广至中西部地区遭遇到诸多困境和不适应的原因。

在党的十九大中，习近平总书记提出中国特色社会主义进入新时代的重大论断，社会主要矛盾转化为人民群众日益增长的美好生活需要与不平衡不充分的发展之间的矛盾是新时代的主要特征。这种不平衡不充分又集中表现在中国区域发展的不平衡不充分，说明了中国社会的复杂性。与此同时，对人口占全世界总人口近五分之一和经济总量排名世界第二的中国这一世界大国来说，回归中国本土经验，提炼出立足中国本土的分析框架更显重要。这意味着在借鉴西方先进理论和思想成果的基础上，我们需要经历一个回到中国经验，并从具体的经验不断抽象，进而形成有中国本土特色理论的过程。本研究只是一个初步尝试。

二　城乡关系与村庄治理的类型比较

中华人民共和国成立后的相当长一段时期，我国农村是高度均质化的，农村与城市是完全分立的两个独立系统，实行的是二元分割的城乡体制。农村主要承担农业生产为中国城市经济发展和现代工业体系建设提供资本积累的功能。这一时期中国的城乡关系整体表现为剥削型城乡关系。改革开放后，国家宏观统一性、总体性支配体制的松动为各地方自主性的发育提供了空间，城乡关系的实践形态也开始多样化，并成为形塑村庄治理逻辑以及村庄治理体制建设走向的关键变量。

历史地看，自村民自治制度被确立为全国农村基本治理制度以来，我国农村社会的基层治理制度并没有全然遵照制度设计的方向发展，而是出现了分化。具体表现为，以上海、珠三角和苏南地区为代表的东部发达地区基于本地内生治理需求的推动走上了村级治理行政化的改革道路，其中以村级组织官僚科层化为核心的行政化村庄治理体制的构建是基本表现形式，村民自治形式化。广大中西部地区农村则基本保持了以村民自治制度为基本制度构成的自治型村庄治理体制。

只是近年来，随着中国各个领域制度改革的启动，中西部地区农村也开始了以东部发达地区农村为模板的村级治理行政化改革，村民自治面向被极度削弱。这一系列发端于东部发达地区的村级治理行政化改革举措却在中西部地区遭遇了诸多困境。一方面，中西部地区由于受地方政府财政力量的限制，往往无法构建起责权利相匹配的完全的官僚科层化村级组织，最终只能实现村级治理的半行政化；另一方面，以官僚科层化村级组织为基础的行政化村庄治理体制也面临与中西部地区村庄不匹配的实践难题。出现诸多困境的原因就在于中西部地区所处的城乡关系形态与以上海、珠三角和苏南地区为代表的东部发达地区的城乡关系形态有本质差异。

改革开放以来，经过40多年的发展变迁，我国总体上形成了三种理想城乡关系类型：一是并立型城乡关系，此种城乡关系类型普遍见之于广大中西部地区；二是吸附型城乡关系，这以上海地区最为典型；三是融合型城乡关系，村庄工业化程度高且发达的珠三角、苏南地区是这一城乡关系类型的突出代表。研究发现，处于并立型城乡关系下的广大中西部地区的村庄与自治型村庄治理体制具有亲和性。处于吸附型城乡关系和融合型城乡关系中的上海、珠三角以及苏南地区的村庄客观存在将自治型村庄治理体制改造为行政化村庄治理体制的需求。这也是村民自治制度自被确立为农村基本治理制度以后，便在实践形态上开始在各地区出现分化的原因。

并立型城乡关系表达的是城市和乡村是两个相对独立的生产、生活系统，二者的经济形态、居住形态以及人们之间的关系形态存在截然差异和明确的空间界限，呈现出并立型特征。人口迁移型城市化和城市经济发展的有限性是并立型城乡关系的重要形塑机制。人口迁移型城市化没有从根本上打破农村与城市之间的基础产业格局和空间界限，保证了农村和城市两个系统的相对独立性。城市经济发展的有限性以及与之相应的"小城市、大农村"的城乡分布格局使中西部地区的城市发展不具有吸纳所有农村或大多数农村的能力，这决定了当地城市空间和城市功能向农村地区拓展的缓慢性。于是，农村与城市处于一种并行发展且相对独立的状态，农村的"农村"形态没有发生改变。中西部地区的村庄治理仍然属于传统农业型村庄治理。

以小农经营为基础的农业生产形态所固有的弱发展性进一步决定了占我国农村绝大多数的中西部地区村庄治理的功能定位应该是作为降低和消化城市化风险的稳定器，发挥其为城市化失败的农民和村庄弱势群体提供退路保障和兜底的功能。并立型城乡关系下的城市主要发挥带动地方经济发展和推动城市化进程的功能。因此，在政府财政资源有限的背景下，村庄治理的目标应该是为在村村民群体提供最基本的生产、生活服务，秉持保底建设的维持主义逻辑，遵从农村社会发展的自然秩序。政府对村庄治理的介入应该以村庄社会的内生需求为基本边界，政府对村庄治理的介入是一种带有一定消极色彩的底线介入。

这对中西部地区的村庄治理造成两方面的影响。第一，从政府与村庄的关系来看，政府无须向村庄输入过多带有强烈政府意志的行政任务，村庄治理以村庄内生治理需求为主。在这种情况下，政府无须将村级组织吸纳到政府行政权力体系中并且构建行政化的乡村关系，而是要保证村级组织相对充分且自主的治理空间。政府对村庄治理的介入只要保证总体的指导即可。第二，从村庄事务结构来看，在村庄事务的数量结构上，以村庄内生治理需求为导向且主要衍生自农业生产的村庄公共事务的数量具有有限性和不均匀分布性，缺乏支持正规化且分工明晰的治理组织运转的数量基础和分类基础。在村庄事务的质性结构上，由于长期的历史积淀，村庄形成了相对稳定的地缘关系和血缘关系，村民之间表现出较高的交往密度和关系镶嵌度，村庄公共事务高度嵌入村民之间的各类复杂的关系中。中西部地区村庄公共事务以关系嵌入型事务为主导，村庄公共事务具有不规则性。

这决定了中西部地区的村庄治理是主要依托村庄社会资源、遵从社会治理逻辑的动员性治理。而非以村级组织官僚科层化为核心的行政化村庄治理体制所蕴含的政府与村庄之间存在强行政控制关系、村干部专职且分工精细，严格以程序、法律、规章制度为准则的规则化治理方式的科层行政治理。但行政化村庄治理体制在上海、珠三角和苏南等地区具有存在的合理性。

上海是中国特大城市和国际大都市。随着城市经济的进一步发展，上海面临的资源、环境、人口等方面的瓶颈日益突出，既有的城市空间难以满足城市经济发展、市民休闲娱乐等各方面的要求。因此，上海客观上存在强烈的将农村包括土地资源、农业资源以及空间资源进行整合以吸纳到城市体系的需求，让农村成为服务城市发展的一个功能板块，由此形成一种吸附型城乡关系。在吸附型城乡关系中，乡村附属于城市而存在，乡村建设的系列举措在很大程度上是为了满足城市的经济发展需求。上海庞大的城市经济体量以及"大城市、小农村"的城乡分布格局为上海对所有农村进行整体和全域性规划提供了可能，吸附型城乡关系形态能够得到切实的实践。此外，上海较为彻底的人口迁移型城市化和农村的"去三农化"又为上海政府完全按照城市需求对农村进行规划和改造提供了空间。上海的乡村建设和村庄治理带有明确的城市功能定位，这对上海地区的村庄治理造成了两方面的影响。

一是从政府与村庄的关系来看，政府对村庄是一种积极介入关系。一方面，政府会根据城市需求对村庄进行规划和改造，进而生成大量以政府为生产主体的行政事务；另一方面，这一系列行政事务都会转化为行政村范围内的村庄公共事务。在行政村依然是我国乡村基本治理单元的背景下，以村两委为基础的村级组织是承载政府主导型乡村建设所生成的行政事务的最优载体。因此，政府有对村庄治理积极介入，并将村级组织吸纳到政府行政管理体系，构建行政化乡村关系，增强政府对村干部的指导、管理和动员能力的需求。

二是从村庄事务结构来看，在村庄事务的数量结构上，伴随政府对农业、农村空间、土地等全方位的改造，行政村范围内事务数量繁多，且具有明确的分类和专门化特征。在村庄事务的质性结构上，由于上海农民在彻底的人口迁移型城市化和完善的政府保障体系下剥离了附着于农村之上的各种利益关系、社会关系甚至价值关系，留守在村庄中的人口又极为有限，致使上海村庄社会交往密度和关系密度急剧降低。加上上海农村土地基本由村集体以及乡镇统筹，村民之间以土地为基础的利益关系被割断。政府下达至村的行政事务由于缺乏厚重的村庄社会关系和利益关系的吸附而很难向关系嵌入型事务转化，最终主要表现为带有纯粹物化属性的关系脱嵌型事务类型，呈现出较强的规则性。

在改革开放的大潮下，珠三角和苏南地区是我国较早开启乡村工业化进程的地区，乡村与城市表现出同步发展的格局，乡村高度融合于城市经济的发展系统之中，城乡各方面表现出一体化趋势，乡村成为城市经济带的一部分。其外在形态表现为，珠三角、苏南地区实现了以乡村地域为基础的"在地城市化"，乡村场域内形成了完整的类城市生产体系、生活体系以及空间格局，由此发展为一种融合型城乡关系。融合型城乡关系下的村庄治理带有突出的城市属性。这对珠三角、苏南地区的村庄治理同样造成了两方面的影响。

一是从政府与村庄的关系来看，政府对村庄是积极介入关系。这是因为，一方面当地村庄已经成为一个类城市功能体，同时，村庄经济已经成为地方城市经济的重要组成部分，村庄的经济发展已经高度嵌入在地方城市的经济社会发展的体系脉络中。村庄的经济社会发展状况对整个地方都有重大影响，其各项发展指标也直接关系到地方政府的考核。这意味着地方政府有将村庄纳入城市经济社会体系并按照城市经济社会体系发展要求进行管理和规划的需求。另一方面，由于此类村庄都有庞大的集体经济体量，且集体经济收益在很大程度上由村社范围内的村民共享。在村民自治制度的润滑下，这极有可能形成以行政村为单位的紧密利益共同体，并进一步成为对抗和瓦解政府意志的力量。特别是基于地方整体利益和发展的需求，政府需要吸纳和统筹规划村庄资源（尤其是土地资源）而与村民集体利益相悖时，更容易出现此种情况。这两方面都使当地地方政府存在积极介入村庄治理，将村级组织吸纳到政府行政管理体制，构建行政化乡村关系的客观需求。

二是从村庄事务结构来看，在村庄事务的数量结构上，以工商业为基础的村庄事务体系繁多且门类多样、复杂，并具有常规性。在村庄事务的质性结构上，由于工业型经济形塑的村庄社会是一个横向交往关系密度低、村民关系镶嵌程度浅层化并不断走向陌生化的社会，以地缘和血缘为基础的传统关系为高度市场化和现代化的关系替代，村民主要与国家和市场打交道。进入村庄中的行政事务以及村庄内生的公共事务无法为村庄稀薄的关系所吸附，进而呈现出人事分离的状态。此外，以工业经济为基础的村庄公共事务也是高度现代化的事务。因此，珠三角、苏南地区的村庄公共事务主要表现为关系脱嵌型事务类型，具有规则性特征。

由此可见，虽然处于吸附型城乡关系下的上海地区和处于融合型城乡关系下的珠三角、苏南地区村庄治理的生成路径有所差异，但是它们在政府与村庄关系、村庄公共事务结构上都表现出较高相似性。这三个地区村庄治理中政府与村庄的关系形态与村庄公共事务结构高度契合了以村级组织官僚科层化为核心的行政化村庄治理体制所蕴含的政府与村庄之间存在强行政控制关系、村干部专职且分工精细、严格以程序、法律、规章制度为准则的规则化治理方式的科层行政治理模式，如表7-1所示。

表7-1   城乡关系与村庄治理的类型差异

	城市化路径	政府与村庄关系	村庄事务结构		村庄治理（功能）属性	村庄治理体制需求	代表地区
			数量结构	质性结构			
并立型城乡关系下的村庄治理	迁移型城市化（缓慢）	底线介入	事务数量有限、不均匀分布、缺乏分类基础	关系嵌入型事务为主导	农村属性	自治型村庄治理体制	中西部地区
吸附型城乡关系下的村庄治理	迁移型城市化（彻底）	积极介入	事务数量繁多、事务类型分化突出	关系脱嵌型事务为主导	城市导向性	行政化村庄治理体制	上海地区
融合型城乡关系下的村庄治理	在地城市化	积极介入	事务数量繁多、事务类型分化突出	关系脱嵌型事务为主导	城市属性	行政化村庄治理体制	珠三角、苏南地区

第三节　自治型村庄治理体制在中西部
地区村庄的制度合理性

当前中国农村治理困境主要表现为以中西部地区为代表的行政化

村庄治理体制建设走向与村庄社会的错位。中西部地区的城乡关系属于并立型城乡关系。在此种城乡关系形态下，中西部地区村庄主要是面向村庄内生需求的治理，其目标是基本生产、生活秩序的维系。这类村庄以关系嵌入型事务为主导的村庄公共事务类型结构决定了其村庄治理的基本原理为动员性治理。关系嵌入型事务深度嵌入社会之中，附着有村庄中的各类利益关系、情感关系以及社会关系，与村庄村民存在整体性关联。这类事务的处理过程以及最终的处理结果都会在极大程度上撬动整个村庄的关系以及村民的情绪。因此，关系嵌入型事务具有突出的社会性，其不能完全在以制度、法律、法规为基础的科层行政框架中得到解决，而是要面向社会，进入村庄社会的框架和治理逻辑之中。这意味着关系嵌入型事务需要依托以社会为导向的动员性治理模式来处理。

自治型村庄治理体制在中西部地区村庄的制度合理性体现在以下两个方面。

第一，自治型村庄治理体制是一种动员性治理体制，契合了中西部地区村庄治理的动员性特征。自治型村庄治理体制由村民自治制度、农村土地集体所有制度以及半正式化村干部管理制度三大制度组成，它们分别规定了该治理体制的治理原则、有效运转的经济基础和权力基础，以及组织特征。村民自治制度是自治型村庄治理体制的基础制度，其他两项制度是作为配套制度存在，共同服务于村民自治制度在实践中的展开。自治型村庄治理体制规定了乡镇与村级组织之间的体制关系形式主要是指导与被指导、相互协作和配合的关系，而不是行政隶属关系。这是自治型村庄治理体制与行政化村庄治理体制的基本差别。

自治型村庄治理体制是由村庄社会（村民）压力驱动，其在治理活动开展过程中所蕴含的治理责任的村庄化机制、"政务"向"村务"的转化机制以及社会动员机制集中展现了动员性治理模式的两个基本特征：一是对村庄主体（村民）参与村庄公共事务处理责任的强调；二是包括"政务"在内的村庄公共事务的处理主要遵循村庄社会治理的逻辑。前者说明除村干部之外的村庄内所有成员都具有参与村庄公共事务处理的责任，并占据主体地位，这也是治理责任村庄

村庄治理现代化的实现路径

化机制的重要内含。后者说明，内生于村庄以及进入村庄的公共事务一旦与村庄发生关联，就会向关系嵌入型事务演化。对这类事务的处理需要深入村庄社会关系中，按照村庄社会治理的逻辑进行，才能取得较好的效果。在处理过程中，还需要充分动员村庄社会，启动自治型村庄治理体制所蕴含的社会动员机制。

第二，自治型村庄治理体制与中西部地区的乡村经济机会空间高度契合，这决定该治理体制在中西部地区仍具有巨大的存续空间。以村干部为主要构成的村治主体队伍是村庄治理得以有效展开的重要组织保障。当前在中西部地区推行村级治理行政化改革的核心内容之一是改变原来自治型村庄治理体制下兼职化的村干部管理体系，将村干部职业化，将之纳入政府行政管理体制中来。其中的一个前提预设是自治型村庄治理体制以非行政激励为主导的激励体系不足以解决村干部治理动力问题，因此需要通过对村干部激励系统的再造，构建行政化村庄治理体制的方式强化其中的行政激励达到促进村干部积极治理的目的。这一认识忽视了自治型村庄治理体制内含的以非行政激励为主导的激励体系（包括工作模式）与乡村经济、社会特征的契合性。

这种契合性表现在两个方面。一是自治型村庄治理体制下村干部的非全职性与乡村经济机会中的具体经济门类难以实现一个健全劳动力的充分就业的特性决定了村民可以同时兼顾村干部工作和家庭生产经营活动。同时，村民的生产经营活动通常具有较高的灵活性，多可以以家庭为单位进行劳动力的统合性配置。担任村干部的村民可以及时从家庭生产经营活动中抽身，去处理村庄中的应急性工作。此外，当村干部也是一种乡村经济机会类型，所获得的误工补贴可成为其家庭收入的重要补充。二是村干部身份有助于增长身处这一职位村民的经济收益，该收益来自政府行政体制之外。村干部身份意味着丰厚的社会资本，有利于他们扩大社会关系网络，进而可为其家庭经营活动提供便利，这是村干部身份非行政激励中经济价值的集中体现。这两方面共同决定了自治型村庄治理体制下的村干部职位对在村村民仍具有较大的吸引力。

242

第四节 找回"自治":中西部地区村庄 治理现代化的实现路径

　　中西部地区的村级治理行政化改革使作为村庄治理主体的村级组织无法承担起动员村庄社会、开展村庄自主治理的职能。当前农村基层治理危机主要表现为以村级组织为治理主体的动员性治理结构缺位的危机。为此,我国部分地区掀起了为农村基层治理需求所推动的重归自治、回归动员性治理的反向运动,并以各种制度创新的形式涌现出来,进而实现村民自治实践形式的创新。这从经验层面印证了我国中西部地区村庄治理的主导面向为动员性治理。中西部地区村庄治理现代化的实现路径应该朝构建自治型村庄治理体制的方向发展。

　　各地的制度创新实践中,以湖北省秭归县的"幸福村落"创建、四川省成都市村级公共服务与管理资金制度和广东省清远市的涉农资金整合实践,以及浙江省"枫桥经验"等四地的制度创新的影响较为深远。

　　秭归县"幸福村落"创建活动的实质是在既有趋于行政化的村级治理架构的基础上新增一个自治层级。它是对村级治理结构的重塑,也是对村级治理行政化背景下村庄治理动员面向缺位这一问题的回应。成都市和清远市制度创新的重要意义在于它们突破了既有的技术化、理性化的资源分配体系,重构了一种国家财政资源的民主化分配体系,突出了村级组织和村民的主体角色,充分激发和释放了村庄社会活力。将村民自治实体化是成都市村级公共服务与社会管理资金制度创新和清远市涉农资金整合制度创新的重要启示。浙江"枫桥经验"虽然涉及的治理机制繁杂多样,但其背后蕴藏的逻辑具有共通性。这一共通性表现在它们都充分保证了村庄治理的社会面向,强调对乡村社会资本的调动和对村民的动员。因此,"枫桥经验"的本质是一种动员性治理经验。

　　自治型村庄治理体制还是村庄治理践行形成于中国革命年代的"为人民服务"的政党建设理论传统的重要制度载体。从晚清民国时期开始,中国农村便经历了一个不断卷入国家政治的过程。到人民公社时期，国家通过严密的组织体系建设几乎将所有农民都整合到了国家现代化事业的建设当中。这一时期，借助阶级划分方法，发动群众、重新定义"人民"成为乡村社会整合和凝聚人心、意志的重要手段。随着人民公社的解体和国家从村庄的退场，村庄逐步回归到村庄政治的轨道之上，村庄政治指向的是村庄治理秩序和权威秩序的达成。

前文曾提到，处于并立型城乡关系下的中西部地区村庄治理仍然是传统农业型村庄的治理，村庄内部仍然附着有各类传统的社会关系（以血缘为基础的宗族关系、派系）、利益关系等，村庄社会表现出高度的不规则性。以统一的制度和规则为基本治理原则的标准化和程序化治理手段难以与之相适应，这种村庄只有通过村庄内部各种力量的博弈过程才能达到均衡的治理秩序，也正是这种不规则性形塑了村庄的政治场域性。在行政治理资源有限且效果有限的情况下，村庄往往必须通过村庄政治过程实现有序治理。政治过程也是对村庄社会进行动员的过程，它是村庄动员性治理特征的体现。之所以最终通过村庄政治过程以及动员村民的过程能够实现村庄治理秩序，原因就在于不符合村庄行为规范以及村庄公共利益的村民会在这一过程中被筛选和识别出来，进而成为被公共意志边缘化、约束甚至改造的对象。

从村级治理公共秩序维系的角度来看，这部分村民不属于当下村级治理意义上的"人民"范畴，称不上具有善意目的的群众。这也说明村庄中的村民不是铁板一块，而是有"良民"与"刁民"之分。这种"刁民"类似于闫云翔所提出的"无公德的个人"①，在他们身上体现的是过度功利的个人主义的畸形发展，他们不是现代社会意义上的公民②。村级治理中对村庄政治过程以及动员村民机制的启动其实是形成于中国革命时期"为人民服务"理论的微观运用。"为人民服务"不单纯指公共组织单向且均等化地为每个人提供具体的服务，它更多指要充分采取动员群众的方式将有损公共利益和良善秩序达成

---

① ［美］闫云翔：《私人生活的变革——一个村庄里的爱情、家庭与亲密关系（1949—1999）》，龚小夏译，上海书店出版社 2009 年版。

② 贺雪峰：《治村》，北京大学出版社 2017 年版，第 81 页。

的"刁民"边缘化甚至将之改造为"良民"（"人民"），促进整体公共利益的提升。

分别处于吸附型城乡关系和融合型关系中的以上海、珠三角和苏南地区为代表的东部发达地区的村庄社会已经现代化。现代化的社会是一个高度规则的社会，其中的每个个体都是直接与国家、与市场相对接。已经现代化的村庄社会与国家规定的公共规则以及市场规则具有通约性，这些制度化的规则为村民所认可和接受。在这种情况下，村庄不需要经过政治过程和对村民的动员过程来形成相应的行为规则，完全代表国家政治意志的行政化村庄治理体制（官僚科层化村级组织）就可以直接实现与村民对接，进而达成以国家公共规则为基础的现代良性秩序。这类村庄已经"去政治化"[①]，其中生产出来的"刁民"也可以为现代法律、规则、制度所约制。

对我国广大中西部地区依然以农业经济形态为主的村庄而言，它们依然保持了一定程度的传统乡土底色，并未现代化。也因此，它还是为各种传统关系所附着的不规则社会和带有突出地方色彩的地方性社会。国家与村民之间为这样一个传统的地方性社会阻隔，国家公共规则无法直达村民。以国家公共规则为基本治理原则的标准化、程式化行政无法与村民直接对接。在这样一个不规则的村庄社会中，国家公共规则本身也需要经过村庄的政治过程和动员村民的过程来找到与地方规则相契合的空间。因此，国家在村庄的行政过程是与村庄政治过程相伴随的。

在这种情况下，如果国家强行采取完全行政的方式和手段开展村庄治理，其可能造成的一个结果就是村庄政治空间的解体，以及随之而来的村庄中"刁民"群体借由国家规则与村庄社会规则之间的缝隙不断滋生。在村庄未完全实现现代化以及国家公共规则秩序未在村庄中确立的情况下，缺乏政治过程和动员村民过程的村庄社会所内生的公共治理秩序便为不断滋生的"刁民"群体瓦解。村庄社会还未实现现代化的广大中西部地区农村最为需要的恰恰是通过政治过程和动员村民的方式展开的治理，进而识别和规约"刁民"。"刁民"的

---

① 吴毅：《村治变迁中的权威与秩序》，中国社会科学出版社 2002 年版。

存在则是当下"为人民服务"理论中"人民"概念的前提预设。

　　形成于中国革命时期的"为人民服务"理论，指向的服务对象是带有明显政治意味的"人民"，蕴含着矛盾分析方法和将群众分类治理的治理原则。这体现在对"刁民"的识别，主要依托村庄政治过程的开展以及对村庄村民的动员，与这一理论传统相适应的村庄治理体制也应该是动员性治理体制。人民公社解体后，我国村庄所形成的自治型村庄治理体制就是这样一种动员性治理体制，它是"为人民服务"理论在村级治理中的有效实践载体。

　　因此，综合前文分析，就当前的形势来看，特别是对我国广大的中西部地区农村而言，以村庄治理体制建设为核心内容的村庄治理现代化路径并不是要对既已形成的自治型村庄治理体制完全摒弃，而是要在这一体制的基础上进行修正和完善，尤其是要强化自治型村庄治理体制动员村庄社会和启动村庄政治的能力。比如适当提高村干部的误工补贴（注意：不是工资）、完善农村集体土地所有制度。包括湖北秭归县的"幸福村落"创建、成都市和清远市对国家财政资源分配体系的创新以及浙江"枫桥经验"等都是完善自治型村庄治理体制，让中西部地区村庄重回"自治"的有力举措。

参考文献

中国著作

《毛泽东文集》（第 7 卷），人民出版社 1999 年版。

陈家刚主编：《基层治理》，中央编译出版社 2015 年版。

邓正来：《中国法学向何处去》，商务印书馆 2011 年版。

费孝通：《乡土中国 生育制度》，北京大学出版社 1998 年版。

费孝通：《乡土中国》，上海人民出版社 2006 年版。

郭大水：《社会学的三种经典研究模式概论》，天津人民出版社 2007
年版。

郭湛主编：《社会公共性研究》，人民出版社 2009 年版。

贺雪峰：《城市化的中国道路》，东方出版社 2014 年版。

贺雪峰：《治村》，北京大学出版社 2017 年版。

贺雪峰等：《南北中国：中国农村区域差异研究》，社会科学文献出
版社 2017 年版。

李友梅等：《城市社会治理》，社会科学文献出版社 2014 年版。

李祖佩：《分利秩序：鸽镇的项目运作与乡村治理（2007—2013）》，
社会科学文献出版社 2016 年版。

林崇德等：《心理学大辞典》，上海教育出版社 2003 年版。

苏力：《法治及其本土资源》，北京大学出版社 2014 年版。

苏力：《送法下乡：中国基层司法制度研究》，北京大学出版社 2011
年版。

汪熙、魏斐德主编：《中国现代化问题——一个多方位的历史探索》，
复旦大学出版社 1994 年版。

王德福：《做人之道——熟人社会里的自我实现》，商务印书馆 2014

年版。

王海娟：《地尽其利：农地细碎化与集体所有制》，社会科学文献出版社 2018 年版。

王小林：《结构转型中的农村公共服务与公共财政政策》，中国发展出版社 2008 年版。

温铁军：《八次危机》，东方出版社 2013 年版。

吴晗、费孝通等：《皇权与绅权》，天津人民出版社 1988 年版。

吴毅：《村治变迁中的权威与秩序》，中国社会科学出版社 2002 年版。

吴毅：《小镇喧嚣——一个乡镇政治运作的演绎与阐释》，生活·读书·新知三联书店 2007 年版。

吴毅、吴淼：《村民自治在乡土社会的遭遇——以白村为个案》，华中师范大学出版社 2003 年版。

谢文惠、邓卫：《城市经济学》，清华大学出版社 1996 年版。

徐勇：《乡村治理与中国政治》，中国社会科学出版社 2003 年版。

许纪霖、陈达凯主编：《中国现代化史（1800—1949）》，学林出版社 2006 年版。

于建嵘：《抗争性政治：中国政治社会学基本问题》，人民出版社 2010 年版。

俞可平：《治理与善治》，社会科学文献出版社 2000 年版。

张静：《基层政权：乡村制度诸问题》，浙江人民出版社 2000 年版。

张静：《现代公共规则与乡村社会》，上海书店出版社 2006 年版。

张乐天：《告别理想：人民公社制度研究》，东方出版中心 1998 年版。

赵晓峰：《公私定律：村庄视域中的国家政权建设》，社会科学文献出版社 2013 年版。

周尔鎏、张雨林：《城乡协调发展研究》，江苏人民出版社 1991 年版。

外国著作

［德］斐迪南·滕尼斯：《共同体与社会：纯粹社会学的基本概念》，林荣远译，北京大学出版社 2010 年版。

〔德〕马克斯·韦伯：《支配社会学》，康乐、简惠美译，广西师范大学出版社 2010 年版。

〔美〕保罗·萨缪尔森、威廉·诺德豪斯：《经济学》，萧琛主译，人民邮电出版社 2008 年版。

〔美〕伯特：《结构洞：竞争的社会结构》，任敏、李璐、林虹译，格致出版社 2008 年版。

〔美〕查尔斯·蒂利：《强制、资本和欧洲国家（公元 990—1992年）》，魏洪钟译，上海人民出版社 2007 年版。

〔美〕戴维·奥斯本、特德·盖布勒：《改革政府：企业家精神如何改革着公共部门》，周敦仁等译，上海译文出版社 2013 年版。

〔美〕杜赞奇：《文化、权力与国家——1900—1942 年的华北农村》，王福明译，江苏人民出版社 1996 年版。

〔美〕杜赞奇：《中国近代史上的国家与公民社会》，载汪熙、魏斐德主编《中国现代化问题——一个多方位的历史探索》，复旦大学出版社 1994 年版。

〔美〕弗兰克·J. 古德诺：《政治与行政》，王元、杨百朋译，华夏出版社 1987 年版。

〔美〕黄仁宇：《中国大历史》，九州出版社 2015 年版。

〔美〕黄宗智：《华北小农经济与社会变迁》，中华书局 2000 年版。

〔美〕黄宗智主编：《中国研究的范式问题讨论》，社会科学文献出版社 2003 年版。

〔美〕李怀印：《华北村治——晚清和民国时期的国家与乡村》，岁有生、王士皓译，中华书局 2008 年版。

〔美〕罗伯特·W. 杰克曼：《不需暴力的权力——民族国家的政治能力》，欧阳景根译，天津人民出版社 2005 年版。

〔美〕乔尔·S. 米格代尔：《强社会与弱国家——第三世界的国家社会关系及国家能力》，张长东、朱海玲等译，江苏人民出版社 2009 年版。

〔美〕乔尔·S. 米格代尔：《社会中的国家：国家与社会如何相互改变与相互构成》，李杨、郭一聪译，江苏人民出版社 2013 年版。

〔美〕施坚雅：《中国农村的市场和社会结构》，史建云、徐秀丽译，中国社会科学出版社 1998 年版。

［美］闫云翔：《私人生活的变革——一个村庄里的爱情、家庭与亲密关系（1949—1999）》，龚小夏译，上海书店出版社 2009 年版。

［美］伊曼纽尔·华勒斯蒂：《现代世界体系》，罗荣渠译，高等教育出版社 1998 年版。

［美］珍妮特·V. 登哈特、罗伯特·B. 登哈特：《新公共服务理论——服务，而不是掌舵》，丁煌译，中国人民大学出版社 2016 年版。

［英］安东尼·吉登斯：《民族—国家与暴力》，胡宗泽、赵力涛、王铭铭译，生活·读书·新知三联书店 1998 年版。

［英］迈克尔·曼：《社会权力的来源》（第二卷·上），陈海宏等译，上海人民出版社 2007 年版。

［英］莫里斯·弗里德曼：《中国东南的宗族组织》，刘晓春译，上海人民出版社 2000 年版。

期刊论文

陈柏峰：《"有才无德"村干部：悖谬及原因》，《武汉科技大学学报》（社会科学版）2011 年第 4 期。

陈柏峰：《从利益运作到感情运作：新农村建设时代的乡村关系》，《开发研究》2007 年第 4 期。

陈锋：《连带式制衡：基层组织权力的运作机制》，《社会》2012 年第 1 期。

陈家刚：《基层治理：转型发展的逻辑与路径》，《学习与探索》2015 年第 2 期。

陈靖：《进入与退出："资本下乡"为何逃离种植环节——基于皖北黄村的考察》，《华中农业大学学报》（社会科学版）2013 年第 2 期。

陈雯：《"城乡一体化"内涵的讨论》，《现代经济探讨》2003 年第 5 期。

陈晓枫、陈子远、高骁宇：《中国传统行政与自治关系辨析》，《武汉大学学报》（哲学社会科学版）2013 年第 4 期。

程为敏：《关于村民自治主体性的若干思考》，《中国社会科学》2005 年第 3 期。

崔许锋：《民族地区的人口城镇化与土地城镇化：非均衡性与空间异质性》，《中国人口·资源与环境》2014 年第 8 期。

崔艳蕊、贾洪荣：《农村公共服务供给主体多元参与机制研究》，《商业时代》2012 年第 17 期。

崔之元：《"混合宪法"与对中国政治的三层分析》，《战略与管理》1998 年第 3 期。

党国印：《"村民自治"是民主政治的起点吗》，《战略与管理》1999 年第 1 期。

邓大才：《村民自治有效实现的条件研究——从村民自治的社会基础视角来考察》，《政治学研究》2014 年第 6 期。

邓正来：《"生存性智慧模式"——对中国市民社会研究既有理论模式的检视》，《吉林大学社会科学学报》2011 年第 2 期。

杜姣：《村治主体的缺位与再造——以湖北省秭归县村落理事会为例》，《中国农村观察》2017 年第 5 期。

杜姣：《村庄竞争性选举动员机制及治理后果研究——基于浙北 D 村的个案考察》，《华中农业大学学报》（社会科学版）2016 年第 5 期。

杜姣：《农地调整的治理内涵——基于山东 S 镇的考察》，《南京农业大学学报》（社会科学版）2017 年第 4 期。

杜姣：《资源激活自治：农村公共品供给的民主实践——基于成都"村级公共服务"的分析》，《中共宁波市委党校学报》2017 年第 4 期。

杜鹏：《土地调整与村庄政治的演化逻辑》，《华南农业大学学报》（社会科学版）2017 年第 1 期。

杜园园：《村干部职业化的内在逻辑及其后果》，《中共宁波市委党校学报》2015 年第 2 期。

桂华：《村级"财权"与农村公共治理——基于广东清远市农村"资金整合"试点的考察》，《求索》2018 年第 4 期。

桂华：《论法治剩余的行政吸纳——关于"外嫁女"上访的体制解释》，《开放时代》2017 年第 2 期。

桂华：《农村土地制度与村民自治的关联分析——兼论村级治理的经济基础》，《政治学研究》2017 年第 1 期。

桂华：《如何做中国农村的经验研究》，《社会学评论》2014 年第 1 期。

桂华：《项目制与农村公共品供给体制分析——以农地整治为例》，《政治学研究》2014 年第 4 期。

郭正林：《当代中国农民政治参与的程度、动机及社会效应》，《社会学研究》2003 年第 3 期。

何艳玲、汪广龙：《不可退出的谈判：对中国科层组织"有效治理"现象的一种解释》，《管理世界》2012 年第 12 期。

贺雪峰：《"以钱养事"为何不宜推广》，《决策》2008 年第 6 期。

贺雪峰：《饱和经验法——华中村治学者对经验研究方法的认识》，《社会学评论》2014 年第 1 期。

贺雪峰：《村民自治的功能及其合理性》，《社会主义研究》1999 年第 6 期。

贺雪峰：《国家与农民关系的三层分析——以农民上访为问题意识之来源》，《天津社会科学》2011 年第 4 期。

贺雪峰：《论村民自治对国家层面民主的贡献》，《理论与现代化》1999 年第 11 期。

贺雪峰：《论利益密集型农村地区的治理——以河南周口市郊农村调研为讨论基础》，《政治学研究》2011 年第 6 期。

贺雪峰：《论民主化村级治理的村庄基础》，《社会学研究》2002 年第 2 期。

贺雪峰：《论农村土地集体所有制的优势》，《南京农业大学学报》（社会科学版）2017 年第 3 期。

贺雪峰：《论中国农村的区域差异——村庄社会结构的视角》，《开放时代》2012 年第 10 期。

贺雪峰：《论中国式城市化与现代化道路》，《中国农村观察》2014 年第 1 期。

贺雪峰：《论中坚农民》，《南京农业大学学报》（社会科学版）2015 年第 4 期。

贺雪峰：《试论 20 世纪中国乡村治理的逻辑》，《中国乡村研究》2007 年第 1 期。

贺雪峰：《熟人社会的行动逻辑》，《华中师范大学学报》（人文社会科学版）2004 年第 1 期。

贺雪峰：《谁的乡村建设——乡村振兴战略的实施前提》，《探索与争鸣》2017 年第 12 期。

贺雪峰、范瑜：《村民自治的村庄基础与政策后果——关于村民自治制度安排区域不平衡性的讨论》，《中共宁波市委党校学报》2002 年第 4 期。

贺雪峰、何包钢：《民主化村级治理的两种类型——村集体经济状况对村民自治的影响》，《中国农村观察》2002 年第 6 期。

贺雪峰、刘锐：《熟人社会的治理——以贵州湄潭县聚合村调查为例》，《中国农业大学学报》（社会科学版）2009 年第 2 期。

贺雪峰、谭林丽：《内生性利益密集型农村地区的治理——以东南 H 镇调查为例》，《政治学研究》2015 年第 3 期。

胡滨：《人口城市化、空间城市化与社会风险——对我国当代城市化发展的一项剖析》，《社会科学》2012 年第 5 期。

胡庆亮：《推进国家治理体系现代化的逻辑与理路：从党政二元一体到主体多元共治》，《求实》2015 年第 9 期。

胡荣：《竞争性选举对村干部行为的影响》，《厦门大学学报》（哲学社会科学版）2002 年第 3 期。

胡荣：《社会资本与中国农村居民的地域性自主参与——影响村民在村级选举中参与的各因素分析》，《社会学研究》2006 年第 2 期。

胡永佳：《村民自治、农村民主与中国政治发展》，《政治学研究》2000 年第 2 期。

黄冬娅：《比较政治学视野下的国家基础权力发展及其逻辑》，《中大政治学评论》2008 年第 3 辑。

黄仲怀、邓永平：《都市里的小农：城市郊区"农民农"现象及其成因——基于上海浦东 Z 镇的实证分析》，《华东理工大学学报》（社会科学版）2013 年第 2 期。

姜晓萍：《政府流程再造的基础理论与现实意义》，《中国行政管理》2006 年第 5 期。

金太军、董磊明：《村民自治背景下乡村关系的冲突及其对策》，《中国行政管理》2000 年第 10 期。

景跃进：《党、国家与社会：三者维度的关系——从基层实践看中国政治的特点》，《华中师范大学学报》（人文社会科学版）2005 年第 2 期。

郎友兴：《走向总体性治理——村政的现状与乡村治理的走向》，《华中师范大学学报》（人文社会科学版）2015 年第 2 期。

黎炳盛：《村民自治下中国农村公共产品的供给问题》，《开放时代》2001 年第 3 期。

李琪、董幼鸿：《论公共服务型政府的建设与创新》，《中国行政管理》2004 年第 11 期。

李永萍：《功能性家庭：农民家庭现代性适应的实践形态》，《华南农业大学学报》（社会科学版）2018 年第 2 期。

李勇华：《农村社区管委会：对村民自治的除弊补缺——公共服务下沉背景下农村社区管委会体制的实证研究》，《学习与探索》2009 年第 2 期。

李勇华：《自治的转型：对村干部"公职化"的一种解读》，《东南学术》2011 年第 3 期。

李增元、葛云霞：《动员式治理：当代农村社区建设逻辑及后果分析》，《中州学刊》2015 年第 2 期。

林辉煌、贺雪峰：《中国城乡二元结构：从"剥削型"到"保护型"》，《北京工业大学学报》（社会科学版）2016 年第 6 期。

刘太刚：《对公共事务概念主流观点的商榷——兼论需求溢出理论的双层公共事务观》，《政治学研究》2016 年第 1 期。

卢芳霞：《"枫桥经验"50 年辉煌成就》，《观察与思考》2013 年第 10 期。

卢福营：《村民自治的发展走向》，《政治学研究》2008 年第 1 期。

卢福营：《农村工业化：村民自治面临的挑战》，《社会科学》1999 年第 3 期。

卢福营：《农村经济变迁对村民自治的挑战》，《中国农村观察》1999 年第 2 期。

卢福营、应小丽：《系统性整合：农村基层组织的重建》，《天津社会科学》2016 年第 5 期。

鲁贵卿：《管理中的"责权利"平衡之道》，《施工企业管理》2016

年第 3 期。

陆学艺：《破除城乡二元结构 实现城乡经济社会一体化》，《社会科学研究》2009 年第 4 期。

陆志孟、于立平：《提升社会治理精细化水平的目标导向与路径分析》，《领导科学》2014 年第 13 期。

吕德文：《群众路线与基层治理——赣南版上镇的计划生育工作（1991—2001）》，《开放时代》2012 年第 6 期。

吕德文：《找回群众：基层治理的探索与重塑》，《领导科学》2016 年第 10 期。

吕萍、周滔、张正峰、田卓：《土地城市化及其度量指标体系的构建与应用》，《中国土地科学》2008 年第 8 期。

马良灿：《"内卷化"基层政权组织与乡村治理》，《贵州大学学报》（社会科学版）2010 年第 2 期。

欧阳静：《村级组织的官僚化及其逻辑》，《南京农业大学学报》（社会科学版）2010 年第 4 期。

潘爱民、刘友金：《湘江流域人口城镇化与土地城镇化失调程度及特征研究》，《经济地理》2014 年第 5 期。

潘宁：《21 世纪谁来当村"官"——村干部的困境与出路》，《调研世界》1998 年第 3 期。

彭大鹏：《村民自治的行政化与国家政权建设》，《北京行政学院学报》2009 年第 2 期。

强世功：《权力的组织网络与法律的治理化——马锡五审判方式与中国法律的新传统》，《北大法律评论》2000 年第 2 期。

渠敬东、周飞舟、应星：《从总体支配到技术治理——基于中国 30 年改革经验的社会学分析》，《中国社会科学》，2009 年第 6 期。

任中平：《成都市构建新型村级治理机制的经验与价值》，《党政研究》2014 年第 5 期。

苏霞：《层级化网络治理：多层级村庄自治架构及其运行机制——基于秭归"幸福村落"的调查》，《华中农业大学学报》（社会科学版）2014 年第 1 期。

孙立平、郭于华：《"软硬兼施"：正式权力非正式运作的过程分析——华北 B 镇订购粮收购的个案研究》，载《清华社会学评论》（第 1 辑），鹭江出版社 2000 年版。

孙秀林：《华南的村治与宗族——一个功能主义的分析路径》，《社会学研究》2011 年第 1 期。

唐皇凤：《常态社会与运动式治理——中国社会治安治理中的"严打"政策研究》，《开放时代》2007 年第 3 期。

陶振：《城市网格化管理：运行架构、功能限度与优化路径——以上海为例》，《青海社会科学》2015 年第 2 期。

陶振：《村干部公职化管理的多重维度》，《重庆社会科学》2016 年第 7 期。

全志辉、贺雪峰：《村庄权力结构的三层分析——兼论选举后村级权力的合法性》，《中国社会科学》2002 年第 1 期。

汪锦军：《农村公共服务提供：超越"碎片化"的协同供给之道——成都市公共服务的统筹改革及对农村公共服务供给模式的启示》，《经济体制改革》2011 年第 3 期。

汪卫华：《群众动员与动员式治理——理解中国国家治理风格的新视角》，《上海交通大学学报》（哲学社会科学版）2014 年第 5 期。

王春光：《迈向多元自主的乡村治理——社会结构转变带来的村治新问题及其化解》，《人民论坛》2015 年第 14 期。

王春光：《中国乡村治理结构的未来发展方向》，《人民论坛·学术前沿》2015 年第 3 期。

王海娟：《项目制与农村公共品供给"最后一公里"难题》，《华中农业大学学报》（社会科学版）2015 年第 4 期。

王甲云、陈诗波：《"以钱养事"农技推广体系改革成效分析——基于湖北江夏、襄阳和曾都三地的实地调研》，《农业经济问题》2013 年第 10 期。

王金豹：《关于"村干部职业化"的思考——以广东省东莞市为例》，《南方农村》2010 年第 6 期。

王扩建：《城镇化背景下的村干部职业化：生成逻辑、困境与对策》，《中共天津市委党校学报》2017 年第 1 期。

王思斌：《村干部的边际地位与行为分析》，《社会学研究》1991 年第

4 期。

王印红、王刚:《对公共管理研究方法中定量推崇的批判》,《重庆大学学报》（社会科学版）2013 年第 1 期。

魏小换、吴长春:《形式化治理:村级组织性质的再认识》,《广东社会科学》2013 年第 4 期。

吴家庆、苏海新:《论我国乡村治理结构的现代化》,《湘潭大学学报》（哲学社会科学版）2015 年第 2 期。

吴毅:《"双重角色"、"经纪模式"与"守夜人"和"撞钟者"——来自田野的学术札记》,《开放时代》2001 年第 12 期。

吴毅:《村治中的政治人——一个村庄村民公共参与和公共意识的分析》,《战略与管理》1998 年第 1 期。

吴毅:《双重边缘化:村干部角色与行为的类型学分析》,《管理世界》2002 年第 11 期。

夏柱智、贺雪峰:《半工半耕与中国渐进城镇化模式》,《中国社会科学》2017 年第 12 期。

项继权:《乡村关系行政化的根源与调解对策》,《北京行政学院学报》2002 年第 4 期。

肖瑛:《从"国家与社会"到"制度与生活":中国社会变迁研究的视角转换》,《中国社会科学》2014 年第 9 期。

谢小芹:《半正式治理及其后果——基于纠纷调解及拆迁公司参与的半正式行政分析》,《西北农林科技大学学报》（社会科学版）2014 年第 5 期。

馨元:《公民概念在我国的发展》,《法学》2004 年第 6 期。

邢成举:《农村水利的困境——来自鱼米之乡江汉平原的案例》,《社会观察》2011 年第 6 期。

徐珂:《论推行农村村干部专职化》,《广东行政学院学报》2009 年第 2 期。

徐学通、高汉荣、张文娴:《村民自治中的困境:村委会的行政化倾向》,《行政与法》2003 年第 10 期。

徐勇:《GOVERNANCE:治理的阐释》,《政治学研究》1997 年第 1 期。

徐勇：《村民自治：中国宪政制度的创新》，《中共党史研究》2003 年第 1 期。

徐勇：《中国民主之路：从形式到实体——对村民自治价值的再发掘》，《开放时代》2000 年第 11 期。

徐勇：《村民自治、政府任务及税费改革——对村民自治外部行政环境的总体性思考》，《中国农村经济》2001 年第 11 期。

徐勇：《现代国家建构中的非均衡性和自主性分析》，《华中师范大学学报》（人文社会科学版）2003 年第 5 期。

徐勇：《政务与村务的合理划分和有效处理》，《中国民政》1997 年第 5 期。

徐勇：《最早的村委会诞生追记——探访村民自治的发源地——广西宜州合寨村》，《炎黄春秋》2000 年第 9 期。

颜纯钧：《社会的国家化进程——建国之初的电影传播》，《现代传播》（中国传媒大学学报）2010 年第 10 期。

杨华：《"中农"阶层：当前农村社会的中间阶层——"中国隐性农业革命"的社会学命题》，《开放时代》2012 年第 3 期。

杨华：《华中乡土派的经验立场》，《社会学评论》2014 年第 1 期。

杨华：《女孩如何在父姓村落获得人生归属？——村落"历史感"与"当地感"的视角》，《妇女研究论丛》2013 年第 2 期。

姚洋：《中国农地制度：一个分析框架》，《中国社会科学》2000 年第 2 期。

姚震宇：《空间城市化机制和人口城市化目标——对中国当代城市化发展的一项研究》，《人口研究》2011 年第 5 期。

叶兴庆：《论农村公共产品供给体制的改革》，《经济研究》1997 年第 6 期。

应星：《评村民自治研究的新取向——以〈选举事件与村庄政治〉为例》，《社会学研究》2005 年第 1 期。

郁建兴、高翔：《地方发展型政府的行为逻辑及制度基础》，《中国社会科学》2012 年第 5 期。

张厚安：《乡政村治——中国特色的农村政治模式》，《政策》1996 年第 8 期。

张厚安、谭同学：《村民自治背景下的乡村关系——湖北木兰乡个案分析》，《中国农村观察》2001 第 6 期。

张静：《国家政权建设与乡村自治单位——问题与回顾》，《开放时代》2001 年第 9 期。

张静：《私人与公共：两种关系的混合变形》，《华中师范大学学报》（人文社会科学版）2005 年第 3 期。

张静：《行政包干的组织基础》，《社会》2014 年第 6 期。

张康之：《政府的责任在于培育成熟的社会》，《浙江学刊》2000 年第 2 期。

张丽琴、陈荣卓：《人口流动状态下村委会职能的实施困境》，《长安大学学报》（社会科学版）2009 年第 2 期。

张世伟：《"新公共管理"及其对我国服务型政府构建的启示》，《湖北省行政管理学会 2006 年年会论文集》，2007 年。

张雪霖：《村干部公职化建设的困境及其超越》，《西南大学学报》（社会科学版）2016 年第 2 期。

张则行：《政府责任重构与公共服务授权——回应型治理的一个分析框架》，《福建行政学院学报》2015 年第 1 期。

张智、宋玉波：《〈毛泽东选集〉中"人民"含义演变及其法治意义探析》，《毛泽东思想研究》2010 年第 5 期。

赵晓峰：《"被束缚的村庄"：单向度的国家基础权力发展困境》，《学习与实践》2011 年第 11 期。

赵晓峰：《"行政消解自治"：理解税改前后乡村治理性危机的一个视角》，《长白学刊》2011 年第 1 期。

赵晓峰：《村级民主政治转型：从汲取型民主到分配型民主——村庄精英类型更替的视角》，《天津行政学院学报》2010 年第 5 期。

赵晓峰：《公域、私域与公私秩序：中国农村基层半正式治理实践的阐释性研究》，《中国研究》2013 年第 2 期。

赵晓峰：《税改前后乡村治理性危机的演变逻辑——兼论乡村基层组织角色与行为的变异逻辑》，《天津行政学院学报》2009 年第 3 期。

赵晓峰：《中国农村基层的简约主义治理：发生机制与功能定位》，《西北农林科技大学学报》（社会科学版）2014 年第 6 期。

郑卫东：《"国家与社会"框架下的中国乡村研究综述》，《中国农村观察》2005 年第 2 期。

中共湖北省委政策研究室课题组：《关于湖北省村干部报酬待遇问题的调研报告》，《中国延安干部学院学报》2015 年第 2 期。

周大鸣、郭正林：《论中国乡村都市化》，《社会科学战线》1996 年第 5 期。

周雪光：《国家治理逻辑与中国官僚制：一个韦伯理论视角》，《开放时代》2013 年第 3 期。

周雪光：《一叶知秋：从一个乡镇的村庄选举看中国社会的制度变迁》，《社会》2009 年第 3 期。

周雪光、艾云：《多重逻辑下的制度变迁：一个分析框架》，《中国社会科学》2010 年第 4 期。

朱新山：《村民自治发展的制度困境》，《开放时代》2000 年第 1 期。

朱政：《国家权力视野下的乡村治理与基层法治——鄂西 L 县网格化管理创新调查》，《中国农业大学学报》（社会科学版）2015 年第 6 期。

竺乾威：《公共服务的流程再造：从"无缝隙政府"到"网格化管理"》，《公共行政评论》2012 年第 2 期。

［美］黄宗智：《集权的简约治理——中国以准官员和纠纷解决为主的半正式基层行政》，《开放时代》2008 年第 2 期。

［美］黄宗智：《中国的非正规经济再思考：一个来自社会经济史与法律史的导论》，《开放时代》2017 年第 2 期。

报刊资料

蔡冬梅、王爱平：《幸福村落建设：延伸农村社会治理"末梢"》，《中国社会报》2013 年 12 月 25 日第 4 版。

陈红梅：《东城网格化模式被全国 90 个城市采用》，《北京日报》2009 年 10 月 23 日第 1 版。

代兰兰：《广东涉农资金整合优化试点显成效》，《中国财经报》2017 年 8 月 15 日第 8 版。

桂华：《网格化管理未必适用农村》，《环球时报》2018 年 8 月 30 日第 15 版。

孟然：《辨析公民、人民与群众》，《组织人事报》2013 年 1 月 10 日
　　第 7 版。

欧阳静：《从"驻村"到"坐班"：农村基层治理方式变迁》，《中国
　　社会科学报》2011 年 8 月 16 日第 12 版。

网络资料

《关于湖北秭归县归州镇村干部待遇的调查与思考》，http：//www.
　　wenku1. net/news/FF00CFDF2BBDBC34. html，最后访问日期：2018
　　年 10 月 20 日。

《监利"合村并组"改革纪实》，http：//www. jianli. gov. cn/Item/143
　　97. aspx，最后访问日期：2018 年 10 月 25 日。

《上海农村土地流转情况：流转率全国最高　部分区土地流转费用超
　　3000 元》，https：//www. tuliu. com/read-42162. html，最后访问日
　　期：2018 年 11 月 15 日。

陈锡文：《中国农村还有 5.7 亿人，判断乡村情况要靠科学统计而不
　　是返乡故事》，https：//baijiahao. baidu. com/s？id = 162541009841
　　1523599&wfr = spider&for = pc，最后访问日期：2019 年 2 月 14 日。

李昌平：《乡村治权与乡村治理》，https：//www. zgxcfx. com/Article/
　　30002. html，最后访问日期：2018 年 11 月 20 日。

博士论文与博士后研究报告

申端锋：《治权与维权：和平乡农民上访与乡村治理 1978—2008》，
　　博士学位论文，华中科技大学，2009 年。

王诗宗：《治理理论及其中国适用性：基于公共行政学的视角》，博
　　士学位论文，浙江大学，2009 年。

夏柱智：《土地如何"城市化"——关于集体经营性建设用地制度的
　　研究》，博士后研究工作报告，华中科技大学，2017 年。

张雪霖：《"找回"城市与"祛魅"的居民自治——中央、地方与民
　　众三层关系视野下的城市社区治理研究》，博士学位论文，华中科
　　技大学，2018 年。

调查报告

刘成良：《四川省崇州市 L 镇 L 村调查报告（2015 年 9 月 24 日—10
　月 14 日）》，未刊稿，2015 年。

王海娟：《土地整治与上海农业发展调研报告》，未刊稿，2015 年。

后　记

　　大三有机会跟随贺雪峰教授及其所在的中国乡村治理研究中心团队去河南省周口市一个农村开展了为期 25 天的暑期调查，这是我第一次真正与农村研究结缘。自此之后到博士入学前的每年暑假，我都会同中心团队成员一起去一个村庄进行为期 20—25 天的实地调研。进入博士学习阶段后，常年下农村开展驻村调研成为博士训练的必修课程。博士毕业来到新的工作单位后，去农村调研的脚步也并未停止，如今我已累积有近 500 天的驻村调查经验。本书即是以多次调查经验为基础形成的学术成果。虽然本书内容有诸多不完善和不成熟之处，但于我而言，其不仅是我个人学术成长中的一个阶段性总结，也是我步入学术殿堂的一次重要尝试。

　　在本书即将付梓之际，无比感慨，也无比感恩。一路走来，帮助我的人很多，想要感谢的人很多。正是他们的关心和帮助，才让我不觉孤单和心无旁骛地成长。

　　首先，要感谢我的博士研究生导师王国华教授。王老师温文尔雅、为人谦和，他严谨、包容、扎实的学术态度深深感染着我。平常，他总能平和地与学生探讨学术、生活中的各类问题，并长期如一日地坚持搭建师生之间的交流平台。在学生培养上，王老师在严格要求的同时也充分给予学生自主学习的空间，高度尊重学生的研究兴趣和个人特质，以学生为本，激发学生的主体性。每次与王老师交流，都倍感温暖，受益良多。完成本书的过程中，每次与王老师讨论，他总能敏锐地指出其中存在的问题，并给出重要的修改意见。也正是在与王老师的多次互动中，我才得以不断厘清问题，明确本书架构，最终完成本书的写作。

村庄治理现代化的实现路径

其次，要感谢我的硕士研究生导师贺雪峰教授及中国乡村治理研究中心的师友们。贺老师几乎将所有精力都投注到了伟大的学术事业和学生培养工作当中，他对国家、对民族强烈的使命感，对建立中国社会科学主体性的执着追求，以及对学生的无私教导和奉献，无时无刻不在影响着我、警醒着我，让我体验到微小的个体生命仍然能在中国社会转型的洪流中释放出巨大的能量，也让我认识到只有与国家、民族和时代命运勾连起来的学术才是真正的大国学术和有生命力的学术。贺老师的督促、鼓励和指导，使我能在研究生求学路中比较完整地接受社会科学经典著作阅读和田野调查的双重训练，并在此过程中不断突破自我，拾得自信，同时也让我看到了生命的无限可能。

我在中国乡村治理研究中心这个大团队中遇到了一群可以共享生命意义的人。在这个温暖的大家庭里，我不仅体验到了做学术的意义和乐趣，而且习得了阳光、阳刚的生活态度，同时获得了提升自我境界、实现自我超越的持续动力。

我是本科二年级加入中心读书会，并与中心结缘，结识了中心很多师兄师姐和师弟师妹，他们都构成了我人生成长之路的关键一环。要特别感谢中心2012级硕士读书会的伙伴们，硕士两年，大家早八晚十，一起去图书馆读书的日子，是我人生中最美丽的时光，有欢笑、有感动、有泪水，我们是同学，是战友，也是家人，他们是郑晓园、仇叶、史源渊、李婷、刘成良、班涛、吴海龙、席莹、何倩倩。幸运的是，我们的关系在博士阶段和现今的工作阶段得到了延续，共同奔赴田野现场，开展学术研讨，并肩战斗，彼此之间相互帮助和扶持，建立了革命般的友谊。在未来的学术和人生道路中，我们仍将携手并进，一同前行！还要感谢中心的师兄师姐和师弟师妹，中心团队的迅速壮大使我无法在这里一一列出他们的名字。师兄师姐不仅给予我学识上的启迪，而且帮助我解答生活中的困惑，他们是我学习的榜样；师弟师妹身上散发出的蓬勃朝气，以及"长江后浪推前浪"的气魄，一直激励着我不断前进，不敢有丝毫松懈。

我是在华中科技大学社会学院度过本科和硕士生活，在华中科技大学公共管理学院完成博士学习生涯的。感谢华中科技大学社会学院和公共管理学院所有的领导及教职员工们，他们的服务和付出为学生们的学习和生活创造了良好环境。

　　感谢赵曼教授、吴开松教授、吕德文教授、王冰教授和沈能教授，他们对此书的研究内容提出了许多中肯的建议，这让本书增色不少。

　　感谢我到过的所有调查地的县乡村干部和父老乡亲们，没有他们贡献的人生智慧，就不会有这本书，他们是我见过的最可爱的人！

　　博士毕业后，我成为武汉大学政治与公共管理学院的一员。工作两年多来，我得到了诸多领导和同事的帮助和支持，特此感谢！

　　还要感谢中国社会科学出版社的各位编辑老师，没有他们的辛勤付出，本书无法顺利出版。

　　最后，要感谢我的父母和兄长，是他们给予了我充分的自由和空间，并一如既往地对我的人生道路选择给予最大的理解和支持。还要特别感谢我的小舅，在我很小的时候他就鼓励我一定要努力读书，让我做一个孝顺父母、有益于社会的人。这些都成为我宝贵的精神财富。感谢丈夫罗明明的陪伴、理解和支持，他总能在关键时刻给予我莫大鼓舞。感谢公公婆婆，婚后，他们基本承担了所有家务，女儿的健康成长离不开他们的悉心照料。正是得益于他们的帮持，我才能安心从事科研工作。女儿非常可爱、乖巧，为家里增添了不少欢乐。任何语言都难以表达我对他们的感谢，这本书算是我给他们的一份礼物吧。未来，我希望能有更好的作品报答他们。

杜　姣

2020 年 11 月 27 日于武汉珞珈山下